全国「十三五」规划精品教材

幼儿教育学

YOUER JIAOYUXUE

主　编　陈新文　谢志斌
王林容
副主编　陈迎春　朱　莎
杨红丽　向中平
孙　青

文化发展出版社
Cultural Development Press

图书在版编目（CIP）数据

幼儿教育学 / 陈新文主编 . —北京 ：文化发展出版社
有限公司，2016.7
ISBN 978-7-5142-1341-6

Ⅰ. ①幼… Ⅱ. ①陈… Ⅲ. ①幼儿教育学－教材
Ⅳ. ①G610

中国版本图书馆 CIP 数据核字（2016）第 129444 号

幼儿教育学

主　　编：陈新文
出 版 人：赵鹏飞
责任编辑：肖贵平
执行编辑：周　蕾
责任校对：岳智勇
责任印制：孙晶莹
责任设计：侯　铮
排版设计：北京睿恒盛彩图文设计有限公司

出版发行：文化发展出版社（北京市翠微路 2 号　邮编：100036）
网　　址：www. printhome. com　www. keyin. cn
经　　销：各地新华书店
印　　刷：北京泽宇印刷有限公司
开　　本：787mm×1092mm　1/16
字　　数：255 千字
印　　张：11.5
印　　次：2016 年 7 月第 1 版　2016 年 7 月第 1 次印刷
定　　价：33.00 元
I S B N：978-7-5142-1341-6

前言

幼儿教育学是我国幼儿教育课程中不可或缺的重要组成部分，其在促进幼儿教育发展、培养幼儿教育人才方面有着重要的意义。然而由于在教学模式方面存在的一些问题，使得幼儿教育学教学效果始终没有获得较大幅度的提升，这对于我国幼儿教育的发展也产生了不同程度的影响。如今，随着新课程改革的不断深化，幼儿教育教学模式的改革与更新也受到了社会的广泛关注，如何通过教学模式的改进促进教学效果的提升，也成为目前亟待解决的首要问题。

随着《国家中长期教育改革和发展规划纲要（2010—2020年）》《国务院关于当前发展学前教育的若干意见》的贯彻实施，各地幼儿教育行动计划纷纷出台，大力发展幼儿教育正成为我国教育事业的一道亮丽风景线。在加快普及幼儿教育的新形势下，要实现“基本普及”的战略目标，满足人民群众对幼儿教育的热切需求，保障幼儿健康成长，不仅仅意味着入园率的提高，更重要的是幼儿教育质量的提升，而其中的关键与核心便是教师队伍质量的提升。本书的编写立足于幼儿教师实际工作的需要，以幼儿教师从事幼儿园教育工作所需要的教育观念与教育知识技能为核心，来构建教材内容体系，力求体现学前教育教师培养的中国化、时代化和专业化的追求。

本书分为八章，包括幼儿教育学概述，我国幼儿教育的目标、任务和原则，幼儿园全面发展的教育，幼儿教师，幼儿园教学活动，幼儿园游戏活动，幼儿园日常生活活动以及幼儿园教育的衔接。全书在编排上，打破以往的传统格式，注重内容充实、体例新颖。如在每章前面设置了“学习目标”“案例引入”栏目；每章末尾设置了“思考训练”“活动实践”栏目，在相应的章节内容中，还穿插了“问题研讨”“案例研讨”等栏目，使本书易学易教。

在本书的编写过程中，参考了大量有关幼儿教育学等方面的书籍，并引用了其中的一些资料，在此向相关作者深表感谢。

由于作者水平有限，编写时间仓促，书中难免存在不妥之处，敬请各位专家及广大读者提出宝贵意见，以便修订时改进。

编　者

目录

第一章 幼儿教育学概述

学习目标
XUEXIMUBIAO

1. 掌握教育、教育学、幼儿教育和幼儿教育学的概念。
2. 了解幼儿教育学的研究对象和任务。
3. 理解学习幼儿教育学的意义。
4. 掌握学习幼儿教育学的方法。
5. 了解幼儿教育的产生和发展历程。

案例引入
ANLIYINRU

父母带着孩子逛商场，孩子看中了一件玩具，而父母认为不适合他，不给他买。于是孩子便往地上一躺，哭闹起来，父母怎么劝告都无效，场面难以收拾……孩子为什么这么任性？是孩子生性犟脾气、不听话吗？对这样任性的孩子该怎么办？如果父母迁就顺从，要啥买啥，或者打骂威胁，强令其顺从就能解决问题吗？

分析上述案例，你如何看待造成孩子任性的原因？你了解幼儿教育吗？

第一节 幼儿教育学的概念及作用

一、教育和教育学

（一）什么是教育

教育是人类的一种基本活动，是人类社会得以延续和发展的重要条件，在我们的生活中无处不在。尤其是现代社会中，受过不同程度、不同方式教育的人越来越多，“教育”这个词也成了我们生活中使用频率最高的词之一。每个人都能从自身的经历中体会到教育的意义。的确，人的成长离不开教育，从一个不谙世事、一无所知的婴儿，到渐懂人事、初步适应社会生活，以至掌握丰富的知识、技能，成为对社会有用的人，是教育的结果。教育使我们能够长大成人。

作为一个教育工作者，首先要弄清楚的一个问题就是“教育是什么”。从社会的角度来看，一个人从出生到成人都是在社会的影响下完成的，而这种影响并不是漫无目的的，它总是渗透着社会的需求，使人朝着社会期待的方向发展。根据影响的不同特点，又可以分为广义和狭义的教育。

1. 广义的教育

教育是有目的、有计划、有组织地对人身心施加影响，并促进人向社会要求的方向发展的一种社会实践活动。从广义上来说，凡是能发展人们的体力与智力、增进人们的知识技能、影响人们思想品德的活动，无论它是有组织的还是无组织的，有计划的还是偶然的，自觉的还是自发的，来自社会、家庭的还是学校的，它的任务就是把一个自然人培养成合格的社会成员，使人不断社会化。这里的教育包括了家庭教育、社会教育和学校教育，范围很广，并且教育的方法和手段也呈现了多样化。

2. 狭义的教育

所谓狭义的教育，指的是根据社会的要求，有目的、有计划、有组织地传授知识技能、培养思想品德、发展体力和智力的活动，使受教育者发生预期的变化，成为社会所预期的人。具体地说，受教育者主要在专门设置的教育机构中接受教育，如托儿所、幼儿园、小学、中学和大学教育以及其他人们为了某种目的而特别组织的教育机构。在专门的教育机构中，有专职的教师，他们根据社会的需求，对受教育者进行有目的、有计划、有组织、有系统的教育和培养，使受教育者在思想品德、知识技能、智力和身体方面向预期的方向发展，成为社会所需要的人。

问题研讨
WENTIYANTAO

有人说，每个人都懂教育，教育谈不上是什么科学。你觉得这句话对吗？

（二）什么是教育学

教育学是研究教育这一社会现象并揭示其规律的一门科学。

在公元前约 403—前 221 年出现的《学记》是世界上最早专门论述教育问题的著作。但是，作为教育科学体系中一门独立的学科，教育学是在总结人类教育实践经验中逐步形成，经过长期积累而发展起来的。我国古代的思想家如孔子、孟子、荀子、墨子、朱熹等和古希腊的柏拉图（前 427—前 347）、亚里士多德（前 384—前 322）以及古罗马的昆体良（35—96）等在长期教育实践中所做出的经验总结，为教育理论的产生奠定了基础。随着社会和教育实践的发展，教育经验、教育思想和教育理论日益丰富。一般认为到了 17 世纪，捷克教育家夸美纽斯（J. A. Comenius，1592—1670）所著《大教授学》(Great Didactic of Comenius)（1632）是教育学产生的标志。而最早以“教育学”命名的专著则是 19 世纪初德国教育家赫尔巴特（1776—1841）的著作《普通教育学》(1806)。

19 世纪中叶以后，马克思主义的产生，近代心理学、生理学的发展，为教育学的科学化奠定了辩证唯物主义哲学和自然科学基础。现代生产和科学技术的迅猛发展，教育实践的广泛性、丰富性，更进一步推动了教育学的发展。

任何一门学科的独立性，首先取决于它有特定的研究对象，或者说具有不同于其他学科的研究对象。教育学的研究对象是人类教育现象和问题，以及教育的一般规律。

教育是广泛存在于人类生活中的社会现象，是有目的地培养社会人的活动。为了有效地进行教育活动，必须对其进行研究，经过长期积累而成为教育学特定的研究对象。特别是现代社会的发展，现代教育实践的发展，对于教育学研究提出更新、更高的要求。需要人们深入研究的教育问题很多，例如，教育本质问题，教育、社会、人三者关系问题，教育目的、内容、教育实施的途径、方法、形式以及它们的相互关系问题，教育过程问题，教育主体问题，教育制度、教育管理问题，以及反映中国特色的各种教育理论和教育实践问题等。教育学是通过对各种教育现象和问题的研究揭示教育的一般规律。

教育规律是教育、社会、人之间和教育内部各因素之间内在的本质的联系和关系，具有客观性、必然性、稳定性、重复性。如教育与社会的政治、生产、经济、文化、人口之间的关系，教育活动与人的发展之间的关系，教育内部的学校教育、社会教育、家庭教育之间的关系，小学教育、中学教育、大学教育之间的关系，中学教育中教育目标与教学、课外教育之间的关系，教育、教学活动中智育与德、体、美、劳诸育之间的关系，智育中教育者的施教与受教育者的受教之间的关系，学生学习活动中学习动机、学习态度、学习方法与学习成绩之间的关系等都存在着规律性联系。教育学的任务就是要探讨、揭示种种教育的规律，阐明各种教育问题，建立教育学理论体系。

二、幼儿教育和幼儿教育学

（一）幼儿教育

要明确什么是幼儿教育，我们必须先要明确人的年龄阶段的划分和教育对象的阶段划分问题。人一生按年龄可分为若干阶段，如婴儿期（0～3 岁）、幼儿期（3～6 岁）、儿童期（6～12 岁）、少年期（12～15 岁）、青年期、成年期、老年期等，不同的年龄阶段有不同年龄特征、不同需要。因此，要适合不同年龄阶段的人，教育必须分阶段进行。

幼儿教育主要指的是对 3～6 岁年龄阶段的幼儿所实施的教育，幼儿教育是幼儿教育或说早期教育的后半阶段，与前面 0～3 岁的婴儿教育衔接，后面与初等教育衔接，是一个人教育与发展的重要而特殊的阶段。“重要”指的是它是一个人发展的奠基时期，许多重要能力、个性品质在这个时期形成基本特点；“特殊”指的是这个阶段是儿童身心发展从最初的不定型到基本定型，转而可以开始按社会需求来学习并获得发展的过渡时期。宝宝大约在出生一年后，才会开始有意义的口语沟通。在此之前，宝宝依赖非语言的沟通方式来表达他的情感与想法。除了以哭作为直接的沟通之外，身体语言如脸部的表情、手臂与脚的摆动都是。在此期间，你越了解他们的身体语言，就越能拉近你与宝宝之间的情感联结，也越能鼓励他们使用非语言的方式进行有效的沟通。

幼儿教育也有广义和狭义之分。从广义上说，凡是能够影响幼儿身体成长和认知、情感、性格等方面发展的有目的的活动，如幼儿在成人的指导下看电视、做家务、参加社会活动等，都可说是幼儿教育。而狭义的幼儿教育则特指幼儿园和其他专门开设的幼儿教育机构的教育。幼儿园教育在我国属于学校教育系统，和学校教育一样，幼儿园教育也具有家庭教育和社会教育所没有的优点，如计划性、系统性等。

（二）幼儿教育学

前面已经提到过，教育是一种纷繁复杂的、有目的的社会活动。由于教育的复杂性，教育学出现了许多分支，分别研究教育的不同方面。如根据研究的年龄段不同，分为幼儿教育学、普通教育学（研究初等、中等教育）、高等教育学等；根据研究的范围不同，分为学校教育学、社会教育学等；根据研究的侧重点不同，又分为教育原理类、教育管理类、教学法类、教育史类等。由此可以看出，幼儿教育学是教育学的一个分支。幼儿教育学是一门研究3～6岁幼儿教育规律和幼儿教育机构的教育工作规律的科学。

三、幼儿教育的作用

人从呱呱落地，到长大成人，成为有健康的身体、发达的智能、丰富的知识和良好的思想品德等良好素质的社会成员，这个变化的实现主要靠的是各个阶段的教育，其中幼儿教育的奠基作用是至关重要的。幼儿教育的作用主要包含两个方面，一方面是对个体发展的意义，另一方面是对社会的意义，这两方面的意义不可分割。对于个体而言，幼儿教育为幼儿终身可持续发展打下基础；对国家和社会来说，让每一个幼儿健康成长，可以提高社会新生一代的整体素质，为培养社会的有用人才打下基础。

具体来看，幼儿教育的作用如下。

1. 促进生长发育，提高身体素质

幼儿的身体正在迅速发育，幼儿感受到自己身体的力量，并在不断的活动中显现这种力量。但另一方面，他们的身体还极不成熟，动作发展还不协调，自我保护能力还很差，因此易受疾病、事故的伤害。幼儿教育根据幼儿生长发育和幼儿教育学基础的特点，着眼幼儿身体素质的提高，有计划地为幼儿创设一个让其身心愉快的环境，在培育幼儿良好性格的同时，合理地安排营养保健和一日生活，科学地组织体育锻炼，培养幼儿良好的生活卫生习惯，增强其对疾病的抵抗能力和对环境变化的适应能力等，帮助幼儿增强体质，健康地成长，为将来成为体魄健壮的社会成员打下基础。

2. 开发大脑潜力，促进智力发展

不少研究还证明，幼儿期是语言、形状知觉、音感等发展的敏感期，在此时期施以适宜的教育，将收到事半功倍的效果，推迟教育的话，则效果将大打折扣。幼儿教育的这一功能是人生其他任何阶段的教育都无法取代的。正因为此，全世界的人才竞争都把目光投向幼儿教育，投向这个能使大脑的巨大智能潜力在人生早期就得到发掘的领域。可以毫不夸张地说，幼儿教育的成败是与我国人口的质量、民族的兴旺息息相关的。

3. 发展个性，促进人格的健康发展

人的个性、性格、思想道德和行为习惯都是在一定的教育影响下逐渐形成和发展起来的。在幼儿时期受到的教育和影响，常常会在一生中留下印记。不少有心理、行为问题的成人，其原因常常可以追溯到其童年时代。如在冷漠甚至被虐待的家庭环境中长大的儿童，往往有强烈的自卑感，性格孤僻，或者性格暴躁，富有攻击性；被溺爱的儿童，往往以自我为中心，自私，不爱劳动等。而在幼儿期如果受到良好教育，就能形成许多好习惯，如爱清洁、懂礼貌、热爱学习、热爱劳动等，形成良好的性格、个性和符合社会要求的行为规范。正是在这个意义上，幼儿教育被视为整个社会精神文明建设的重要组成部分。

4. 培育美感，促进想象力、创造性的发展

幼儿天性爱美。由于幼儿思维、情感的特点，他们喜欢用形象、声音、色彩、身体动作等来思考和表达。譬如他们喜欢明丽的色彩、和谐的节奏，喜欢听故事，喜欢画画、做泥工、唱歌跳舞等。从这一特点出发，幼儿教育以美熏陶、感染幼儿，满足其爱美的天性，萌发其美感和审美情趣，激发他们表现美、创造美的欲望，发展他们艺术的想象力、创造力，促进他们健全人格的形成。郭沫若先生曾说过："人类社会根本改造的步骤之一，应当是人的改造。人的根本改造应当从儿童的感情教育，美的教育入手。"这些话可以说是对幼儿美育重要性的最好注释。

总而言之，幼儿教育担负着促进幼儿体、智、德、美全面发展的重任。对幼儿来说，近则为其接受九年制义务教育做好准备，远则为其一生的学习和发展打下基础；对社会、对国家来说，让每一个幼儿健康成长、和谐发展，是为提高全民族的素质，为实现党中央"科教兴国"的战略决策，为培育千百万合格的社会主义事业的建设者和接班人铺设最初的基石。幼儿教育的重要性及其不可替代的价值也就在完成这一奠基性的伟大使命过程中，充分地展现出来。

第二节　幼儿教育学的研究对象和任务

一、幼儿教育学的研究对象

每一门学科都有自己的研究对象，都有自己特有的研究领域。"科学研究的区分，

就是根据科学对象所具有的特殊的矛盾性。因此，对于某一现象的领域所特有的某一种矛盾的研究，就构成了某一门学科的对象。”一般来说，幼儿教育学是研究幼儿阶段的教育现象和教育问题、解释这一特定阶段教育规律，以及阐明幼儿教育理论的科学。

幼儿教育学是教育学的一个组成部分，是专门研究3～6岁幼儿教育现象及其规律的科学。对幼儿的教育是从出生后就开始的，3岁前幼儿的教育为先幼儿期教育。近年来也有些国家把6岁前的教育统称为幼儿教育。幼儿教育学所研究的对象主要是幼儿园教育，也包括家庭教育。幼儿园教育是由专门保教人员向幼儿进行有目的、有计划、有组织的教育。幼儿园教育和家庭教育在具体内容、方法上虽有某些区别，但在教育目的、任务和原则上是完全一致的。因此幼儿教育学对家庭教育同样具有指导作用。此外还有学校教育、社会教育。就学校教育来说，包括幼儿教育、中小学教育、中学教育、高等教育、职业教育等。幼儿教育是整个人生所受教育过程的第一个不可或缺的重要阶段。

问题研讨
WENTIYANTAO

有人说，有些孩子可以不用接受幼儿教育。你觉得对吗？

二、幼儿教育学研究的任务

幼儿教育学是研究幼儿教育现象及其规律的科学。它应当不断总结幼教实践经验，把实践经验经过提炼加工提高到理论高度，又转过来去指导实践。幼儿教育学告诉我们有关幼儿教育的原则和方法，但它不应只是说明实际工作的具体做法。

幼儿教育学研究的内容有：概括教育的一般规律，研究幼儿教育与儿童身心发展的关系，幼儿教育与社会发展的关系。如研究幼儿在人的身心发展中的重要作用，幼儿教育的性质、任务和内容，如何受社会要求和受幼儿年龄特点的制约，研究幼儿体、智、德、美几育诸方面的具体规律，研究幼儿园游戏、教学、劳动、一日活动等教育手段，还有幼儿园与托儿所、小学的衔接，幼儿园与家庭、幼儿园管理与领导等。

幼儿教育学是幼儿师范学校和高等师范院校的幼儿专业的主要专业课程之一，通过幼儿教育学这门课程的学习，使学生掌握幼儿教育理论知识、技能，为他们做好幼教工作，研究幼儿教育科学打下基础；通过学习幼儿教育学，培养立志成为幼师的学生热爱幼儿、热爱幼教工作，树立为幼教事业献身的精神。

三、学习幼儿教育学的意义

（一）办好幼儿教育，是适应时代的要求

教育幼儿是人类社会生活的重要组成部分，幼儿教育的质量直接关系到人类社会的繁衍和延续。而且在我国，幼儿教育作为基础教育的重要构成部分，担负着为人才奠基的光荣任务。努力办出高质量的幼儿教育，让教育得以有效地促进每一个幼儿在

德、智、体、美各方面发展不仅是幼儿教育自身的需求，也是时代的要求。

（二）是幼儿教师提高自身素质的需要

作为培养人的社会活动，教育幼儿又是一项十分复杂的社会实践活动，而且具有独特的规律性。而且，要实现上述目标并不是一件简单的事。要想办好幼儿教育事业必须遵循幼儿发展的规律，遵循幼儿教育的规律，而且幼儿教育学便是集中反映这些规律的理论体系，因此学好幼儿教育学就变得非常急迫而重要。

作为一名以教育幼儿为职业的专门工作者，幼儿教师更应当学好这一理论。要想成为一名优秀的幼儿教师，仅凭一腔热情和良好的愿望是不够的，还必须具备这一职业所要求的许多特殊条件。

（三）坚定幼儿教师的教育理念，忠诚于教育事业

通过幼儿教育学的学习，你将会学到关于教育理论方面的专业知识，培养专业素养，能够了解到幼儿教育、幼儿教育机构工作的特点和规律，学习到幼儿教育机构的任务、教育目标、教育原则、教育内容，组织幼儿活动的方法，幼儿园与小学的衔接等。在学习的过程中，还会更深刻地认识到幼儿教育的意义，幼儿教师对社会的责任，从而更加坚定你的教育理念，更加忠诚于人民的教育事业。

也许在生活中我们会看到一些从事了许多年教育工作的老教师没学过幼儿教育理论，却也教了几十年。其实，这些成功的老教师是在实践中不断总结和提升自己的经验，并以各种方式学习理论，努力把理论和实践结合起来。随着时代的发展、社会的进步，对幼儿教育的要求越来越高，影响幼儿教育发展的因素也越来越复杂，单凭经验和习惯、没有理论做指导是不能胜任教育工作的。随着我国幼儿教育改革的不断深入，很多教师深深感到，要把教育水平提到更高的层次，要在幼儿园搞一点教育科学研究，要在激烈的竞争中立于不败之地，实在是需要理论的支撑。

另外，作为一名幼儿教师，最基本的任务是促进每一个幼儿在德、智、体、美多方面生动、活泼、主动地得到发展。但是，教师自己能唱会跳、能弹会唱并不是目的，只是教育的手段。教师具备这些本领是为了帮助幼儿在音乐、舞蹈、美术等方面得到适宜的早期教育，发展其潜力，更好地按照幼儿的特点去组织活动，培养和激发他们的兴趣，引导他们积极主动地学习和发展。显然，要做到这一切，除了掌握基本的音乐、舞蹈、美术知识和技能之外，还必须懂得幼儿教育和幼儿发展的理论。因此，树立正确的教育观、儿童观，掌握幼儿教育基本理论，是进行一切幼儿教育活动的前提。

四、学习幼儿教育学的方法

为了充实和发展幼儿教育学，使幼儿教育学能更好地为实现我国社会主义现代化服务，就必须进行幼儿教育学的学习和研究。

（一）全面学习幼儿教育相关知识

学习幼儿教育学，除需要研究马列主义教育学说、中外教育理论以及掌握现有的教育科学知识外，还应研究影响幼儿成长的多方面因素，以及与其他相邻学科的密切关系。

马克思主义哲学是幼儿教育学的理论基础。人体解剖生理学、心理学所论述的幼儿生理和心理发展的规律和特点，为幼儿教育学提供了科学的依据。这些学科的研究与幼儿教育学的提高和发展，有着极为密切的关系。普通教育学提供了社会主义教育的基本原理，教育史的研究提供了各种具体历史条件下教育和幼儿教育发展的规律，这些学科也都有助于进一步研究社会主义教育规律。幼儿园各教学法（语言、常识、计算、体育、音乐、美工）可以充实、丰富幼儿教育学内容。幼儿卫生学是研究如何促进幼儿发育、增进幼儿健康的科学，为幼儿体育提供科学基础。当前科学技术日益发展，新学科正在不断出现。还要注意研究有关学科的新成就。只有在广博的科学知识的基础上，才能使幼儿教育理论深化下去，促进幼儿教育学的发展。

（二）认真读书，勤于思考，重视合作性学习

在校期间，学习理论的第一步是认真学习教材，深入理解和领会幼儿教育学的基本概念和基本理论，初步了解幼儿教育学的基本结构，这是读书学习的重点。除教材之外，其他参考书籍的广泛阅览也是重要的。要反复推敲、弄懂并吃透教材每一章节的主要内容和渗透其中的重要观念、教育思想，并弄清楚每一章节之间的内在联系，注意把握教材的逻辑关系。要系统地了解和掌握各派幼儿教育理论的实质、内容、价值等，并尝试批判性地思考、分析和比较。

独立思考、切磋讨论是学习幼儿教育学的重要方法。伟大的科学家爱因斯坦说："如果一个人掌握了本学科的基本理论，又学会了独立思考和工作，那么他必能找到自己的道路。"对教材、对前人的结论、对流行的观点和看法以及对已有的研究成果等，要多思考，多问几个为什么，不必为传统的观念和结论所束缚，人云亦云。勇于探索新问题，提出新见解，是提高自己认识水平的重要途径。不过，独立思考并不是闭门造车，也不是凭空臆测。"独学而无友，则孤陋而寡闻"，在自己学习的基础上和老师、同学互相交流看法，讨论切磋，让不同观念相互碰撞，能相互启发，激起思想火花，帮助你更清楚、更全面、更准确地掌握幼儿教育学理论。

（三）学习幼儿教育学要坚持理论联系实际的原则

坚持这一原则最重要的一点就是总结实践经验。任何科学都是随着人类实践发展而不断地前进的，实践是丰富理论的源泉，通过实践不断创造新经验，充实和发展理论知识，理论还要通过实践来检验。所以，不断总结幼儿教育实践经验，包括一些新课题的教育实验，是有重大意义的。

1. 联系幼儿教育实际

幼儿教育理论是为幼儿教育实践服务的，理论联系实际是学好幼儿教育学的必由

之路。在校期间联系实际的方式是多种多样的，如到幼儿教育机构进行见习、实习，访问优秀幼儿教师，开展社区、家庭的幼儿教育调查，尝试设计和组织一些教育活动、做一些教育小实验，对一个或几个幼儿进行观察研究以及参加各种有关的专业活动等，都能有效地理解和巩固理论知识，提高自己的教育理论修养和从事教育工作的能力。

也许有的同学认为："在校时学理论，毕业后再实践也来得及。"这种看法是不对的，不能把学习理论和参加实践机械割裂开来，脱离实践的理论是空洞的理论，没有理论指导的实践是盲目的实践。一方面，脱离实际地学习理论绝不可能真正理解和掌握理论。教育基本理论学得好不好，主要不是看能否记住和背诵这些知识，而是看在多大程度上能把这些知识转化为正确的教育观念和实际的教育工作能力，不参加实践活动，这一转化是不可能完成的。另一方面，毕业后如果要使教育工作卓有成效，理论学习不但不能终止，相反应在原有基础上进行更高、更深层次的学习，与在校时不同的仅仅是学习方式的改变而已。

2. 联系有关社会现象和问题，重视研究性学习

幼儿教育与社会息息相关，社会上的思潮、风气、各种现象会对幼儿教育造成或大或小的影响。要大量地查阅幼儿教育的研究资料，开展研究性学习，整理自己的认识，主动建构自己的幼儿教育知识结构。要经常尝试运用学过的理论知识对来自社会的问题进行理智的分析思考，对各种思潮、观点进行冷静的判断辨析，能让自己对不断变化的环境，对现实中出现的新情况、新问题始终保持一种敏感状态，有利于形成自己的教育理论观点和看法；带着实际问题学理论，还能大大提高学习效率，发展自己处理实际问题的能力和形成实事求是的学风。

学习幼儿教育学不是一件轻而易举的事，有效的学习领会需要通过思考和实践逐步达到。如果你在学习幼儿教育学的过程中，能够提出自己的问题，认真地进行思考，尝试利用理论解决实际问题，那么，你的学习将促使你从普通人向幼儿教育工作者转变，迈出成为教师的第一步。

（四）学习幼儿教育学要同科研相结合

科研首先要明确研究的目的、任务，然后根据目的、任务确定研究题目。如选择幼教实际工作中关键性的或急需解决的问题，或选择有条件研究的问题，范围小易着手和取得成果的题目。在选择时还要熟悉有关资料，然后研究具体内容、步骤和方法，制订具体研究计划。一般采取如下方法。

1. 观察法

按照制订好的计划直接观察某一幼儿教育现象或教育过程（包括幼儿的表现），通过系统反复观察，选择带有典型的主要事实，尽量在自然状况下观察，观察后要做记录，最好记得精确、详细，幼儿语言要记原话。可配合照相、录音、摄像等手段。有的问题需要进行长时间观察，如小班儿童学习认数和以后的发展，可从幼儿园一直追踪观察到小学、初中和高中。

2. 调查法

通过间接方法了解情况和收集资料常用调查法进行。调查方法多种多样，如对教师、家长个别谈话、提问、开座谈会、访问或填表、通信等，首先选定调查对象，制订调查项目，然后就可进行调查了。

3. 教育实验法

一般是在幼儿园正常教学情况下进行。也有在备有专门仪器和设备的实验室内进行的，但要使幼儿感到自然。首先掌握材料，对研究课题进行设想，对实验进程应有预见和严密组织。还应注意符合教育原则，注意详细记录，定期分析研究。

分析幼儿作品和教育文件，也是收集材料的方法之一。幼儿作品主要是美工作品，应有目的、有计划地进行收集和处理，如在作品上标上姓名、出生年月日、作品主题、日期、内容。通过美工作品可以了解幼儿对周围事物的观念和印象、感知觉发展水平、美工技能技巧、教学的效果。其他如幼儿园教育工作计划、教师日记、教育专题总结、家访记录、会议记录都是资料，要妥善保存。

4. 谈话法

通过谈话和测查可以了解幼儿某方面发展水平和对事物的认识及态度。谈话和测查时的题目和指导语应事先规定好。

5. 个案法

个案法是从研究对象中找出一个有典型性的幼儿加以深入细致地研究的方法，可以通过“解剖一只麻雀”得出结论。

研究方法很多，应根据不同课题选用。各种方法还要互相补充，配合使用。

（五）学习和研究幼儿教育学必须以马克思主义哲学作为理论基础

要在辩证唯物主义和历史唯物主义正确立场、观点、方法的指导下，分析研究幼儿教育问题。只有这样，学习科研才有正确方向，才能较顺利地取得成果。只有用发展的观点去看待幼教现象，才能耐心对待每一个幼儿，不抱任何成见，不断提高幼教质量，更好地为社会主义现代化建设服务。

第三节　幼儿教育的产生和发展

一、幼儿教育的发展历程

从原始社会到资本主义社会、社会主义社会，幼儿教育始终与人类社会一起产生和发展。

（一）原始社会的幼儿教育

原始社会生产力低下，没有阶级性，幼儿教育融于生产生活中，其主要任务是保证幼儿的存活。在原始社会初期，由于没有固定的家庭，孩子归属于氏族内部公有，对幼儿实行的是氏族内部的公共教育。到原始社会末期，幼儿归小家庭所有，幼儿公共教育逐渐变成了个人的事，家庭教育便产生了。由于生产力的低下，生产资料公有，社会还没有划分为阶级，因此，教育是没有阶级性的，每个幼儿受到的教育是平等的。

（二）奴隶、封建社会的幼儿教育

在封建社会中，统治阶级的子女才有机会接受教育，这时的幼儿教育主要是在家庭中分散进行。社会的统治阶级为了维护自己的统治，利用手中的权力让自己的子女接受专人教育，以便把自己的子女培养成未来的统治者和官吏。同时，他们毫不容情地剥夺平民的子女受教育的权利，只允许他们跟随父母学习各种劳动知识和技能。教育的阶级性、等级性便出现了。

为了适应社会生产力发展的需要，培养一批具有初步读、写、算能力的、为统治阶级服务的人，开始出现了专门学校。幼儿教育与学校教育的分期出现了。入学前的幼儿教育仍然在家庭中分散地进行，这和封建社会一家一户的小农经济形态是相适应的。

（三）资本主义社会的幼儿教育

在资本主义社会中，生产力极大发展，由于大工业生产创造了比小农经济高得多的劳动生产率，使社会具备了创办幼儿教育机构所必需的物质基础，因此，生产的社会化带来了幼儿教育的社会化，幼儿教育机构就首先在欧洲诞生了。其中，最值得一提的是由英国空想社会主义者——欧文（1711—1858）创办的“幼儿学校”（后改名“性格形成学园”）。他把1～6岁的幼儿组织起来，进行集体保育，在当时社会上引起了巨大反响，受到恩格斯的赞扬。

二、幼儿教育机构的产生和发展

（一）世界上第一个幼儿园的诞生

德国幼儿教育家福禄贝尔创办了世界上第一所真正意义上的幼儿教育机构，并在1840年正式命名为“幼儿园”。为此他被世界誉为“幼儿园之父”。福禄贝尔认为，教育能发挥幼儿内在的生命力，怀着这样的教育理念，他在德国布兰肯堡创办了一个“保姆养成所”，为了保姆们有实习的场所和对象，他集合了村里40名6岁以下的幼儿，同时成立了一所“游戏与作业教育所”。1840年5月的一天，福禄贝尔在村里的山丘上散步，站在山顶上向下遥望，看到金色的夕阳和树木上油油的新绿，他突然大叫：

“有了！就把它叫作儿童的花园（Kindergarten）吧！在这个花园里，幼儿不会受到压抑，他们可以自由地成长，而保姆就是施肥的园丁。”从此以后，福禄贝尔把他的幼教机构正式命名为“幼儿园”。在他的幼儿园里，游戏是幼儿的主要活动，幼儿通过他特制的玩具——“恩物”来学习，来得到体力、语言、认识、想象力、创造力等多方面的发展。福禄贝尔创建的幼儿园是第一所真正意义上的幼儿教育机构。之后，幼儿园的名称被全世界普遍采用，幼儿园迅速传到欧洲其他国家和美国。

（二）幼儿教育机构的发展

进入20世纪以后，随着现代社会文明的飞速发展，特别是科学技术的发展，生产力大大提高，世界性的竞争加剧。各国为了多出人才、早出人才，普遍重视幼儿教育。幼儿教育的社会价值和教育价值开始为全社会所认识，从而使幼儿教育机构得到了前所未有的发展。

1. 国外幼儿教育机构的发展

随着新世纪科学技术的发展，世界各国普遍重视幼儿教育。表现在以下几个方面。

(1) 幼儿教育机构数量增加迅速。随着现代化的发展，幼儿园数量增加很快。如法国、日本、美国、俄罗斯等国的幼儿园普及很快，入园率都在90%以上。不过，由于各国经济水平、教育政策、文化传统、生活习惯等的不同，幼儿入园率差别较大，幼儿园发展速度也不同。

(2) 幼儿教育机构越来越多样化。为适应普及幼儿教育的需要，为适应现代社会家长的各种需要，幼儿教育机构越来越多样化。由国家、团体、企业、教会、私人等开办了各种幼托机构，在结构、规模、教育目的、教育方法、教育内容等方面各不相同，各有特色，相互竞争，促进了幼儿教育机构向着形式多样化、功能多样化、教育多样化的方向发展。

(3) 幼儿教育的质量在不断提高。由于教师水平的提高是高质量教育的重要条件，因此师资质量就成为教育质量提高的重要标志。世界各主要国家如美国、英国、法国、日本等，都将幼儿教育师资提高到了大专以上水平，并实行专门的教师资格制度。同时，教师的教育价值观的进步，使尊重幼儿，保障幼儿权利，让幼儿全面发展，而不仅仅是发展身体或智力，成为世界幼儿教育工作者的共识。

2. 我国幼教机构的发展

(1) 我国第一所幼儿园的出现。1903年，我国创办了第一所幼儿教育机构——湖北武昌的湖北幼稚园。在戊戌维新运动的推动下，“效法西洋、倡办西学”成为主流，对幼儿实行“公教公养”的主张也随之被提了出来。为了满足民众变革的要求以维护封建统治，清政府创办了“湖北幼稚园”。

之后，在北京、上海相继成立了蒙养院。当时，这些幼儿教育机构完全抄袭日本模式，显示出半殖民地半封建教育的特点。

(2) 旧中国的幼儿教育。在半殖民地半封建的旧中国，幼儿教育发展极为缓慢。据统计，1947年全国仅有幼稚园1301所，而且绝大部分都附设在小学或师范学校内，分布在沿海大城市。著名教育家陶行知先生曾尖锐地指出，这实际上害了三种大病：一是外国病；二是花钱病；三是富贵病。幼儿园完全成了外国文化侵略的工具和富贵人的专用品。

这一时期，在中国共产党领导下的农村革命根据地、抗日民主根据地和解放区里，出现了一批适应战争环境和解放区、根据地政治、经济特点的各种类型的托幼组织，如边区儿童保育院和托儿所等，成长了一支新型的保教人员队伍，为我国幼儿教育事业的发展积累了宝贵经验，为以后新中国的社会主义幼儿教育事业奠定了良好基础。

一些爱国人士开始创办为平民子女服务的幼儿园，如陶行知先生的“乡村儿童团”、张雪门先生的“北平香山慈幼院”等。然而，在当时的历史条件下，他们的主张没能彻底实现，不过他们的教育理论和实践成为我国幼儿教育的宝贵财富。

（3）新中国成立后幼儿教育的发展。新中国成立以后，国家从帝国主义手里彻底收回了教育权，幼儿教育也以老解放区教育经验为基础，借助苏联经验，进行了整顿、改造和发展。

随着我国社会主义建设的深入，幼儿教育虽然有起有伏，但总体是向前发展的。“文化大革命”前的17年中，幼儿园数量大增，1965年的幼儿园数量比1950年增加了10倍。幼儿园教师队伍也基本建立了起来，幼儿教育的各项规章制度大体确立，一个社会主义幼儿教育的新体系基本形成。不过幼儿教育的发展因为经验不足，也走过不少弯路。进入“文化大革命”后，我国幼儿教育遭到了最严重的破坏。直到1976年10月，党中央一举粉碎了“四人帮”反党集团，掀开了我国历史的新篇章。我国幼儿教育在经历了这一严峻的考验之后，也以更成熟、更坚定的步伐，开始步入新的发展历程。

（4）改革开放后的幼儿教育的发展。1978年以后，幼儿教育机构逐渐发展，办学形式也开始多元化。特别是1989年以后，国家颁布了一系列管理法律、法规，使我国幼儿教育管理从此跨上了规范化、法制化的轨道。

三、主要的幼儿教育思想家

（一）洛克（1632—1704）

洛克从唯物主义的立场出发，提出了著名的“白板说”。他认为，人来到这个世界的时候，心灵如同一块白板，没有任何标记和观念；人的一切知识都是后天得来的，都建立在经验的基础上。根据这种观点，洛克认为，人的发展是由教育决定的，而不是由先天的遗传决定的。

洛克明确提出，教育的目的就是培养绅士。所谓绅士，就是一种有德行、有学问、有能力、有礼貌的人。为了实现绅士教育的目的，洛克设计了一整套具体的实施办法，为儿童安排了包括德育、智育、体育在内的教育内容，并且详细提出了各项教育的要求和方法。

（二）卢梭（1712—1778）

卢梭反对那种不顾儿童的特点、干涉并限制儿童自由发展、违背儿童天性的传统的古典教育，提出了“教育要顺应自然”的思想。

教育要培养“自然人”。卢梭所憧憬的“自然人”具有以下特征：不受传统（等级、阶段、职业）的束缚，按本性发展；不依附于他人，能够自食其力，具有独立性；具有社会适应性，能够承担社会责任；体脑发达，身心健康，具有独立思考能力。

《爱弥儿》是卢梭教育思想的代表作，集中阐述了他的“自然教育理论”。

（三）福禄贝尔（1782—1852）

福禄贝尔

福禄贝尔是世界著名的幼儿教育家。他生于德国一个路德派牧师的家庭。曾就读于耶鲁大学、哥廷根大学和柏林大学。起初追随裴斯泰洛奇从事学校教育，1805 年任职于一所裴斯泰洛奇主义的学校，1817 年在卡伊尔霍创办小学，力图实现裴斯泰洛奇的教育原则。之后他致力于幼儿教育的研究，较为系统地阐明了幼儿园教育的基本原理和教学方法，并且设计了命名“恩物”的游戏材料，以促进儿童的发展，初步创建了幼儿教育理论体系，有力地促进了幼儿教育理论的发展。他的主要著作有《幼儿园教育学》（1862）、《慈母游戏与儿歌》（1843）、《人的教育》（1826）及幼儿园书信集等。

19 世纪中叶，福禄贝尔创办了世界上第一所幼儿园，而且创立了一整套幼儿教育理论和相应的教育方法、教材、玩具等。他的主要幼儿教育思想如下。

1. 幼儿自我发展的原理

幼儿的行为是其内在生命形式的表现，其发展是在内在动力驱动下进行的。通过这些行为，幼儿才可以成长发展。幼儿教师的任务是帮助幼儿除去阻碍生命发展的障碍，让自我得到发展，这就需要尊重幼儿的自主性，重视幼儿的自我活动。

2. 游戏理论

游戏是幼儿内在精神活动表现的主要方式，对幼儿的智力、人格发展意义重大，游戏是幼儿“起于快乐而终于智慧的学习”，“能自动自发、用心认真地玩到累了为止的孩子，将来必是个健壮、坚韧，能够牺牲、奉献的人”。他还认为游戏中工具非常重要，幼儿通过玩具“可直觉到不可观的世界”。并且制作了“恩物”玩具，意为“神恩赐之物”，现在仍有很多幼儿园在使用。

3. 协调原理

福禄贝尔说，人不是单独一人存在的，他是家族中的一员、社会中的一员，也是民族的一员，是宇宙的一分子。幼儿与周围环境、社会、自然是协调、融合的整体。

4. 重视亲子教育

母亲的教育有利于幼儿的智力开发、情感培养和生活习惯的养成等。福禄贝尔认为，要让孩子在爱中成长，首先就必须教育母亲。因此他创立了世界上第一个为母亲们开办的“讲习会”，后来还专门写了一支《母亲之歌与爱抚之歌》。

（四）杜威（1859—1952）

杜威在自然主义理论哲学的基础上提出了“教育即生活”的概念。他对教育与生活的关系从三个方面进行了阐述。

一是“教育即生活”。他主张，生活就是发展，而不断发展、不断生长，就是生活。没有教育即不能生活。

二是“教育即生长”。所谓生长，就是指向未来的发展过程。教育的历史就是生长过程。

三是“教育即经验的改造”。这种改造，不仅是对个人，而且也是对整个社会而言的。它是一个连续不断的改造的过程。

杜威十分强调学生的直接知识的获得，其主要观点如下。

（1）倡导“从做中学”，改变传统教学中学生“静听”的模式，引导学生在自身的活动中进行学习。

（2）确立新的课程观。杜威认为学校的课程计划必须适应现在社会生活的需要，教材上的迫切问题是在儿童当前直接经验中寻找一些东西。课程教材必须以社会生活为基础，而且随着知识的发展而发展。

在教师与学生问题上，杜威提出“儿童中心论”，其主要观点如下。

（1）必须站在儿童立场上，以儿童为教师教育的出发点，坚决克服传统学校来自教师的刺激和抑制过多的现象。

（2）教师不应该采取对儿童予以放任的态度，“放弃他们的指导责任”。

（3）教育过程是儿童和教师共同参与、真正合作和相互作用的过程。

（五）蒙台梭利（1870—1952）

意大利的蒙台梭利被誉为20世纪初的“幼儿园改革家”。她生于意大利的一个宗教家庭，1895年毕业于罗马大学获医学博士，后任精神病院临床助理医师。她在研究和诊治残疾和低能幼儿的实践中，对幼儿教育发生了兴趣。由于对低能幼儿教育方法的成功，促使她更进一步潜心研究正常幼儿的教育。她力图在生理学、心理学及医学的基础上，用自然科学的直接观察的研究方法，建立对正常幼儿进行教育的“科学的教育学”。

她于1907年在罗马贫民区创办了一所“幼儿之家”，招收3～6岁的贫苦幼儿。在那里，蒙台梭利采用了特殊的教育方法，进行了举世闻名的教育实验，创造了教育的奇迹。以她的名字命名的教育方法——蒙台梭利教学法传遍了世界。今天，世界各国都有蒙台梭利幼儿园，并用她的教育思想、方法、教具进行教育。

她的教育理论要点如下。

1. 幼儿自我学习的法则

蒙台梭利认为，幼儿的发展遵循内在自然法则，每个幼儿都是一个遵循自身内部法则的生物体，都有各自不同的需要和发展进程表。而且她还发现，幼儿具有探索环境和周围一切的本能，这种生命的冲动促使幼儿从生活中学习并发展自我。

2. 重视教育环境的作用

适宜的环境，特别是自由发展、有秩序、愉快的环境非常重要。这个环境的特点是：

（1）一个自由发展的环境，有助于幼儿创造自我和自我实现。

（2）一个有秩序的环境，幼儿能在那里安静而有规律地生活。

（3）一个生气勃勃的环境，幼儿在那里充满生气、欢乐和可爱、毫不疲倦地生活，精神饱满地自由活动。

（4）一个愉快的环境，几乎所有的东西都是为幼儿设置的，适合于幼儿的年龄特点，对儿童有极大吸引力。

3. 教师是环境的创设者、观察者、指导者

教师不再是传统的灌输者，而是一个环境的创造者、观察者、指导者，需要转变角色。教师为幼儿精心设计环境和学习材料，提供必要的发展手段，保证幼儿能够展开自由的学习。蒙台梭利明确指出，幼儿自由学习的质量是由教师的质量决定的，正是教师才使幼儿的自由得以实现。

4. 幼儿的自由和作业的组织相结合的原则

蒙台梭利说，理想的作业组织给了幼儿自我发展的可能性，给了幼儿发泄能量的机会，才使每个幼儿获得了满足。没有作业组织的自由将是毫无效益的。没有作业手段、被放任自流的幼儿将一事无成。因此她认为，教师在为幼儿提供条件的同时，需要必要的纪律对其进行约束。

5. 重视感觉教育

蒙台梭利教育理论中，感觉教育是重要内容。她认为，3～6岁是儿童身心迅速发展的时期，幼儿时期处于感觉敏感期，需要进行系统的、多方面的感官训练，使他们通过与外部世界的直接接触发展敏锐的感觉和观察力，为智力、思维发展奠定基础。

（六）皮亚杰（1896—1980）

皮亚杰的幼儿教育观是以其儿童心理学理论作为基础的。皮亚杰儿童心理学的核心理论是“发生认识论”。这种理论认为，儿童认识发展的过程和结构涉及四个基本概念，即图式、同化、调节、平衡。

皮亚杰认为，制约儿童心理发展的因素主要有四种，即成熟、物体经验、社会经验和平衡化。他认为，平衡化在儿童心理发展中起决定作用。儿童思维发展具有连续性和阶段性。儿童思维发展阶段可分为感知运动阶段、前运算阶段、具体运算阶段、形式运算阶段。

（七）陶行知（1891—1946）

陶行知先生推行生活教育、大众教育，为我国教育做出了重大贡献。在教育实践中，他创立了生活教育理论和教、学、做合一的教育方法。在幼儿教育方面，他主要的贡献和观点如下。

1. 强调幼儿教育的基础地位，重视人才的早期培养

陶行知十分重视幼儿教育，认为幼儿教育是人生的基础教育。他还从教育的社会功能出发，认为对幼儿施行早期教育，可以为国家和民族培养更多的合格人才。他说，“幼儿教育实为人生之基础”，是“根本之根本”，“小学教育应当普及，幼稚教育也应当普及”。并提出普及的具体三大步骤，即唤起国人明白幼年的教育是最重要的教育；改革幼儿园，面向乡村工厂；改变训练教师的制度等。

2. 坚持教、学、做合一，倡导因材施教

陶行知先生坚决反对教、学、做分家，他“看见国内学校里先生只管教，学生只管学的情形，就认定有改革之必要”。他说：“教学是做一件事，不是三件事。我们要在做上教，在做上学。”其教、学、做合一的实质就是要根据生活的需要而教、而学，通过生活实践去教学，从而使儿童获得生活实践所需要的真正的生活力、创造力，成为真人。

3. 主张解放儿童，培养幼儿的创造力

他认为，教育者应化作儿童，加入儿童的生活中去，发现儿童的创造力，然后进一步将儿童的创造力解放出来，把学习和创造的自由还给儿童。为此，他提出六大解放：解放儿童的头脑，使之能思；解放儿童的双手，使之能干；解放儿童的眼睛，使之能看；解放儿童的嘴，使之能谈；解放儿童的时间，不逼迫他们赶考，使之能学习渴望的东西；解放儿童的空间，使之能接触大自然和大社会。

（八）张雪门（1891—1973）

张雪门反对以培植士大夫和宗教信徒为目标的幼稚教育，主张以发展儿童个性和以改造中华民族为目标的幼稚教育。他研究幼稚教育是从幼稚园的课程入手的。他主

张实施“幼稚园行为课程”，认为“课程是经验，是人类的经验”，“生活就是教育，五六岁的孩子们在幼稚园生活的实践，就是行为课程”。此外，他还一贯重视幼稚园师资的培训和师范教育。张雪门与南京的陈鹤琴有“南陈北张”之称。

（九）陈鹤琴（1892—1982）

陈鹤琴先生于1923年创办了我国最早的幼儿教育实验中心——南京鼓楼幼稚园，创立了“活教育”理论，一生致力于探索中国化、平民化、科学化的幼儿教育道路。

他还开创了我国儿童心理的科研工作，是我国以观察实验法研究儿童心理发展的最早的学者之一。他的幼儿教育理论和实践对我国幼儿教育产生了很大的影响。他的幼儿教育理论观点有以下几点。

1. 提倡适合国情的中国化幼儿教育

他反对照搬外国教材、教法，全然不顾中国国情的做法，主张适合我国国情的幼儿教育。“抄来抄去，到底弄不出什么好的教育来。”他坚决主张“处处以适应本国国情为主体，那些具有世界性的教材教法也可以采用，总以不违反国情为唯一的条件”。

2. 反对死教育，提倡活教育

陈鹤琴先生反对埋没人性的、读死书的死教育。陈鹤琴说：“活教育的目的就是在做人，做中国人，做现代中国人。”陈鹤琴先生的活教育体系，对中国幼儿教育的各方面产生了重大而深远的影响。

（1）教育观。陈鹤琴先生指出，要遵照活教育的精神办幼儿园，必须“以自动代替被动”，必须是幼儿的“自动的学习、自发的学习，”自己去动手用脑获得知识，教师必须尊重幼儿的自主性，不能搞传统的注入式，消极地灌输幼儿等。

（2）教育目标。幼儿教育的目标应当是育人，培养国家民族所需要的新生一代，培养像陈鹤琴先生所指出的那种身体健康、能建设、能创造、能合作、能服务的“现代中国人”。

（3）教育方法。实现活教育目标的教育方法，如陈鹤琴先生所说，“非从‘做’做起来不可”，应当是“做中教，做中学”。

（4）教育内容。以大自然、大社会为活教材，与实际紧密地结合。同时，活教育“做”的过程本身也就是幼儿园最好的教育内容。

（5）教育原则。陈鹤琴提出了方法论和十七条教学原则。方法论是：做中教，做中学，做中求进步。十七条教学原则是：

①凡儿童自己能够做的，应当让他自己做；

②凡儿童自己能够想的，应当让他自己想；

③你要儿童怎样做，你应当教儿童怎样学；

④鼓励儿童去发现他自己的世界；

⑤积极的鼓励胜于消极的制裁；

⑥大自然、大社会是我们的活教材；

⑦比较教学法；

⑧用比赛的方法来增进学习的效率；

⑨积极的暗示胜于消极的命令；

⑩替代教学法；

⑪注意环境，利用环境；

⑫分组学习，共同研究；

⑬教学游戏化；

⑭教学故事化；

⑮教师教教师；

⑯儿童教儿童；

⑰精密观察。

陈鹤琴先生提出的方法论和十七条教学原则，突出了以儿童为学习主体的思想及一个“活”字、一个“做”字，使儿童处于主动学习的地位，体现了陈鹤琴先生的儿童观和教育观。

3. 提出幼儿园课程理论

陈鹤琴先生强调要从做中学。“大自然，大社会，都是活教材”，“活教育的课程是把大自然、大社会做出发点，让学生直接对它们去学习”。

课程结构应该具有整体性，应促进幼儿整体的有机发展。为此，陈鹤琴以人的五个连为一体的手指做比喻，创造性地提出了课程结构的“五指活动”理论。他认为，五指活动包括以下五个方面。

（1）健康活动：饮食、睡眠、早操、游戏、户外活动、散步等。

（2）社会活动：朝夕会、周会、纪念日、集会、每天的谈话、政治常识等。

（3）科学活动：栽培植物、饲养动物、研究自然、认识环境等。

（4）艺术活动：音乐（唱歌、节奏、欣赏）、图画、手工等。

（5）语文活动：故事、儿歌、谜语、读法等。

这五个方面是相互联系的，就像人的五个手指，共同构成了具有整体功能的手掌。幼儿教育课程的全部内容包括在这五指活动之中。但是这五个方面是有主次之分的。陈鹤琴认为，儿童健康是幼稚园课程第一重要的。强国需先强种，强种先要强身，强身先要重视年幼儿童的身体健康。身体强健的儿童，性格活泼，反应敏捷，做事容易。为了儿童的现在和将来，幼稚园的教育应注意儿童的健康。

为了培养儿童健壮的身体，幼稚园应十分注意培养儿童良好的行为习惯。陈鹤琴认为：“人类的动作十分之八九是习惯，而这种习惯又大部分是在幼年养成的；所以幼年时代，应当特别注意习惯的养成。”

应带领幼儿多到户外活动。户外活动不仅可以使儿童在接触自然中学到各种经验，还可以使他们呼吸到新鲜的空气，沐浴到充足的阳光，活跃儿童的精神，强健儿童的体魄，增加儿童的欢乐。户外活动是保证和促进儿童健康的有力措施。

此外，幼稚园应特别注意音乐，因为音乐可以陶冶儿童的性情，鼓励儿童进取。幼稚园应创设音乐环境，培养儿童对音乐的兴趣，发展他们欣赏音乐的能力和技能。

4. 提倡综合教学法

强调以幼儿经验、身心发展特点和社会发展需要作为选择教材的标准；反对实行分科教学，提倡综合的单元教学，实行“整个教学法”，主张游戏式的教学。

5. 重视幼儿园与家庭的合作

陈鹤琴认为，儿童教育是幼稚园与家庭共同的责任，多方配合才能取得最佳教学效果。

四、我国幼儿教育制度的发展

1903年，我国建立了第一所幼儿园，但是，最初的幼儿园在学制系统中是没有地位的。幼儿园在我国学制系统中的地位是在经过了较长时期的演变后，才逐步确立的。目前，我国幼儿园已成为我国学制系统的一部分。在发展历程中，比较重要的影响幼儿园教育的法规主要有以下几部。

1. 1932年10月，国民政府教育部公布《幼稚园课程标准》

该标准包括三部分内容，即幼稚教育总目标、课程范围、教育方法要点。这一标准对各方面的规定十分详尽，可操作性很强。

2. 1939年12月，国民政府教育部公布《幼稚园规程》

《幼稚园规程》规定了幼儿园教育的目的，后来加以修正改为《幼稚园设置办法》，作为设置幼稚园的准则。

3. 1951年，中华人民共和国教育部制定《幼儿园暂行规程》（试行草案）、《幼儿园暂行教学纲要》（试行草案）

新中国成立后，为改革旧的教育，建立和发展社会主义幼教事业，中央教育部制定了《幼儿园暂行规程》和《幼儿园暂行教学纲要》，规定了新中国幼儿园的教养目标和双重任务，明确了各年龄班幼儿的身心特点和相应的教育内容，以及教养员的责任等，使全国幼儿教育工作者在新旧交替的历史性转折时期方向明确，保教工作有章可循，有力地推动了新中国幼儿教育事业的发展。

4. 1981年10月，中华人民共和国教育部颁布《幼儿园教育纲要》

《幼儿园教育纲要》内容包括三方面：年龄特点及教育任务；教育内容与要求（小、中、大班幼儿生活卫生习惯，体育活动，思想品德，语言，常识，计算，美术等八个方面）；教育手段（游戏、体育活动、上课、观察、劳动、娱乐和日常生活等）以及注意事项。由于《幼儿园教育纲要》旗帜鲜明地对“文化大革命”中幼儿教育战线的各种谬误进行了全面的拨乱反正，对我国幼儿教育走出“文化大革命”阴影，迅速恢复和发展发挥了极大的作用。

5. 1996年6月，正式施行《幼儿园工作规程》（1989年试行）

《幼儿园工作规程》遵照《中华人民共和国教育法》的精神，总结了十多年来我国幼儿教育改革的成果和经验，吸收了国内外幼儿教育的新思想、新观念，对我国幼儿教育的目标、任务、教育原则、组织教育活动的方式等做出了一系列规定。与过去的文件相比，《幼儿园工作规程》更加关注教育如何去促进幼儿发展，使每一个幼儿真正得到发展，更强调了个体差异、因人施教、幼儿个性的健康发展；强调了促进每个幼儿在不同水平上的发展；强调了教育环境的创设，强调了教育活动要灵活地运用集体、小组、个别的形式；强调了活动过程的重要性；等等。《幼儿园工作规程》推动了我国幼儿教育的科学化、规范化，使幼儿教育改革进入了更深的层次。

思考训练
SIKAOXUNLIAN

1. 幼儿教育学的研究对象是什么？
2. 学习幼儿教育学的方法有哪些？
3. 联系实际，说明幼儿园教育对个体发展的意义。
4. 简述陈鹤琴的“活教育”理论体系。

活动实践
HUODONGSHIJIAN

1. 上网或到图书馆查阅幼儿教育学有关教材和资料，了解幼儿教育学研究的基本问题，并写一份心得体会。

2. 通过网络和图书杂志，查阅蒙台梭利教育的更多信息，并谈谈其对我国的幼儿教育有什么启示。

3. 谈谈陶行知的“五个解放儿童”的观点，对培养幼儿的创造能力有什么启示。

第二章　我国幼儿教育的目标、任务和原则

学习目标
XUEXIMUBIAO

1. 掌握我国幼儿园教育的目标。
2. 理解新时期幼儿园双重任务的特点。
3. 树立现代教育理念，培养对幼儿园教育的热爱情感。

案例引入
ANLIYINRU

在巨大的升学压力下，幼儿教育小学化倾向越来越严重。为了筛选优质生源，在激烈的行业竞争中取得优势，许多幼儿园不断提高入园门槛，两三岁的孩子就开始学习数数、背诗、写字、记单词。

2015 年 3 月 17 日，北京市教委表示，北京将严查幼儿园上英语、拼音课，教小朋友进行 20 以上的加、减、乘、除运算等教授小学阶段知识的做法。一旦发现幼儿园小学化的倾向，幼儿园将被降级降类。

分析上述案例，你认为幼儿园应该提前学习一些小学知识吗？幼儿园的主要任务是什么？幼儿园教育的原则是什么？

第一节　幼儿园教育的目标

一、我国的教育目的

教育目的是一个国家或民族对培养人才的质量和规格的总体要求，它是教育活动的出发点和归宿。教育目的具有“导向功能”和“定向功能”，指引着教育过程的方向，使教育行为成为有意义、有秩序的活动，避免或矫正教育行为的盲目性和机械性。此外，教育目的还具有“评价功能”和“激励功能”。

1995 年《中华人民共和国教育法》规定，我国的教育目的是教育必须为社会主义现代化建设服务，必须与生产劳动相结合，培养德、智、体等方面全面发展的社会主

义事业的建设者和接班人。这一教育目的确定了我国社会主义初级阶段教育对象的发展方向。它是一切教育活动的出发点和归宿。

二、我国幼儿园教育目标的内涵

教育目标是国家对各级各类教育事业培养人的统一的质量要求，但由于社会所需要的人是多层次、多规格的，教育对象的身心发展水平也各有特点，所以国家对各级各类教育提出了特殊的、具体的要求，即各级各类教育的目标。

幼儿园教育目标是教育目的在幼儿园教育这一阶段的具体化，是国家对幼儿园提出的培养人的规格和要求，是全国各类型幼儿教育机构统一的指导思想。

我国幼儿园教育的目标是“对幼儿实施体、智、德、美等方面全面发展的教育，促进其身心和谐发展”。幼儿园教育目标是完成幼儿园教育任务，提高幼儿园教育质量的重要指导思想，国家通过这一目标对全国幼儿园教育进行领导和调控。

三、制定幼儿园教育目标的依据

（一）依据我国的教育目的

幼儿园教育目标是根据教育目的并结合幼儿园教育的性质和任务提出来的。我国幼儿园教育的目标是培养全面发展的幼儿，它体现了我国教育目的的基本精神。但为了充分兼顾幼儿的特点，幼儿园教育目标的提法又与学校教育目标略有不同，如把“体”放到了第一位，这是因为，在幼儿阶段，身体的正常发育和机能的健全发展较以后各年龄阶段更为重要的缘故。

（二）依据幼儿身心发展的规律及其要求

全面促进幼儿素质和谐发展是幼儿教育的中心任务。发展包括身体和心理两个方面，二者必须协调发展。这种身心发展的规律性既是连续的，又是阶段性的。任何违背幼儿身心发展规律，提出过高、过难或过低、过易的教育要求，都不会达到发展潜能的目的。

教育从根本上说就是培养人，所以教育目标是否合理除了符合社会要求之外，还要看是否符合教育对象的身心发展规律。举一个简单的例子来说，成年人画一个菱形是件轻而易举的事，然而对于幼儿来说，却是很困难的。即使 3 岁孩子照葫芦画瓢，要临摹一张菱形图样也几乎是不可能的。这就是说，幼儿的发展是有一定年龄特征和规律的，是一个按照一定顺序、不断地从低级到高级发展的过程。教育目标如果不符合幼儿发展的规律，不符合幼儿个体的发展需要和可能性，教育目标就不可能变成现实。因此，教育目标的制定必须适应幼儿身心发展的年龄特征。

（三）依据社会发展的客观要求

1. 幼儿教育具有社会属性

幼儿教育是社会活动的组成部分，是人类特有的社会活动，其主要职能是把人类历史上积累的知识、经验、技能、思维方式、精神文明、优良素质、民族传统等，有计划、有组织、有目的地传播给下一代，培养为社会服务的人。这种人类特有的社会活动，牵动着千千万万家庭，事关子孙后代成长和国家民族的繁荣昌盛。

2. 幼儿教育目标要受社会性质的制约

不同的社会、不同的阶级或社会集团，总是根据自身的利益和需要来规定培养新一代人的方向。社会主义的幼儿教育，要为幼儿进入小学打好基础，为造就一代新人打好基础，培养社会主义事业的建设者和接班人。

3. 幼儿教育任务必须适应社会发展需求

一个国家在不同的发展阶段，对新一代人应具备的素质要求是不同的。我国 20 世纪 50 年代初，要求幼儿园完成教养幼儿、为生产建设服务（含解放妇女劳动力）两大任务。70 年代末、80 年代初，我国进入“四个现代化”建设的新阶段，席卷全球的新技术革命高潮也同时到来，因此“多出人才、快出人才、出好人才”成为社会发展的迫切需求，使原来只注重传授知识的传统教育观和人才质量观面对着时代的严峻挑战。邓小平同志提出“教育要三个面向”的方针，为教育改革和培养目标注入了新的内涵和活力。于是国家明确规定培养“四有”“三热爱”“两精神”的一代新人。随着幼教改革的深入，80 年代以来，强调在丰富幼儿知识、经验的过程中，要注重开发智力和才能、培养良好个性、发展社会性品质和适应能力等。在新世纪的今天，则要求进一步深化教育改革、全面推进素质教育，运用现代教育技术、开拓创新教育，强调培养创新精神和实践能力等新方向。这些不断发展的新要求，都是为适应社会发展需要而提出的。

（四）依据幼儿教育的启蒙性质

幼儿教育是启蒙教育。这是因为幼儿对客观世界的认识尚处于朦朦胧胧的阶段，还不能分门别类地接受系统科学知识。所以，幼儿教育的任务是为入小学打好基础，为造就一代新人打好基础。这一启蒙性质的特点是：

（1）幼儿认识的内容应是幼儿周围生活环境中所常见的、有代表性的、具体形象的、浅显易懂的自然知识和社会知识，初步培养幼儿数量、时空等概念，发展语言表达与审美能力等。

（2）对幼儿认知要求虽是粗略、浅易的，但必须是科学的、唯物的、辩证的。

（3）幼儿教育的方式应形象、具体、直观、生动活泼，并要求多种形式、手段、方法合理结合，综合运用，创设立体、开放的教育环境。

（4）强调幼儿教育不以传授知识的多少为主要目标，重在发展幼儿素质，开发幼儿智能和创造性才干，培养良好个性品质，提高适应社会环境能力等。总之，把握幼儿教育的启蒙性质，在于严格区别于小学教育，防止小学化或成人化倾向，使教育目标确实建立在幼儿教育工作规律的基础上。

只有把握好上述四个方面的依据，才能确立起科学的教育目标。

四、幼儿园教育目标的结构

（一）宏观目标

国家对幼儿园教育目标做了宏观的表述。要实现这一宏观目标，必须将它做层层分解，逐步转化为低一层次的、可操作的具体目标，才能成为教师制订活动计划的有效依据，并通过各种活动，落实到幼儿的发展上。目标的层层分解就形成了幼儿园教育目标的金字塔结构（如图 2-1 所示）。这一结构从上到下由如下几个层次构成。

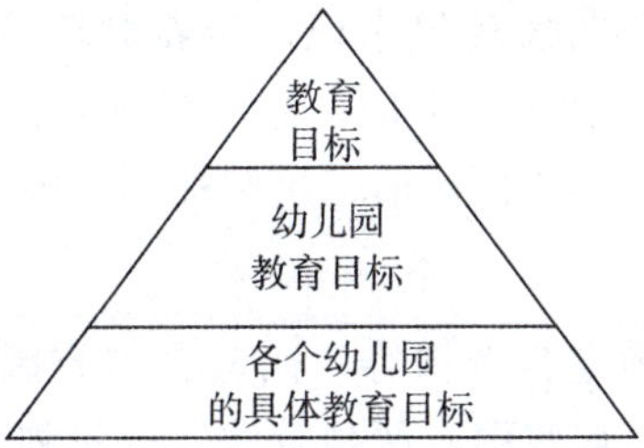

图 2-1　幼儿园教育目标的金字塔结构

1. 教育目标

它是我国各级各类教育的总目标，处于金字塔的顶端。

2. 幼儿园教育目标

幼儿园教育目标，即幼儿教育阶段目标。《幼儿园工作规程》所表述的幼儿园保育、教育目标就属于这一层次。

3. 各个幼儿园的具体教育目标

各个幼儿园的具体教育目标是每个幼儿园根据国家对幼儿教育的要求，结合本园的具体情况制定的。它体现了国家对幼儿园教育的一般要求，又具有本园的特色。

（二）教育目标的结构体系

预期的教育目标，是通过目标结构及其整、分、合的运转过程而实现的。结构是功能的保证。我国幼儿园教育目标结构，是在国家幼儿教育总目标的宏观指导下，由各教育领域和教材分类目标、幼儿身心素质发展目标、学段目标、单元主题教育目标及一个个具体教育活动目标等组成。这是通过“综合—分析—综合”思维过程而形成的纵横交叉、有机结合的目标系统。

1. 幼儿教育总目标

1996 年国家教育委员会颁发的《幼儿园工作规程》第 3 条明确规定："幼儿园的任务是：实行保育与教育相结合的原则，对幼儿实施体、智、德、美诸方面全面发展的教育，促进其身心和谐发展。"

第 5 条又具体规定了幼儿园保育和教育的主要目标："促进幼儿身体正常发育和机能的协调发展，增强体质，培养良好的生活习惯、卫生习惯和参加体育活动的兴趣。发展幼儿智力，培养正确运用感官和运用语言交往的基本能力，增进对环境的认识，培养有益的兴趣和求知欲望，培养初步的动手能力。萌发幼儿爱家乡、爱祖国、爱集体、爱劳动、爱科学的情感，培养诚实、自信、好问、友爱、勇敢、爱护公物、克服困难、讲礼貌、守纪律等良好的品德行为和习惯，以及活泼、开朗的性格。培养幼儿初步的感受美和表现美的情趣和能力。"

应该注意，这里规定的是"主要目标"，以四个方面为主线提出，但并不意味着幼儿的发展只局限于这些内容。例如，发展幼儿与他人友好相处的交际能力、自律能力，开发创造性思维和创新精神，萌发环保意识，培养对环境的适应能力等，都属于幼儿素质发展内容，也都是现代社会所需求的。这一精神，国家教育委员会基础教育司在《幼儿园工作规程》《幼儿园管理条例》的"讲解提纲"中已做了说明。

2. 教育领域分类目标

实施教育活动，首先应确定教育内容。而教育内容因各教育领域的不同特点决定着分类。教育领域的分类，目前我国有两种分法：一是划分为五大领域，即健康教育、科学教育、社会教育、语言教育、艺术教育等；二是划分为七大领域，即包括健康教育、数学教育、科学教育、社会教育、语言教育、音乐教育、美术教育等。两种分类，各有一定道理，不妨先在实践中检验，不必一刀切。在各大教育领域中，又包括不同的内容类别。如健康领域分为卫生保健、体育活动、心理健康；数学领域分为数概念、10 以内的加减运算、量的感知和几何形体、时空关系的认识以及感知集合（物体归类）；科学领域分为生命科学、环保科学、科技产品、科学现象；社会领域分为社会意识、社会环境、人际关系、社会行为、社会文化；音乐领域分为唱歌、律动、音乐欣赏、器乐演奏；美术领域分为绘画、手工、作品欣赏。按照上述领域和类别，分别确定教学内容和要求的分类目标，依传统说法称为"教学大纲"。

3. 幼儿身心素质发展目标

根据规定的教育内容和要求，实施全面发展教育，欲使幼儿身心素质在哪些方面获得发展并达到怎样的实际水平，这种最终目的（或规格标准）的追求就是幼儿发展目标。因为教育内容只有通过教育实践而转化为幼儿身心素质的实际水平，才能算是真正的教育质量。幼儿身心素质的发展领域，应包括身体发育与体质、知识与经验、动作与技能、智力与才能、个性与社会性品质五个方面。在这五个方面具体规定幼儿发展规格。只有达到了预期的结果或状态，才算实现了幼儿身心素质发展目标。

4. 学段目标

由于教育活动和幼儿发展都既有连续性，又有阶段性，是一个循序渐进、螺旋上升的运转过程，也是幼儿素质不断由“现有发展区”向“最近发展区”持续递进的过程。因此，要制定不同的学段目标。学段目标包括各年龄班的学年目标和学期目标，即综合性地规定每个学段的教学内容、教学要求、主要教育活动与幼儿发展的预期目的等。形式可采用条文规定或表格式，也可以二者结合运用。

5. 单元主题教育目标

单元主题教育目标即把学段规定的各个教育领域内容，按照以科学知识为主导，以事物发展规律和幼儿思维逻辑为序，确定一个个主题的排列组合，建成循序渐进、有机结合的系列性单元主题教育活动，并相应地一一制定主题教育目标。由于教育内容是紧密围绕主题组合的，因此，主题教育目标具有显明的综合性和有机性，而不是各领域要求的分割并列。即让幼儿获得的知识、经验、技能、方法、智力、才能以及个性、社会性品质等要求，都体现在主题教育目标中。目标要重点突出，简要、明白、确切，富有针对性、关联性、综合性和有机性。主题目标还应包括：教幼儿一些基本的学习方法，如引导幼儿体验学习、操作学习、探索学习、发现学习等，即变幼儿被动学习为积极主动、创造性地学习，使之真正成为学习的主体。

6. 教育活动目标

幼儿教育任务和培养目标都要通过一个个的具体教育活动而实现。每个主题教育可包括若干个具体教育活动（多少由教师策划确定），可以是综合性的，也可以侧重于某个教育领域内容。不管如何组合，具体活动目标都要落实学段目标和贯彻主题教育目标，并密切针对幼儿身心发展的实际水平和新需求，把握在“最近发展区”内开发其潜能。教育活动目标比主题教育目标更应突出针对性、儿童性、趣味性、活动性和可操作性。

上述六种目标有机地构成了教育目标结构体系。幼儿教育总目标主导其他目标，其他目标是在纵向或横向上层层落实，分别围绕总目标运转，充分发挥“卫星”作用。

（三）根据幼儿教育目标适用的范围将幼儿教育目标分为三个层次

1. 由国家制定的并通过法规或其他行政性文件颁布的，在全国范围内具有指导价值的目的

例如，我国的《幼儿园工作规程》《幼儿园教育指导纲要（试行）》中的幼儿园保育和教育的主要目标就是对全国的幼儿园具有指导意义的目标。这一层次的目标，概括性强，较为客观，可操作性强，是一种较为原则性的目标。比如，“萌发幼儿爱家乡、爱祖国、爱集体、爱科学的情感”，这一目标较为笼统，必须对此进行分解和具体化。

2. 根据国家确定的总目标而制定的地方性目标

考虑到不同地区社会、经济和文化的发展现实，以及师资及幼儿教育设施的状况，确定的适合本地特点的、对本地的幼儿教育实践具有指导意义的幼儿教育目标。

3. 针对各幼儿园的实际及幼儿园所在社区的自然、人文环境确立的适合特定幼儿园的幼儿教育目标

这体现了幼儿园教育的宗旨，具有很强的针对性和本园特色。

（四）根据幼儿教育目标的可操作程度将幼儿教育目标分为五个层次

1. 幼儿园教育总体目标

根据有关的法规及地方性幼儿教育目标所确定的幼儿园目标，它是针对幼儿园教育的一些原则性目标，比较抽象，而不能据之开展具体的教育实践活动。

2. 幼儿园课程目标

它是幼儿园总体教育目标的具体化，是总体教育目标在相关领域的落实，故它与领域目标的内涵相近。

3. 幼儿园年龄阶段目标

它是课程目标落实到幼儿园三个不同的年龄阶段，因此幼儿园的年龄阶段目标是由相互联结、逐渐递进的三个不同的年龄目标组成的。

4. 单元目标

单元目标是年龄阶段目标的具体化及分阶段目标，年龄阶段目标由一系列相互联系、逐步递进的单元目标组成。有两种划分单元目标的方式：一是以内容单元的形式划分，根据教育目标及相关的教育内容的特点，把某一组目标及其相关的内容有机组织起来，构成主题或单元；二是以时间单元的形式划分，根据教育目标及教育内容的特点，把年龄目标划分为学期目标、月目标、周目标、日目标等。

5. 教育活动的目标

它是指某一具体的教育活动所要达到的结果，或所引起的幼儿行为的变化。它是单元目标的具体化，是一种具有可操作性的目标。幼儿园教育目标只有变成幼儿教育活动的目标，才能贯彻到具体的教育过程中，才能落实到幼儿的发展上。

五、幼儿园教育目标的实质要求

教育目标的内容，是幼儿教育质量的基本规格，是每名幼儿教师教育实践的指南，也是幼儿园管理必须遵循的方向和要求。因此，深刻理解目标精神，是有计划、分步骤实施教育的关键。幼儿园教育目标的实质要求，概括来说有四点。

1. 要求幼儿园毫不例外地执行党的教育方针

中共中央、国务院 1993 年颁发的《中国教育改革和发展纲要》第 27 条指出：“教育改革和发展的根本目的，是提高民族素质，多出人才，出好人才。”要求各级各类教育机构都要“认真贯彻‘教育必须为社会主义现代化建设服务，必须与生产劳动相结合，培养德、智、体全面发展的建设者和接班人’的方针”。文件规定的任务和方针，是全国各级各类教育机构（包括幼儿园）都必须遵循的。

《幼儿园工作规程》第 2 条指明："幼儿园是对三周岁以上学龄前幼儿实施保育和教育的机构，是基础教育的有机组成部分，是学校教育制度的基础阶段。"它说明幼儿教育是我国教育大系统中的子系统，是基础教育中的基础，是培养人才的第一道工序。由此，幼儿教育必须毫不例外地执行党的教育方针。事实上，幼儿园上述教育目标就是依据教育方针制定的育人方向和目的，是教育方针在幼儿园教育中的具体化。

2. 要求幼儿园全面实施素质教育

社会要求培养人的素质全面发展。个体素质的全面发展是提高民族素质的细胞和基石；造就各类专门人才必须以发展素质为基础。因此，基础教育的根本任务是全面实施素质教育，培养全面发展的社会主义建设者与接班人。幼儿园教育目标是促进幼儿素质全面、和谐发展的目标。"全面"，指体、智、德、美发展的整体性，缺一不可；"和谐"，指体、智、德、美的有机性，不可分割。说明在实施幼儿教育目标的教育过程中，"四育"是相互联系、相互制约、相互促进又相互融合的有机结合体。

单从幼儿心理发展讲，例如，强调知、情、意、行与个性、能力的培养，也是一个诸要素的有机结合体；只有把素质培养融于体、智、德、美的全面教育过程中，才能使幼儿获得卓有成效的和谐发展。总之，"全面和谐发展"是幼儿园教育目标的核心要求，既是出发点，也是归宿。

3. 要求"面向全体幼儿"与"因材施教"

统一教育目标对幼儿园来说，是实施教育活动的工作目标；对幼儿来说，是成长过程的发展目标。"面向全体幼儿"，是实施教育目标的立足点，也是我国幼儿教育的优良传统。有些教师把它与强调"因材施教"对立起来，是片面的。

其实，这是一个问题的两个方面："面向全体"是强调共性要求，让每个幼儿都得到发展；"因材施教"则是强调关注个性特点，让每个个体在各自不同的水平上发展。因为每个幼儿都是独立的个体，其身心发展因先天基质、原有基础、发展速度的不同，不可避免地存在差异，呈现着个体发展特点；集体中的每个幼儿又都在不断发展着，共性与个性总是处在对立统一之中。由此，要求教师在实施教育活动中，既要"面向全体幼儿"，又要"因材施教"，注重每个幼儿的"个性发展"。只有面向全体，才能保证每个幼儿的发展；只有因材施教，才能促进幼儿个性发展。也只有二者统一，才能培养出多样性人才，适应社会的不同需求。

4. 强调幼儿发展寓于"保教结合"之中

"保教结合"，在幼儿园是一种教育思想，也是一条教育原则。这是由幼儿身心发展的统一性所决定的，也是幼儿教育工作规律所要求的。在实践中应做到"教"中有"保"，"保"中有"教"，二者并举、有机结合，渗透于幼儿一日生活和全部教育活动之中，统一在幼儿全面发展上。保教结合，是我国解放区幼儿教育历史经验的总结，新中国成立后得到弘扬光大，1989 年又写进"两个法规"之中。《幼儿园管理条例》明确规定："幼儿园应当贯彻保育与教育相结合的原则。"《幼儿园工作规程》规定的教育目标是与把保教作为一个统一体而具体阐述的。所以保教结合的教育思想，必须渗透于实施教育目标中，贯穿于全部管理过程中。

六、制定幼儿园具体教育目标时应注意的问题

（一）教育目标分解的方法要恰当

制定幼儿园具体教育目标的过程，实际上是将国家的教育目的、幼儿园教育目标层层分解、逐步具体化，并落实在幼儿发展上的过程。第三层次的具体教育目标如何确定，各个幼儿园可以根据实际情况，采用不同的分解方法。

1. 按时间范围划分

第一层次：每一学年的教育目标。

第二层次：学期教育目标。

第三层次：一个月或一周的教育目标，也可以是单元活动目标。“单元”可以是主题活动单元，也可以是教材单元。

第四层次：幼儿园一日活动、一个活动或一节课的教育目标。

2. 按教育目标的指导范围划分

第一层次：指导本园的教育目标。

第二层次：指导一个班级的教育目标。

第三层次：指导不同活动组的教育目标。

第四层次：指导每个个体的教育目标，即根据每个幼儿发展情况确定目标。

（二）教育目标的涵盖面要全面

将幼儿园的教育目标层层具体化的过程，实际上也是一个将教育目标的内容逐步具体化的过程。需要注意的是，不论分解到哪一层次，都要保证教育目标的整体结构不受损害，其内容的涵盖面一定要全面，即包括幼儿全面发展的各个方面和每个方面的全部内容。在实践过程中，制定具体教育目标的指导思想常常出现偏差，如在体、智、德、美四育中，或重德轻智，或重智轻德；在每一育中也有这种情况，如在智育中重知识的掌握而轻智力的培养；在体育中重动作的发展而轻生活卫生习惯的培养；在德育中，重社会常识的掌握而轻道德情感的培养；在美育中重艺术技能的掌握，轻创造性的培养；等等。教育目标内容的不全面会严重影响幼儿的全面发展。

（三）教育目标要有连续性和一致性

教育目标的实现是一个长期的过程，它由若干不同的阶段来完成。每个阶段性目标之间要互相衔接，体现幼儿心理发展的渐进性和连续性；同时，下层目标与上层目标之间、局部目标与整体目标之间要协调一致，以保证每一个具体目标的实现都朝总目标前进一步，都成为实现上层目标的有效环节。

问题研讨
WENTIYANTAO

下面是某幼儿园2～3岁幼儿阶段目标体系。仔细阅读，并分析该幼儿园教育目标体系是如何层层分解的？其目标涵盖了哪些内容，你认为全面吗？各月份的目标是否体现出了连续性？

某幼儿园2～3岁幼儿阶段目标体系

2013年9月份

项目	目　　标
动作发展	1. 能独立地、较平稳地在平地上走。 2. 手脚不协调，上体挺直向前跑。 3. 手膝着地向前爬，手脚不协调地攀爬登架。 4. 随意地玩球。 5. 会拿勺子，舀起东西往嘴里送。 6. 能单手拿空杯子向前走，双手端杯子喝。 7. 愿意玩大雪花片（大积木），能插（搭）出较简单的物体。
语言发展	1. 认识自己的标记，能说出图形的名称。 2. 理解并愿用简单的礼貌用语（入园、离园时愿意向老师问候、告别）。 3. 在个别交谈或集体活动中，喜欢听老师谈话。 4. 愿意和老师说话，有困难知道找老师帮忙。 5. 喜欢听老师讲故事、念儿歌。 6. 能听懂并执行生活常规方面的指令。
情感发展	1. 能摆脱对家人的依恋，喜欢听老师谈话。 2. 愿意与老师、同伴交往。 3. 遇到不愉快或困难的事，知道找老师帮助。 4. 喜欢参加各项活动，保持愉快的情绪。
生活习惯	1. 认识自己的标记，找出自己的毛巾、茶杯、鞋柜、晨检牌插袋。 2. 学会正确洗手。 3. 认识厕所，知道大、小便要如厕。 4. 认识自己的被子，愿意上床躺下午睡。 5. 愿意在幼儿园吃饭，会用小勺吃完自己的一份饭菜或在成人帮助下吃完自己的一份饭菜。
游戏习惯	1. 愿意参加各种游戏活动。 2. 初步学习听铃声做事情，如进出教室、游戏室收放材料、环节转换等。

2013年10月份

项目	目　　标
动作发展	1. 能独立地、上体挺直地走，双手在体侧自由摆动。 2. 两臂自然摆动，跑动时能基本保持平衡。 3. 能双脚不协调地跳。 4. 能两步一级地上下楼梯。 5. 乐意和同伴一起玩球。 6. 能从碗中舀起食物往嘴里送。 7. 能双手把茶杯从桌上端起来喝，单手拿空茶杯走。 8. 能用较大的纸随意撕。 9. 会用细电线穿大木珠。 10. 能随意插大雪花片。
语言发展	1. 能较主动地运用简单的礼貌语言（入园、离园时向老师问候、告别）。 2. 个别交谈时能注意听老师说话，集体交谈时能安静地听老师说话。 3. 愿意回答别人的问题。 4. 对《婴儿画报》等读物有兴趣，能静听上面的故事。 5. 喜欢翻阅《婴儿画报》等读物。
情感发展	1. 喜欢与老师、同伴交往，和他们一起游戏。 2. 遇到不愉快或有困难的事，愿意找老师帮助。 3. 喜欢参加各项活动，保持愉快的情绪。 4. 愿意与同伴分享玩具。
生活习惯	1. 继续学习正确的擦手方法及正确拿茶杯的方法。 2. 会用小勺吃完自己的一份饭菜。 3. 乐意在幼儿园午睡，不依赖某种物品入睡。 4. 想大便时，能及时如厕并会用简短的语句请求老师帮助。
游戏习惯	1. 能自觉地听铃声做事情。 2. 知道把掉到地上的玩具捡起来。 3. 认识自己的垫子，会正确地坐在垫子上（双膝弯曲，双手随意地抱住小腿）。 4. 知道离开活动室时，把自己的小椅子推到桌子下面。

2013年11月份

项目	目　标
动作发展	1. 能在宽25厘米的硬纸板上走。 2. 能两臂自然摆动、基本保持身体平衡地跳。 3. 能双脚较协调地向上跳。 4. 能两步一级、手脚较协调地攀爬登架。 5. 初步学习和同伴一起滚球。 6. 能较平稳地从碗中舀起食物往嘴里送。 7. 会双手端茶杯走动。 8. 初步学习大片大片地涂色，对色彩感兴趣。 9. 会将皱纹纸撕成长条。 10. 会用鞋带随意穿大木珠。 11. 会用大雪花片插出简单的物体。
语言发展	1. 入园时能指点着“宝宝天天说”专栏，用普通话说一句话。 2. 和老师共同“阅读”《婴儿画报》等读物，能按顺序翻看熟悉的图画故事，说出书名、故事名。 3. 学习在游戏中与同伴用普通话说话。 4. 在集体活动中能集中注意力倾听别人说话。
情感发展	1. 喜欢上幼儿园，并乐意参加班级组织的各项活动。 2. 同伴间友好相处，不争抢玩具。 3. 喜欢班上的老师，乐意和老师一起收拾玩具。
生活习惯	1. 知道洗手之前要卷袖子，需要时主动请老师帮助。 2. 能独立地吃完自己的一份饭菜。 3. 能安静地午睡，醒来后不打扰同伴。 4. 能独立地去小便，大便完了知道喊老师帮忙。 5. 午睡时，能独立地找到自己的被子，会将脱下的鞋子摆放整齐。
游戏习惯	1. 在游戏中学习（等待）、轮流玩，学习与同伴分享玩具。 2. 活动结束时，知道把玩具收好，放回原处。

2013 年 12 月份

项目	目　　标
动作发展	1. 能扶着栏杆两步一级上下楼梯。 2. 能两臂自然摆动、上下肢基本协调地跑。 3. 能双脚较协调地向上、向前跳。 4. 能两步一级、手脚较协调地攀爬登架。 5. 学习双手抛、接球。 6. 能从碗中舀起食物，平稳地往嘴里送。 7. 能双手端茶杯走动，而且不把水泼出来。 8. 初步学习握笔在作业纸上画。 9. 学习撕不同质地的纸。
语言发展	1. 每天能声音响亮地用普通话说一句话。 2. 能用手指点读《婴儿画报》等读物中故事的名称，并愿意大声地讲述故事的内容。 3. 游戏中，能坚持用普通话与同伴进行交往。 4. 乐意向别人介绍活动的内容。 5. 能静听并参与成人念儿歌，讲简短的故事。
情感发展	1. 学习关心同伴，愿意帮助有困难的同伴。 2. 不随意乱放玩具，主动帮助成人收拾玩过的玩具。 3. 在家里初步学习关心父母、学着帮长辈做些力所能及的小事，如拿鞋子、开门、发筷子等。 4. 在家里玩时，不乱扔玩具，自己能主动把玩过的玩具放回原处，不依赖成人。
生活习惯	1. 不玩水，洗手后，知道把手心、手背、手腕上的水擦干净。 2. 能独立地吃完自己的一份饭菜，不把饭菜泼洒在桌上，不挑食。 3. 大小便后，学习自己提裤子。 4. 午睡时，知道盖好被子，把手放在被子里面。 5. 冬天来了，注意防寒保暖。
游戏习惯	会玩各项桌面及户外游戏，有一定的规则意识。

2014 年 1 月份

项目	目　　标
动作发展	1. 上体挺直，下肢协调地走。 2. 能较自如地两步一级上下楼梯。 3. 上下肢较协调地跑，会避让，不撞人。 4. 学习原地向上跳。 5. 能手脚较协调地攀爬登架。 6. 学习单手拍球，拍一下抱一下。 7. 能舀起食物，不洒在桌上，平稳地送到嘴里。 8. 能撕不同质地的纸。 9. 会用大雪花片插出几种简单物体。
语言发展	1. 能用普通话大声地与别人交谈。 2. 能安静、独立地阅读《婴儿画报》等读物，并能较完整地讲述 3～4 本画报中的故事。 3. 乐意安静地玩各项桌面活动，并能用普通话向他人介绍活动内容。 4. 能静听老师讲些有趣的故事并积极地学习一些新词和短句。 5. 学说贺新年的短句。
情感发展	1. 喜欢与老师、同伴交往和共同游戏。 2. 能有礼貌地向本园老师及别人问候。 3. 关心同伴，乐意帮助别人。 4. 不怕冷，坚持天天上幼儿园，坚持早锻炼。 5. 积极参加各项活动，经常保持愉快的情绪。
生活习惯	1. 小便后，自己提裤子；睡觉前，自己把鞋子摆放整齐；起床后能独立地把鞋子穿好。 2. 不挑食，能独立吃完自己的一份饭菜。 3. 洗手前，知道自己或请老师帮忙把袖子卷起来，洗手后，能自己把衣袖拉下来。 4. 入园时能将手套、围巾摘下，放在指定的地方，回家时记得把它们带走。 5. 在家里能自己洗手、吃饭、穿鞋子、提裤子和收拾玩具。
游戏习惯	1. 在游戏中知道避开火炉或取暖器。 2. 元旦庆祝活动时知道和班上的老师、同伴在一起，不随意走散。

2014 年 2～3 月份

项目	目　标
动作发展	1. 能根据指令慢走或快走。 2. 能双脚协调地向上跳。 3. 能一步一级协调地攀爬登架。 4. 学习单手拍球，能拍 1～2 个。 5. 会单手握住茶杯柄端水或牛奶走动。会双手端碗走动。 6. 学习在纸上大片大片地涂色。 7. 随意玩橡皮泥。 8. 喜欢粘贴，初步形成规则。 9. 能用鞋带较快地穿大木珠。
语言发展	1. 继续坚持用普通话大声地与别人交谈。 2. 学会较完整地讲述一本新画报。 3. 与老师共同欣赏优美的文学作品，乐意回答其中的问题。 4. 能用简单的话说出父母及长辈是怎样关心自己的。
情感发展	1. 能摆脱对家人的依恋，喜欢上幼儿园。 2. 参加节日活动，感受节日气氛，体验与同伴一起过节的乐趣。 3. 喜欢听和谐悦耳的声音，愿意参与音乐和美术活动。 4. 关心父母、长辈，愿意与他们分享食物。
生活习惯	1. 巩固洗手、如厕常规，能根据需要及时如厕。 2. 在老师的鼓励和帮助下，基本上吃完自己的饭菜。 3. 能安静入睡，手不放在被子外面。 4. 会在家里关心长辈，乐意做些小事，如拿鞋子、开门、分筷子、拿盆等。
游戏习惯	1. 巩固听小铃声收放玩具、转换活动环节的常规。 2. 积极参加各项活动，乐意遵守游戏规则并提醒新伙伴遵守规则。

★由于过了一个寒假，所以一些要求，如“情感目标”等又再次提出。

2014 年 4 月份

项目	目　标
动作发展	1. 能身体协调地走。 2. 能扶着栏杆一步一级地上楼梯，两步一级地下楼梯。 3. 能听信号向指定的方向交替走，跑 50 米左右。 4. 能在宽 25 厘米、高 3～4 厘米的泡沫板上走。 5. 能手、膝着垫自然地向前爬。 6. 学习纵跳摸高，跳时身体保持平衡。 7. 能单手连续拍球 3～4 个。 8. 吃饭时，能双手端碗喝汤，不把汤洒在衣服或桌上。 9. 会单手端茶杯走动，不把水或豆浆洒出来。 10. 学习握笔朝一个方向大片大片地涂色。 11. 初步学习按一定的规律穿两种颜色的木珠。 12. 会将橡皮泥搓长、搓圆、压扁。 13. 学习粘贴（选择图形、抹糨糊、粘贴、擦手）。 14. 会把不同质地的纸撕成长条。
语言发展	1. 知道听别人说话时，眼睛要看着别人。 2. 愿意在集体活动中单独回答老师的问题。 3. 会用语言表达自己的需要。 4. 愿意与别人交往，用普通话回答别人的问题。 5. 学会正确使用礼貌用语，如“请坐”“谢谢”“对不起”等。 6. 能根据对自然的观察经验，说出春天有哪些变化。
情感发展	1. 热爱春天，运用多种感官感知大自然的美。 2. 在园内和外出活动时，不随意踩踏草地、乱摘花草，不乱给小动物喂食。 3. 乐意关心别人，如同伴跌倒时，能扶起跌倒的同伴，帮助同伴拍身上的尘土等。
生活习惯	1. 能独立吃完自己的一份饭菜，保持桌面的整洁。 2. 入园、离园时，自己脱换软底鞋。 3. 午睡时自己脱鞋子、解衣扣，找到被子后，自己钻进被窝里。 4. 会独立地洗手（手心手背用肥皂洗一洗，用清水洗干净再甩三下），会打开毛巾，把手心、手背、手腕都擦干净。
游戏习惯	1. 进出教室慢慢走，不奔跑，不互相追逐。 2. 愿意帮助老师一起收拾玩具。

2014 年 5 月份

项目	目　　标
动作发展	1. 能扶着栏杆一步一级地上下楼梯。 2. 能按地上的图案一个跟着一个走成一个大圆圈。 3. 学习双脚同时向前跳。 4. 能在宽 25 厘米、高 5 厘米的积木上走，身体基本保持平衡。 5. 能双手双脚协调地攀爬登架。 6. 能在 70 厘米高的障碍物（如绳子、拱形门等）下钻来钻去。 7. 能单手连续拍球 5 个以上。 8. 能双手端碗走动。 9. 学画一些简单的物体。 10. 学习变换花样穿珠。 11. 会把橡皮泥用搓长、搓圆、压扁的方法，做出 1～2 个简单物体。 12. 能根据要求进行粘贴。 13. 会玩螺丝玩具（配对，拧紧）。 14. 会用较小的花片随意插。
语言发展	1. 听别人说话时，眼睛会看着别人，集中注意。 2. 学习在集体中声音响亮地回答问题。 3. 有较好的阅读习惯，晨间在阅读角能完整地按顺序“读”一本画报，不受他人干扰。 4. 能根据画面或谈话内容，简要回答问题。 5. 能比较有礼貌地与成人交往，继续巩固礼貌用语。
情感发展	1. 尊敬医生、警察、消防队员和邮递员。 2. 乐意参加劳动，如和老师一起整理玩具，去操场草坪上拾小砖块等。 3. 乐意参与六一前的准备活动。
生活习惯	1. 进餐时注意保持桌面、地面干净。 2. 会冲洗喝过豆浆的杯子。 3. 初步学习自己穿衣服。 4. 知道果皮、纸屑要扔进废物箱。 5. 能熟练地脱换软底鞋。
游戏习惯	1. 能自然地进行环节转换。 2. 基本上能够做到玩具轮流玩，能够与同伴愉快地共同游戏。 3. 在玩户外大型玩具时，不做危险动作。

2014 年 6 月份

项目	目　　标
动作发展	1. 能双脚交替上、下楼梯。 2. 能上、下肢协调轻松地跑。 3. 能在宽 20 厘米、高 15 厘米的积木上走。 4. 能双脚向前行进跳。 5. 能单手连续拍球 10 个以上。 6. 能在 7～10 厘米高的拱形门下钻来钻去。 7. 能手、膝着垫自然协调地向前爬。 8. 学画简单的物体。 9. 乐意用橡皮泥做 3～4 种简单物体。 10. 会用同种颜色的小雪花片插出简单物体。 11. 会按形状、颜色匹配，拧紧螺丝玩具。
语言发展	1. 乐意主动与熟悉的人交往，会使用礼貌语言，发音基本清楚。 2. 乐意参加念儿歌、讲小故事等活动。愿意与同伴、老师一起表演故事。 3. 能主动、积极地学习新词和新的句型。 4. 能熟练地读 10 本以上的画报。
情感发展	1. 遇到不愉快的事、学习自己解决。 2. 乐意参与庆祝六一的表演活动，愉快地与全国小朋友一起过节。
生活习惯	起床后，在成人的提醒下，分清左、右脚，自己穿鞋子。
游戏习惯	1. 喜欢玩多种玩具并想出不同的玩法。 2. 学习轻轻收拾玩具。

第二节　幼儿园的任务

一、幼儿园的双重任务

我国幼儿园是学制的基础阶段，与其他各级各类学校一样，应该使受教育者在体、智、德、美等方面得到全面发展，为社会主义现代化建设培养建设者和接班人。但是，幼儿园又是一种社会公共育儿机构，具有福利性，因此，它还担负着其他学校教育机构所没有的为家长服务的特殊任务。幼儿园的双重任务体现了幼儿园在社会主义现代化建设中的独特作用。

（一）幼儿园对幼儿实施保育和教育

以幼儿园为代表的幼儿教育机构是我国对幼儿实施保育和教育的组织，因此幼儿园通过对幼儿实施体、智、德、美诸方面全面发展的教育，促进其身心和谐发展，来体现自身的社会价值，为社会主义建设服务。

问题研讨
WENTIYANTAO

孩子午睡尿床了，老师第一反应便是惊讶和生气。“你怎么又尿床了？”继而告诉其他工作人员：“某某又尿床了。”你认为这种做法正确吗？

（二）幼儿园为家长工作、学习提供便利条件

随着我国经济建设的发展，建设小康社会，构建和谐社会，人民群众生活水平的日益提高，使人们对教育战略地位的认识有了新的飞跃。“知识改变命运，教育成就未来”的理念深入人心。广大的幼儿家长，通过自身的工作、生活实践，一方面看到文化、科技对经济建设的巨大推动作用，感到现代科技的飞速发展已使社会进入了以知识、信息为主要生产力的时代。另一方面更感到由此产生的生活及就业的压力，因而，不仅迫切希望有时间进修、提高自己的文化科技水平，而且迫切希望自己的子女能受到良好的教育。比如，在为孩子奠定基础的幼儿教育期间，他们一方面急切地送孩子入园，希望幼儿园能给予孩子理想的教育；另一方面也盼望从幼儿园方面学到科学育儿的知识，以便孩子在园里、在家里，都能得到全面发展的教育。因此，当今的幼儿园在为家长服务方面，已经不单纯是为了家长安心工作，偏重在生活方面为家长解除后顾之忧，提供便利条件，做好后勤工作了。

广大的幼儿园从大教育的观念出发，肩负起宣传家长、教育家长、引导家长学习科学育儿的知识、共同提高育儿水平的任务。他们设立家长委员会，举行家长会，听取幼儿园的工作计划和要求；他们举办开放日，约请家长参观、参与孩子们的活动；他们举办教育讲座、设置家长信箱、播放录像等，运用多种形式向家长普及保育、教育幼儿的常识，介绍保育、教育幼儿的方法。

问题研讨
WENTIYANTAO

妞妞的父母因为生意的事情，没有按时到学校接孩子。如果你是当班的教师，该怎么办？

二、新时期幼儿园双重任务的特点

随着社会的发展，幼儿园在实现双重任务的过程中遇到了新的挑战。

1. 对幼儿身心素质的培养提出了更高的要求

现代科技的飞跃发展使社会进入了以知识、信息为主要生产力的时代。江泽民同志指出，“创新意识对于我们 21 世纪的发展至关重要”，党中央提出了“科教兴国”的战略决策，这一切使教育面临前所未有的挑战。幼儿教育担负着为培养 21 世纪的人才奠基的光荣而艰巨的任务，如何才能适应社会的需要呢？显然，必须从素质教育入手，从教育思想到教育的内容、形式、方法等全面地进行改革，否则，幼儿园是难以跟上时代的步伐，使幼儿成长为社会所需要的一代新人的。

2. 为家长服务的范围不断扩大

随着我国社会经济体制改革的日益深入和社会主义市场经济的逐步建立，人们的生活方式、生活意识、价值观念等空前多样化，生活节奏加快，时间意识增强，人员流动量增大。在这种形势下，幼儿教育机构类型单一、服务范围狭窄、机制不灵活的现状就不可避免地和社会的需求不相适应。家长要求办园形式更加多样化，除了全日制之外，还应有半日制、计时制、机动的寄宿制等；要求增加节假日服务、晚间服务、护理病房服务等。总之，在办园形式、管理制度、收托时间、保育范围、运作机制等方面，要求各种幼儿教育机构更灵活、更方便，更能适合家长工作、学习、生活方面的特点和需要。

3. 家长对幼儿教育认识不断提高，要求幼儿园具有更高的教育质量

目前，家长送孩子入园有了选择余地，但是“入好园难”的呼声日趋强烈。现在的幼儿家长大多数具有中等以上文化水平，通过耳闻目睹，他们对幼儿教育在人一生发展中的重要意义的认识不断提高。因此，他们不仅希望孩子在幼儿园吃得好、长得好，更希望孩子能接受好的教育，幼儿园质量的高低成为家长最关心的问题。提高保育和教育质量成了幼儿园生存和发展的关键。幼儿园只有教育质量高，才会生源充足，家长满意，获得良好的社会效益。

总之，幼儿园要更好地完成双重任务，使家长满意、社会满意，必须关心、顺应社会的发展和变化，不断调整自身的运行机制，深入地进行改革，把幼儿园教育质量不断提高到新的水平。

案例研讨

ANLIYANTAO

某幼儿园根据附近社区家庭的实际情况，主动与周边社区 12 个居委会取得联系，在发放调查问卷、走访、了解社区家庭的基础上，经过分析归纳出了这些家庭的几种入托需求：一是疲于奔忙，无暇照顾子女，想把孩子托付给幼儿园；二是想让孩子入优质园享受优质的教育；三是孩子未满 3 岁，但是想早些接受正规幼儿教育；四是家中虽有看护人，但是希望能得到幼儿园的亲子教育辅导；五是部分少数民族家庭和有轻度残障困难的家庭，需要幼儿园给予特殊服务。针对这些不同的入托需求，该幼儿园为家长开设了多种可选择的入托形式，让家长根据自己的实际情况进行选择。该幼儿园常年开办整托、日托、长日托、半日托、临时托、低幼托、回民托、轻度残障托

和亲子班，从而让每个家庭都能各得其所。

虽然入托形式给管理、组织、人员安排、教育活动及收费方面都增加了许多环节，但看到家长满意放心，孩子健康快乐，他们就感到莫大的欣慰。

该幼儿园为家长制订了切合实际需要的服务项目，如为幼儿钉扣、扦边、修拉锁、粘鞋底、缝开线、绣名字、洗澡、理发、代买幼儿用品、代交托儿费、方便雨披、方便雨伞、方便小座椅；为部分幼儿烹调回民饭、婴儿饭、防过敏饭、病号饭、特需饭。为了不断提高家长的科学育儿水平，该幼儿园还设立了多种与家长交流、互动的宣传形式，有家长会、家长委员会、家园联系册、家园宣传栏、家长信箱、电话访谈等。家长们充分体验到了老师们细致入微的服务带来的温暖。该幼儿园的保健医主动为幼儿联系矫治医院，带将要入托的幼儿去体检，还给幼儿进行保护牙齿的教学指导。

分析上述案例，说说该幼儿园在为家长服务方面有哪些做法？有何意义？

第三节　幼儿园教育的原则

幼儿园教育的原则是教师在向幼儿进行教育时必须遵循的基本要求。这些要求是根据幼儿园教育目标、任务和幼儿身心发展的特点，并在总结了长期的幼儿教育实践经验的基础上提出来的。

幼儿园教育原则包括两部分：一部分是教育的一般原则，是幼儿园、小学、中学教师均应遵循的，它反映了教育对所有教育者的一般要求；另一部分是幼儿园教育的特殊原则，是根据幼儿园教育的特点提出来的，是幼儿园教育对教师的特殊要求。

一、教育的一般原则

（一）尊重儿童的人格尊严和合法权益的原则

作为幼儿园教育对象的幼儿首先是一个人，是我们社会的一员。因此，他们享有人的尊严和权利。没有对儿童的尊重，就谈不上真正的教育。

1. 尊重儿童的人格尊严

儿童虽然年龄小，但是他们和教师之间的关系是平等的人与人的关系。教师要将儿童作为具有独立人格的人来对待，尊重他们的思想感情、兴趣、爱好、要求和愿望等。如果教师的言行中处处体现对儿童的尊重，注意倾听儿童的想法，尊重他们的意愿，就会使儿童意识到他们在这个世界上是有价值、有能力、不可或缺的，从而建立起自信心，获得良好的自我概念，为自身的继续发展奠定基础。反之，教师如果随意呵斥、责备、惩罚儿童，让儿童常常感受到委屈、羞辱，他们便会认为自己是无能的、被人看不起的，从而丧失基本的自尊与自信。这种消极的自我概念一旦形成，将会影响儿童终身的发展。

2. 保障儿童的合法权利

儿童是不同于成人的正在发展中的社会成员，他们享有不同于成人的许多特殊的权利，如生存权、受教育权、受抚养权、发展权等，这反映了人类对儿童在社会中的地位和权利的认可与尊重。但是，儿童毕竟是稚嫩、弱小的个体，他们对自己权利的行使还必须通过成人的教育和保护才能实现。家庭、学校、社会应当保障未成年人的合法权益不受侵犯。因此，教师不仅是儿童的"教育者"，也应当是儿童权益的实际维护者。

（二）促进儿童全面发展的原则

促进儿童全面发展的原则指的是教师在制订教育计划、设计教育活动时需遵循的原则。

1. 儿童的发展是整体的发展而不是片面的发展

教育必须促进儿童体、智、德、美诸方面全面发展，不能偏废任何一个方面。陈毅同志曾做过一个生动的比喻："一个飞行员没有坚定正确的政治方向，没有无产阶级觉悟，一起飞就飞到敌人那里去了，怎么能让这样的人驾驶飞机呢？另一个飞行员有高度的政治觉悟，有为人民服务的愿望，但技术不过硬，一起飞就被敌人打下来了，这样的飞行员有什么用呢？自然，一个体弱多病的人，连陆军尚且不够条件，就更谈不上当飞行员了。"这个比喻充分说明了全面发展的重要性。

2. 儿童的发展应是协调的发展

协调发展包括儿童身体的各个器官、各系统机能的协调发展；儿童各种心理机能，包括认知、情感、性格、社会性、语言等协调发展；儿童的生理和心理协调发展；儿童个体的需要与社会的需求之间的协调；等等。

3. 儿童的发展是有个性的发展

教育除使每个儿童达到国家统一要求的标准之外，还允许根据每个儿童的个性特点，充分利用儿童的经验和儿童之间的相互影响，利用大众媒体等，使学校教育更丰富、更有效。

（三）面向全体，重视个别差异的原则

在教育过程中，教育者在关注全体受教育对象的同时，还应重视儿童的个别差异，因人施教，有针对性地采取最有效、最合理的方式促进每个儿童的发展。

1. 教育要促进每个儿童的发展

教育必须面向每个儿童，使每个儿童都能达到教育目标的要求。在学校中经常出现这样的情况：有的教师只关注学习好、能力强的儿童，而那些既不出众又不吭声的儿童基本上不在教师的视线范围内。然而教师不能只照顾优秀的学生，而是要保证每个儿童在学校里有同等的受教育机会，必须平等地、一视同仁地对待所有的儿童。

2. 教育要促进每个儿童在原有基础上的发展

面向全体，使所有的儿童都得到发展，并不是要求所有的儿童都达到同等水平，也不是要求每个儿童在所有方面都达到同样高度。由于每个儿童的需要、兴趣、性格、能力、学习方式等各有不同的特点，因此，教师必须考虑每个儿童的特殊需要，因人而异地进行教育，使每个儿童都能发挥优点和特长，在自己原有的水平上得到应有的发展。

3. 多种组织形式促进儿童的发展

集体活动是我国教育机构目前进行教育的主要组织形式，而小组活动、个别活动相对较少，这样不利于充分满足不同儿童的不同需要。教师应注意在教育中灵活地使用集体、小组、个别的教育组织形式。有的教师认为，集体活动是“面向全体”，小组和个别活动是“照顾个别差异”，这是不对的。面向全体与照顾个别差异是不可分割的两个方面，是在各种组织形式的活动中统一实现的。不重视个别差异的活动是不可能真正面向全体的。

（四）充分利用儿童、家庭、社会的教育资源的原则

教育必须认识到儿童自身、儿童群体以及家庭、社会都是宝贵的教育资源，要充分发挥他们的教育作用。

教育资源存在于儿童的生活中，在家庭、社会、教育机构、街道、市场、田野，在儿童自身和儿童群体中，在看电视、听广播、交谈、游戏、旅游等各种活动中，都存在着丰富的教育资源，都在对儿童发挥着较大的影响作用，其广泛性、灵活性、多样性、即时性，是学校教育难以比拟的。学校教育如果局限在学校内，不仅造成教育自身的封闭、狭隘，而且也是教育资源的极大浪费。因此，教师应当有意识地去开发、利用这些资源，如家庭、社区合作，充分利用儿童的经验和儿童之间的相互影响，利用大众媒体等，使学校教育更丰富、更有效。

二、幼儿园教育的原则

（一）保教结合的原则

教师应从幼儿身心发展的特点出发，在全面、有效地对幼儿进行教育的同时，重视对幼儿生活上的照顾和保护，保教合一，确保幼儿能真正健康、全面地发展。把握这个原则应明确以下几点。

1. 保育和教育是幼儿园两大方面的工作

保育主要是为幼儿的生存、发展创设有利的环境和提供物质条件，给予幼儿精心的照顾和养育，帮助其身体和机能良好地发育，促进其身心健康地发展；教育则重在培养幼儿良好的行为习惯、态度，发展幼儿的认知、情感、能力，引导幼儿学习必要

的知识技能等。这两方面构成了幼儿园教育的全部内容。

2. 保育和教育工作相互联系、相互渗透

幼儿园保育和教育的不可分割的关系是由幼教工作的特殊性和幼儿身心发展的特点决定的。

保育和教育虽然各有自己的主要职能，但并不是截然分离的。教育中包含了保育的成分，保育中也渗透着教育的内容。例如，在幼儿画画时，教师除了需要指导幼儿绘画之外，还必须在幼儿的用眼卫生、坐姿等方面给予高度重视。只有保、教融合在一起，才能取得比较好的效果。

另外，从成长时期来看，幼儿正处在长知识、长身体的时期，其自身诸方面的发展是彼此依存、协调统一的，任何一方面的障碍都可能影响其他方面的发展。只有保教结合，幼儿的身心全面发展才可能实现。

3. 保育和教育是在同一过程中实现的

对幼儿实施保育的过程，实质上也是对幼儿在体、智、德、美诸方面实施有效影响的过程。保育和教育不是分别孤立地进行的，而是在统一的教育目标指引下，在同一教育过程中实现的。有的保育员在护理幼儿生活时，忽视随机地、有意识地实施教育，结果，无意识地影响了幼儿的发展。

例如，幼儿起床后系鞋带，如果幼儿知道系鞋带的方法，只是动作不熟练的话，就应当放手让幼儿自己系，第一次他有可能系不好，但多加练习以后就会系得又快又好。对幼儿的成功再辅以及时的表扬和鼓励的话，幼儿就会看到自己的能力，以后对做其他事也会更有自信心。但是，如果保育员对幼儿说“你系得太慢，来，老师帮你系”，并三下两下把鞋带系好的话，幼儿面对成人熟练的技巧会感到自己能力太差，而且也不想再去练习。这样不仅助长了幼儿的依赖思想，也使他们失去了自信，失去了锻炼自己能力的实践机会。也就是说，保育员的一片好心却在无形中剥夺了幼儿发展自己的权利。

有的教师认为保育工作是保育员的事，与自己无关，因而不将保育工作列入教育工作计划中，或将保教结合理解为保、教人员的简单配合，如帮助保育员拖地、盛饭等，而没有理解保教结合的深层次含义，因而在教育时忽略保育因素。比如，体育活动时，只考虑对幼儿基本动作的要求，只重视运动技巧的提高，而全然不顾运动量的大小、运动时间等对幼儿身体的影响；作业课时长时间地让幼儿坐着听讲，连续地进行智力活动，不顾及幼儿身体和脑神经系统的疲劳；等等。

（二）以游戏为基本活动的原则

游戏是幼儿园的基本活动。什么是基本活动呢？基本活动是指在人生的某个阶段，其出现频率最高，对人的生存发展最有价值、最适合那一年龄阶段的活动。比如，对学龄期儿童来说，上学校学习是基本活动；对成人来说，工作、劳动是基本活动；而对幼儿来说，游戏就是他们的基本活动。

游戏作为幼儿健康成长所必需的活动，正如克鲁普斯卡娅所指出的那样：“游戏对于儿童有着特殊的意义，游戏对于他们是学习，游戏对于他们是劳动，游戏对于他们是严肃的教育形式。”游戏最符合幼儿身心发展的特点，最能满足幼儿的需要，有效地促进幼儿发展，具有其他活动所不能替代的教育价值。因此幼儿园必须以游戏为基本活动，保障幼儿游戏的权利，创设丰富的游戏环境，让幼儿能愉快地游戏。

（三）教育的活动性和活动的多样性原则

幼儿园教育应从幼儿身心发展的特点和水平出发，以活动为基础展开教育过程。同时，活动形式多样化，让幼儿能在多种多样的活动中得到发展。

1. 教育的活动性

活动是幼儿发展的基础和源泉。“要知道梨子的滋味，你就得亲口尝一尝。”对于感性知识少、直接经验缺乏的幼儿来说，更是如此。幼儿身心发展的特点决定了他们不可能像中、小学生那样，主要通过课堂书本知识的学习来获得发展，而必须通过活动去接触各种事物和现象，与人交往，实际操作物体，才能逐步积累经验，获得真知。离开了活动，就没有幼儿的发展。

2. 教育活动的多样性

幼儿园的活动不应当是单一的。因为活动的内容、形式不同，在幼儿发展中的作用是不一样的。比如，看图书和栽培植物，幼儿通过前者获得的是间接经验，是符号认知的发展；而通过后者获得的是直接知识，是操作经验及其实践能力的发展。因此，教师要注意教育活动的多样性，才能有效地促进幼儿发展。

（四）发挥一日活动整体教育功能的原则

由于幼儿生理、心理的特点，对幼儿的教育要特别注意生活化，并发挥一日活动的整体功能。

1. 教育生活化

生活化首先就是教育生活化，也就是说要将富有教育意义的生活内容纳入课程领域。例如，课程安排依照幼儿园生活的自然秩序展开；课程内容可以依据节日顺序展开；或者依据时令、季节变化规律来组织课程；等等。加强教育同生活的联系，就是要将幼儿在各种情境中的经验加以整合，不论是日常生活中学习积累的，还是在非日常生活中应该了解和认识的，都纳入课程组织机构中加以统整。

2. 生活教育化

生活教育化是生活化的另一种含义，也就是将幼儿日常生活中已获得的原有经验，加以系统化、条理化，在生活中适时引导，促进幼儿发展。在幼儿园中，一些小昆虫、小石子、树叶等普通的自然物，都是幼儿眼中的宝贝，教师若能对幼儿的世界加以观察，并有效地将这些内容组织起来，将会使幼儿在感知生活的过程中得到发展。如教育活动设计不仅仅是课堂教学活动的设计，还应包括一日活动的各个环节，寓教育于一日活动之中，及时抓住机会对儿童实施教育。通过帮助儿童组织已获得的零散的生活经验，使经验系统化、完整化。

幼儿园应充分认识和利用一日生活中各种活动的教育价值，通过合理组织、科学安排，让一日活动发挥一致的、连贯的、整体的教育功能，寓教育于一日活动之中。

幼儿园一日活动是指幼儿园每天进行的所有保育、教育活动。它包括由教师组织的活动（如幼儿的生活活动、劳动活动、教学活动等）和幼儿的自主自由活动（如自由游戏、区角自由活动等）。

（1）一日活动中的各种活动不可偏废。无论是幼儿吃喝拉撒睡一类的生活活动，还是作业课、参观访问等教学活动；无论是有组织的活动还是幼儿自主自由的活动，都各具重要的教育作用，对幼儿的发展都是不可或缺的。因此不能顾此失彼，随意削弱或取消任何一种活动。

在幼儿教育实践中，较多地存在重教学活动、轻生活活动，重有组织的活动、轻幼儿自由活动的倾向，因此有必要强调生活活动和幼儿自由活动的重要性。

生活活动在幼儿期有特殊的意义。它不仅是幼儿健康成长所必需，也是幼儿最重要的学习内容和学习途径。将它纳入幼儿教育机构的教育内容，可以说是幼儿教育的一大特点；幼儿自由活动对幼儿健康人格的发展是至关重要的，一个完全被管死的幼儿，会缺乏主动性、独立性，缺乏创造力、想象力，甚至会形成心理问题。因此，教师应当注意克服上述两种错误倾向，保证幼儿身心健康成长。

（2）各种活动必须有机统一为一个整体。每种活动不是分离地、孤立地对幼儿发挥影响力的。一日活动必须统一在共同的教育目标之下，形成合力，才能发挥整体教育功能。因此，如何把教育目标渗透到各种活动中，或者说，每个活动怎样围绕目标来展开，就成为实践中应当特别关注的问题。如培养幼儿独立性，就需要在生活中注意培养幼儿自己吃饭、穿衣、自己上厕所等自理能力；在教学活动中，指导幼儿独立思考、有困难自己多动脑筋，尽量自己完成学习任务；自由活动时，可以鼓励幼儿自己设计游戏，自己想出办法来玩，主动去与别人交往；等等。

上面所提到的教育的一般原则和特殊原则是实施幼儿园教育的基本准则。每条原则反映了对教育的不同要求，同时彼此之间又密切联系、相互渗透，不可分割。因此，应当深刻地理解每条原则，并在此基础上综合运用。

案例研讨
ANLIYANTAO

我班有个叫纯纯的小朋友，经常有人会告他的状，“老师，纯纯拉我的椅子”“他推我”“他抢我的玩具”。每当这时，我总是把他拉到身边，大声呵斥一番。但小家伙总是噘起小嘴巴，一副不服气的样子，对我充满了敌视，坏毛病总也改不了。但在一次活动中，我有了意外的收获，改变了对他的教育方法。那是一次在小区内的散步活动，我带着孩子们悠闲地走在小路上，孩子们很兴奋，纯纯看到一些野花就蹲下来，对着花说着什么，我觉得很诧异，问：“你对花儿说什么？”他回答：“我对花儿说，你开得真好看。”“你为什么蹲下来悄悄说？”“在花儿面前一定要蹲下来悄悄说，这样花儿才听得见。”听了他的话我感慨万千，是呀，连孩子都知道说话要蹲下来轻轻说，而我在教育孩子时又是怎么做的呢？我们常常把孩子比喻成祖国的花朵，然而在“花朵”面前，我们又有几次蹲下来悄悄地对他们说话呢？

认识到这一点后，我试着用蹲下来悄悄说话的方式与孩子交流，站在孩子们的立场，以朋友的身份处理每一件事。这样无形之中，我和孩子们之间形成了亲密、相互尊重和依赖的情感。在与纯纯的交流中，他渐渐改变了对我的看法，能主动亲近我，我乘机友好地向他提出意见，他能微笑着点头。如今，我们之间有了一种默契，一个眼神，一个微笑，他都能心领神会。

该教师的做法体现了什么教育原则？

思考训练
SIKAOXUNLIAN

1. 我国幼儿园教育的目标在体、智、德、美方面有何具体要求？
2. 如何才能实现幼儿园教育目标？
3. 当前影响幼儿园培养目标实现的因素有哪些？对幼儿教师有何要求？

活动实践
HUODONGSHIJIAN

1. 利用网络资源，搜集关于贯彻幼儿园教育原则的案例，并与同学进行交流讨论。
2. 到几所私立、公立幼儿园见习，了解其一日活动的内容安排，思考其活动是否很好地贯彻了幼儿园的教育目标，并提交一份调查报告。

第三章 幼儿园全面发展的教育

学习目标

XUEXIMUBIAO

1. 了解幼儿园全面发展教育的含义及意义。
2. 掌握幼儿体育全面发展教育的内容及实施要求。
3. 掌握幼儿智育全面发展教育的内容及实施要求。
4. 掌握幼儿德育全面发展教育的内容及实施要求。
5. 掌握幼儿美育全面发展教育的内容及实施要求。

案例引入

ANLIYINRU

19世纪末，美国西部有个坏孩子，他把石头扔向邻居的窗户，把死兔子装进桶里放到学校的火炉里烧烤，弄得到处臭气熏天。后来，他父亲娶了继母，父亲对继母说："你要注意这孩子，他在我们这里最坏，让我防不胜防，头痛死了。"继母好奇地走近孩子，对孩子进行了全面了解后，对丈夫说："你错了，亲爱的，他不是最坏的孩子，而是最聪明的孩子，只是我们还没有找到发挥他聪明才智的地方罢了。"继母很欣赏这个孩子，在她的正确引导下，孩子很快走上了正路，后来成为美国著名的企业家和思想家，他就是卡耐基。

分析上述案例，你有什么启发？如何理解"坏孩子"？如何看待儿童发展的全面性？

第一节 幼儿园全面发展教育概述

一、幼儿园全面发展教育的含义

幼儿园全面发展教育是指以幼儿身心发展的现实与可能为前提，以促进幼儿在体、智、德、美诸方面全面和谐发展为宗旨，并以适合幼儿身心发展特点的方式、方法、手段加以实施的、着眼于培养幼儿基本素质的教育。对幼儿实施全面发展教育是我国幼儿教育的基本出发点，也是我国幼儿教育法规所规定的幼儿教育的任务。

全面发展是针对片面发展而言的，偏重任何一个方面或忽视任何一个方面的发展都不是全面发展；全面发展并不意味着个体在体、智、德、美诸方面齐头并进地、平均地发展，也不意味着个体的各个发展侧面可以各自孤立地发展。因此，幼儿园的全面发展教育在保证幼儿体、智、德、美诸方面全面发展的基础上，可以允许幼儿个体在某方面突出一些。同时，应注重幼儿各方面发展的和谐与协调。

二、幼儿园全面发展教育的意义

（一）体、智、德、美四育的意义

1. 体育

（1）对幼儿个体发展的重要意义

在幼儿个体发展中，生命的健康存在是幼儿一切发展的基础和前提。

体育是促进幼儿正常生长发育的重要保证。幼儿各器官、组织正在发育之中，尚未成熟；幼儿生长发育迅速，新陈代谢旺盛，对营养、睡眠、新鲜空气等的需要较多。因此合理地对幼儿实施体育，能促进他们健康地成长，并为其一生的健康打下基础。

体育能增强幼儿体质，提高幼儿身体素质。研究表明，经常锻炼的幼儿，机体对环境的适应能力、对疾病的抵抗力均优于缺乏锻炼的幼儿。

体育为幼儿的心理发展提供物质基础。健康的身体和健全的心理是密切联系的，体弱多病的幼儿不仅身体素质不好，其心理的诸多方面，如性格、情感等也往往出现问题。体育不仅让幼儿的机体得到锻炼，而且科学、合理的生活制度，能使幼儿保持愉快轻松的情绪状态，养成良好的习惯；多种多样的体育活动，能促使幼儿敏捷地思考，勇敢地行动，乐观地克服困难，充分地体验成功，从而发展主动性，形成坚强勇敢、开朗自信的良好个性品质。

（2）对社会的意义

幼儿体育关系到国家的未来与民族的兴旺发达。因为一个国家、一个民族的兴旺和强盛有赖于一个个、一代代健康的人。幼儿时期的身体状况对人一生的健康都有重大影响，因此幼儿的健康水平从一定程度上影响着一个国家和民族的健康水平。重视幼儿体育有利于提高全民族的身体素质。

2. 智育

（1）对幼儿个体发展的意义

智力的早期开发是幼儿发展的需要。幼儿期是大脑发展最快的时期，智育能有目的、有计划地满足幼儿的认知需要，使其大脑神经系统对信息的感受、加工、储存等机能逐渐发达与完善，从而大大加速幼儿先天的认知潜能转为现实能力的过程，为幼儿以后从事系统、深化的智力活动奠定良好的基础。

给幼儿一把开启知识宝库的金钥匙。智育在开发幼儿智力的同时，培养幼儿良好的智力品质，激发幼儿对知识探索的兴趣与欲望，启迪幼儿的智慧，帮助幼儿逐步学会学习，学会认知，为其今后不断主动获取新知识、创造新知识打好基础。

（2）对社会的意义

随着社会的飞速发展和科学技术的进步，社会对劳动者的智力要求越来越高，劳动者没有与之相适应的智能结构是不能适应社会需要的，而培养具有良好智能结构的社会主义事业的建设者和接班人，就成为智育的目标和任务。从这个意义上可以说，智育是社会发展的催化剂。

3. 德育

（1）对幼儿个体发展的意义

目前我国社会处在大变革之中，经济体制改革和政治体制改革正在深入发展，在新旧两种体制交替过程中，来自各种渠道的信息，不论是先进的、积极的信息，还是落后的、消极的信息都会直接或间接地影响幼儿。由于幼儿知识经验贫乏，辨别是非的能力差，他们的意识、情感、行为等极易受客观环境的影响。因此要保证幼儿健康成长，必须加大早期德育的力度。

（2）对社会的意义

今天的幼儿是未来社会的主人，他们将来的思想品质和道德素养将会在很大程度上代表未来社会的文明程度，将会对我国未来的社会风貌、民族精神产生不可估量的影响。因此，早期德育的意义不可低估。从我国国情来看，随着计划生育政策的实施，独生子女教育问题日益引起人们的重视。调查与研究表明，独生子女在智力发展水平和身体状况方面表现出较大的优势，而在品德、行为习惯等方面却存在着较多的缺点。因此加强德育，让独生子女健康成长，不仅对幼儿及其家庭，也对全社会具有重要的意义。

未来社会对人的思想品德素质提出了很高的要求，年青一代将凭着更好的学识、能力以及良好的品德行为和个性品质去选择或被选择。他们必须对新事物存有敏锐感，讲究质量和效率，惜时，守信，有勇于进取和开拓的精神。这些对年青一代心理品质的新要求必须从幼儿期开始培养，在人生初期就进行这方面的教育，正是幼儿德育对未来的责任。

4. 美育

（1）对幼儿个体发展的意义

美育通过艺术形象的魅力，潜移默化地感染和熏陶幼儿的心灵，使幼儿在感受美的同时，发展积极向上的精神和活泼开朗的性格，产生美好的情感和情绪体验。如幼儿在欣赏大自然美的时候，就会感到愉悦、陶醉，这种美好的体验进而会发展为热爱祖国的积极情感。

美育帮助幼儿开阔视野，增长知识，发展智力。幼儿周围美的事物以其美的声、光、形、色等特征激起幼儿的兴趣，促使幼儿感知觉、形象思维、想象力、创造力活跃和发展。幼儿在艺术活动中，实现着内在的认识活动、情感和外在表现活动的统一，如根据音乐作品自编动作进行表演时，幼儿不仅发展了思维和想象，发展了表达能力和技能，也充分地体验着自己内心的情感。

美育通过艺术活动，帮助幼儿借助形象化的方式认识世界，弥补了用语言和逻辑推理方式进行学习的不足之处，有利于促进幼儿大脑左右半球的均衡发展。

(2) 对社会的意义

美育是培养人的精神面貌的总体系中的一部分，人的高尚的道德情操和道德行为与对美的追求常常是统一在一起的，美育是建立一个文明、美好的社会不可或缺的部分。对幼儿实施美育，促进幼儿形成健全的人格，这就为提高全民族的素质打下了基础。因此，幼儿美育是社会精神文明建设的组成部分。

(二) 体、智、德、美四育的关系

对幼儿实施体、智、德、美全面发展的教育必须正确认识四者的关系。

如前所述，体、智、德、美四育在幼儿的发展中具有各自独特的作用，具有各自不同的价值，不能相互取代。

但必须注意，体、智、德、美诸方面统一于幼儿个体的身心结构之中，体、智、德、美任何一方面的发展都与其他方面的发展相互促进、相互渗透、相互制约，不可分割。对幼儿的全面发展来说，不能偏废任何一方面，任何一方面的偏废都将影响其他方面的发展。体、智、德、美四育融会在一起，形成一种整体教育力量，落实在幼儿的全面和谐发展之中。只有正确认识四育之间的相互关系，实施全面发展教育，才能发挥教育的最大功效。

第二节　幼儿体育的全面发展

一、幼儿体育的概念与意义

(一) 幼儿体育的概念

体育是全面发展教育的重要组成部分，是提高人民健康水平，增强人民体质，丰富社会文化生活，提高生活生产力的重要手段。广义的体育指人类社会的各种体育活动，狭义的体育仅指学校体育。幼儿体育是指幼儿园进行的，遵循幼儿身体生长发育的规律，运用科学的方法，以促进幼儿身体正常发育、增强幼儿的体质、保证幼儿健康为目的的一系列教育活动。

幼儿体育有着不同于中、小学的特点，这是由幼儿身心发展的特点决定的。在幼儿阶段，由于抵抗力差、骨骼和肌肉发育不成熟、动作不协调等，需要设计适合幼儿的体育活动，不宜进行爆发性肌肉活动；需要为幼儿提供合理的膳食营养；需要把良

好的生活、卫生习惯的培养放在重要位置，创设安全、卫生的生活环境和条件；等等。

（二）幼儿体育的意义

1. 对幼儿个体发展具有重要意义

在幼儿个体发展中，生命的健康存在是幼儿一切发展的基础和前提。

体育是促进幼儿正常生长发育的重要保证。幼儿各器官、组织正在发育之中，尚未成熟；幼儿生长发育迅速，新陈代谢旺盛，对营养、睡眠、新鲜空气等的需要较多。因此合理地对幼儿实施体育，能促进他们健康地成长，并为其一生的健康打下基础。

体育能增强幼儿体质，提高幼儿身体素质。研究表明，经常锻炼的幼儿，机体对环境的适应能力、对疾病的抵抗力均优于缺乏锻炼的幼儿。

体育为幼儿的心理发展提供物质基础。健康的身体和健全的心理是密切联系的，体弱多病的幼儿不仅身体素质不好，其心理的诸多方面，如性格、情感等也往往出现问题。体育不仅让幼儿的机体得到锻炼，而且科学、合理的生活制度，能使幼儿保持愉快轻松的情绪状态，养成良好的习惯；多种多样的体育活动，能促使幼儿敏捷地思考，勇敢地行动，乐观地克服困难，充分地体验成功，从而发展主动性，形成坚强勇敢、开朗自信的良好个性品质。

2. 关系到未来的国民体质

幼儿体育关系到国家的未来与民族的兴旺发达。因为一个国家、一个民族的兴旺和强盛有赖于一个个、一代代健康的人。世界上许多国家都将人的能力看作“能源”，挖掘人力资源，才能促进生产和经济的发展。人的能力发挥必须以健康的身体为物质基础，幼儿教育是培养人的基础教育，健康身体要从小抓起。

幼儿时期的身体状况对人一生的健康都有重大影响，根据人体遗传和优生学说，婴幼儿及青少年身体强壮了，就能使我国人民的体质一代胜过一代，从而逐步提高我国国民素质，因此幼儿的健康水平从一定程度上影响着一个国家和民族的健康水平。增强幼儿体质，培养适应未来社会发展需要的下一代是从根本上提高我国劳动力身体素质的有力措施。

二、幼儿体育的任务与内容

（一）幼儿体育的任务

根据我国的教育目的和幼儿体育的目标，幼儿体育的任务可以概括为以下三个方面。

1. 保护幼儿的生命与健康，锻炼身体，促进幼儿身体正常发育

由于幼儿的身体各器官、系统正在生长发育，还比较柔弱，对环境的适应能力和对疾病的抵抗力都较差，又缺乏独立生活能力。因此，要保护幼儿的生命与健康，并

积极开展各项体育活动，锻炼身体，提高机体各器官、各系统的生理机能，促进幼儿身体正常生长发育，是幼儿体育的重要任务。

问题研讨
WENTIYANTAO

在幼儿园体育目标中，为什么要把保护幼儿的生命与健康放在第一位？

2. 发展幼儿的基本动作，培养对体育活动的兴趣

基本动作是人体进行各种活动的基本能力，如走、跑、跳、钻、爬、投掷、攀登等，它是儿童独立生活和进行各种活动的必要条件，此外，教师要充分调动幼儿参与体育活动的积极性与主动性，培养他们对体育活动的爱好和兴趣。

3. 培养幼儿良好的生活习惯和卫生习惯

良好的生活习惯和卫生习惯是保证和增进幼儿健康的必要条件，也是一代新人必须具备的素养。在幼儿园中要教育幼儿注意保持个人清洁卫生和环境卫生，养成良好的生活、卫生习惯。

（二）幼儿体育的内容

幼儿体育的内容主要涉及四个方面：生活卫生教育、自我保护与保健知识的教育、身体的运动与锻炼以及心理卫生教育。

1. 生活卫生教育

幼儿生活卫生教育的目的是使幼儿获得必要的卫生知识，培养幼儿良好的生活习惯和卫生习惯。

（1）个人卫生习惯的培养。良好的个人卫生习惯能有效地保护幼儿的身体健康，教师应当使幼儿养成早晚刷牙、饭后漱口、饭前便后洗手、保持服装整洁等习惯；学会使用手帕，学会揩鼻涕；注意爱护自己的身体器官，如不用脏手揉眼睛，不用手随便抠鼻子，能做到不随便将手指、彩色笔、玩具等物放入口中。

（2）环境卫生的教育。环境卫生教育的主要内容包括教育幼儿维护环境的清洁与整齐，如不随便在墙上乱写乱画、不随地大小便、不乱扔废弃物等；让幼儿懂得保护环境对人类生存的意义，如节约用水、爱护花草树木和益虫益鸟等。

（3）个人生活习惯的培养。养成幼儿良好的睡眠习惯，如能按时睡眠，按时起床，独立安静地自然入睡；睡眠姿势以仰卧或右侧卧为宜，不俯卧、不蒙头睡等。养成幼儿良好的饮食习惯，如愉快地进餐，正确使用餐具；饮食要多样化，不挑食、不偏食；吃饭时能专心、细嚼慢咽，不边吃边玩；吃饭定时定量，不暴饮暴食；不喝生水，不吃腐烂或霉变的食品；生吃瓜果要烫洗等。

2. 自我保护与保健知识的教育

幼儿自我保护与保健教育的目的是使幼儿获得一些必要的保健知识与安全知识，懂得爱惜自己和他人的生命与健康。不断增强和提高幼儿自我保健与自我保护的意识

和能力。主要包括以下两方面内容。

（1）预防保健的教育。使幼儿逐渐树立预防的观念，如初步懂得“病从口入”，懂得保持个人卫生或公共卫生都是为了防止疾病；让幼儿学会配合医务人员的预防和治疗工作，如乐意打预防针，生病后不怕吃药，能配合治疗等。

（2）安全教育。包括基本的安全知识教育和简单的自我保护技能的训练。基本的安全知识教育是教育幼儿遵守各项活动的规则，懂得简单的安全知识，如不把东西放入口中、鼻腔和耳内，不拿尖的东西奔跑玩耍，不触摸电线和电源插头，不玩火，不在池塘边、江河边、马路边玩耍等。简单的自我保护机能的训练，例如，训练幼儿正确使用一些带有危险性的物品（如剪刀、铅笔）；学会简单的自救技能（如鼻出血、烫伤、着火、走火时如何自救）等。

3. 身体的运动与锻炼

幼儿身体运动与锻炼的目的是通过开展各项体育活动与体格锻炼，提高基本动作的技能，促进生长发育，增强体质。主要包括下述几个方面。

（1）运动常识教育。如吃完饭后不能马上进行运动量大的运动，快跑完后不要立即停下来，要慢跑或走一会儿等。

（2）幼儿体育活动。幼儿体育活动的内容为：基本动作、基本体操和队列队形练习，基本动作是指走、跑、跳、钻、爬、投掷、平衡、攀登。基本体操包括模仿操、徒手操和轻器械操。模仿操是幼儿按照儿歌的词意或教师说的形象做出各种形象的动作，如学小兔跳、小鸟飞、大象走等。徒手操是由活动身体各部分的不同动作所组成的，如上肢运动、下肢运动、提转运动、跳跃运动等。轻器械操是在徒手操的基础上，手持轻器械（如木哑铃、红旗、华铃棒等）进行的体操动作。队列队形练习包括站队（圆圈队、纵队、横排）、变队（一路纵队变为两路、四路小纵队等）、转身（左转、右转等）、散开和集合等。

（3）幼儿身体锻炼。利用一切有利条件及因素，开展幼儿冬季锻炼、晨间锻炼、日光浴和沐浴等。

4. 心理卫生教育

幼儿心理卫生教育的目的是增强幼儿自身的心理承受能力和心理强度，改善心理品质，培养活泼愉快的性格，使他们更好地适应社会生活。主要包含以下两个方面的内容。

（1）自信和自尊的培养。教师要经常称赞和鼓励幼儿，使他们体验到成功的愉快，并能正确对待挫折，培养他们的自信心和自尊心。

（2）积极愉快情绪的培养。积极愉快的情绪和健康的身体是密切相关的。成人应以积极愉快的情绪对待幼儿，热爱他们，并安排丰富多彩、轻松愉快的活动，增强幼儿的快乐体验，培养他们活泼、愉快的情绪。

三、幼儿体育的实施

（一）幼儿体育的实施途径

1. 创设良好的生活条件，科学地护理幼儿的生活

良好的生活条件，是幼儿身体发展的重要物质前提。幼儿园要充分利用现有的经济条件，因地制宜，为幼儿的健康成长创设合乎卫生要求的房屋、设备和场地。

场地供幼儿开展体育活动和游戏，应平坦宽大，保证幼儿的安全。环境要绿化，绿化可以美化园舍环境，使空气新鲜，夏日增加遮阴，但要布局合理，以利于幼儿活动为宜。

营养是保证幼儿生命活动和生长发育极为重要的物质基础。幼儿园应根据幼儿对营养的需要及食品的供应情况制定食谱，计算营养量，合理调配幼儿膳食，使幼儿获得较高的营养素。要注意搞好烹调，使色、香、味俱全，激发幼儿的食欲。

2. 制定科学的生活制度

（1）必须依据人体生理活动及高级神经活动的机能和规律。人体的生理活动有节律性，从高级神经活动来看，大脑皮质机能有一定规律，随着活动性质的改变，大脑的兴奋区和抑制区形成互相镶嵌的活动方式，使皮质各区轮换休息，以使有机体保持正常的工作能力而不致发生过度疲劳。建立合理的生活制度，能保证各器官和组织有节律地活动，并建立大脑皮质的动力定型，能从一种活动形式很容易转到另一种活动形式，减少神经细胞不必要的消耗。如按时饮食，使胃肠活动有规律，习惯于到一定时间感到饿，进餐时食欲好，从而有助于消化和吸收。

（2）要依据幼儿的生理和心理特点。幼儿神经系统正处在发育过程，兴奋和抑制不平衡，容易兴奋，神经细胞容易疲劳，注意力不持久。因此要注意保护幼儿的神经系统，进行各种活动的时间不宜过长，方式要生动多样，注意活动的动静交替；每天要有足够的睡眠时间，年龄越小，睡眠时间越长。例如，3 岁幼儿每天睡眠需 13 小时，5～6 岁幼儿需 11 小时。幼儿消化系统机能较差，胃容量小，胃液的酸度和酶较成人少，但幼儿的活动量又大，所以两餐间隔的时间不得少于 3.5 小时、不应超过 4 小时。此外，要多组织幼儿在户外活动。全日制幼儿园幼儿户外活动时间在正常情况下每日不少于 2 小时，寄宿制不少于 3 小时，其中包括户外体育活动 1 小时。

（3）考虑季节的变化、地区特点和家长的需要等，可适当调整生活制度中的某些环节。

例如，夏季午睡时间可延长，冬季可增加户外活动时间。南方北方气温相差很大，作息时间应有区别。要根据家长工作的需要来安排幼儿入园、离园时间，以方便家长接送孩子。一般来说，调整的时间范围控制在 0.5～1 小时为宜。

3. 开展多样的体育活动

体育活动是完成幼儿体育任务的重要途径，幼儿园要十分重视体育活动，每日要

使幼儿至少有 1 小时的户外体育活动。幼儿园体育活动的组织形式有以下几种。

（1）早操。早操不能简单地看成是“在早晨做一些基本体操”，而是应该将其理解为“在早晨进行身体锻炼的活动总称”，它是一种有目的、有组织的体育活动。可以全面锻炼身体，并使幼儿朝气蓬勃地迎接一天的生活和学习。早操中的活动内容尽量做到兴趣化、轻松活泼和相对固定化。

（2）体育课。体育课是教师有目的、有计划、有组织地教授幼儿一些身体练习的基本形式，是完成幼儿体育活动任务的基本途径。体育课以集体活动为主，全体幼儿通过游戏的形式来学习和练习基本动作、基本体操和体育游戏，注重幼儿身体的全面锻炼和发展，有目的、有计划地增强幼儿的体质。

（3）户外体育活动。户外体育活动注重让幼儿根据自己的能力和爱好，有选择地进行体育活动，从而培养幼儿对体育活动的兴趣。它以个人自由活动为主，让幼儿自由选择活动项目和活动器材；有时也组织集体活动，学习或复习体育游戏。

（4）运动区的活动。可以在全园的室内或户外开辟若干个运动区，如投掷区、球类活动区、攀登区、钻爬区、充气城堡区等，对全园的幼儿开放，各年龄班的幼儿可以自由选择活动区，每个活动区都有一两名教师给予关照或进行必要的指导、帮助。

（5）全园性的幼儿运动会。全园性的幼儿运动会每年可以举办一两次，举办运动会的目的主要是丰富幼儿的生活，培养幼儿的集体意识，了解各班开展体育活动的情况。运动会的形式要多样化，可以将表演与小型的比赛相结合，也可邀请家长一同参加。运动会时间不宜太长，要紧凑，一般不超过半天时间。

（6）短途“旅游”。让幼儿登上附近的一座小山坡，到一片开阔的草坪上玩耍，在附近的小树林里追逐，去附近的公园活动等，都可以称为愉快的短途“旅游”。走向大自然，充分利用社区的资源条件进行体育活动，既可以使幼儿呼吸到新鲜的空气，使攀、爬、走、跑等运动技能得到进一步锻炼，增强幼儿的体质，又可以丰富幼儿的生活，激发幼儿对大自然的热爱情感。

4. 进行专门的体格锻炼

所谓锻炼，就是根据一定的科学原理与方法，以提高和改善有机体适应外界各种条件的变化，使有机体在外界环境与内部过程之间具有必要的平衡能力。作为锻炼基础的是条件反射形成的过程。借助于条件反射，有机体适应不断发生变化的外界环境的能力才能达到完善的程度。幼儿的体格锻炼，主要是利用自然因素，即日光、空气和水进行锻炼。其目的是增进身体健康，增强体质。利用自然条件进行体格锻炼，有以下两种方式。

（1）结合日常生活进行锻炼。保证幼儿每天在户外活动的时间，让他们呼吸新鲜空气，在阳光下活动；如果在室内睡眠，要开窗；让幼儿常用冷水洗手、洗脸、洗脚，在水中玩耍或游戏等。

（2）专门的“三浴”锻炼，即采取一定的措施进行日光浴、空气浴、冷水浴。这必须具备一定的设备和条件，而且要在医生的指导下进行。

5. 做好全面的保健工作

做好保健工作，是保护和促进儿童健康采取的根本措施。幼儿园是集体生活的场所，幼儿在集体中生活，感染疾病的机会比家庭多，所以要做好保健工作，防止和减少疾病的发生与蔓延。要做好全面的保健工作，可从以下两方面入手。

（1）制定全面的卫生保健工作制度。全面的卫生保健制度包括体格检查制度（教师、工作人员及幼儿的体格检查）、晨间检查制度（一看、二摸、三问、四查）、预防接种制度、消毒制度（日常食具、用具、玩具、被褥的消毒）、疾病的治疗与隔离制度、清洁卫生制度（环境卫生与个人的清洁卫生）、饮食管理制度、防暑降温制度和冬季防冻保暖制度等。

（2）幼儿园全体工作人员要相互协同完成保健工作。执行以上制度应在园长的统一领导下，由保健人员或医生负责，教师、保育员、炊事员等各方面人员协同进行。

（二）幼儿体育的方法

在幼儿体育的实施过程中，很难找到一种效果最佳的固定方法，而要根据教育目标灵活地加以选择。常用的幼儿体育方法如下。

1. 讲解演示

具体形象地向幼儿讲解粗浅的有关健康、安全等方面的知识，并结合实物或模型加以演示，提高幼儿的认识。例如，了解多种食物的营养价值；交通规则；安全使用火、电、水的知识等。通过演示和讲解，使幼儿明确要做什么、怎么做和为什么这样做。

2. 实际练习

在实际生活中要多次重复地练习，才能形成习惯和培养能力。例如，盥洗的顺序和方法，衣服的穿脱和整理，持筷的方法，队列队形及基本体操等活动，都必须在成人的具体指导下，经过反复练习才能真正掌握。

3. 情境表演

教师或幼儿就特设的生活情境加以表现，然后让幼儿思考、分析情境中所涉及的健康教育问题。由于情境表演的主题来源于幼儿的现实生活，能激发幼儿的兴趣，故能较好地帮助幼儿认识生活中可能遇到的问题和冲突，了解应该做出的合乎健康要求的行为。

4. 感知体验

让幼儿通过感觉器官认识事物，辨别事物特性。这种方法能加深幼儿对事物的印象，同时由于加入了身体动作，更能激发幼儿的兴趣，集中幼儿的注意力。例如，在介绍各种有营养的食物时，让幼儿亲眼看一看，亲手摸一摸，亲口尝一尝，幼儿往往很有兴趣。

5. 模样范例

模样范例能以直观的事实和具体的行为教育幼儿，为此保教人员要以身作则，为幼儿树立良好的榜样，让幼儿学习、模仿。此外，幼儿的榜样、文艺作品中的榜样，也是经常运用的有效方法。

第三节　幼儿智育的全面发展

一、幼儿智育的概念与意义

（一）幼儿智育的概念

智育是全面发展教育的一个组成部分，是指有目的、有计划地使受教育者掌握系统的科学基础知识和基本技能，促进受教育者智力发展的教育过程。

智力是人认识事物的能力，它包括观察力、注意力、记忆力、思维力、想象力和创造力等要素，其中思维力是智力的核心。知识与智力是不同的概念，获得了知识不等于就发展了智力，但智力的发展离不开知识。

幼儿智育是有目的、有计划地让幼儿获得粗浅的知识技能，发展智力，增进对周围事物的求知兴趣、学习“如何学习”，并养成良好学习习惯的教育过程。

（二）幼儿智育的意义

1. 幼儿智育是社会文明进步的必要条件

社会的延续需要将前人积累的知识向年青一代传递，使之得以继续并丰富与发展，随着生产和科学技术的发展，对劳动者的质量水平要求也不同，智育的作用也日趋显著与加强。目前，世界各国都面临着新世纪的挑战，这种挑战的实质就是人才的竞争，要想在科技、经济、社会各领域处于领先地位，就为教育提出了一个严肃而紧迫的任务：快出人才，多出人才，出全面人才。因此，在教育改革中，智育的改革已成为世界各国为求得自身发展的重要课题。幼儿园阶段是智力发展的最佳时期，科学的早期智力开发，对孩子的未来有着长期、持久的影响。

2. 幼儿智育是儿童发展尤其是心智发展的需求

现代生物、医学、心理等科学证明，幼儿期儿童大脑发育迅速，为幼儿的智力开发提供了物质基础和可能性。心理学研究表明。幼儿不仅有游戏的需要、运动的需要、交往的需要，还有认知的需要。幼儿已产生很强的求知欲和好奇心，他们会自发地在生活中自行认知学习，获得感性经验，但他们的认识还是极其肤浅的，有很大的不稳定性、无目的性，他们只能感知一些零散的、表面的现象，不能把现象和本质区别开来，不能认识事物间的因果联系，甚至还会把一些类似的现象混淆起来，形成错误的概念。教育的责任就是不失时机地、有目的地、有计划地满足幼儿的认知需要，将其自发性的探索与教育很好地结合，为今后小学的学习以及未来的成长打下良好基础。

3. 幼儿智育是实施各育的知识和智力基础

在全民发展的教育中，智育为其他各育的实施提供了有效的认识工具，是其他各育实施的科学知识与智力的基础。因为人从事任何活动，都必须以一定的知识经验和智能为前提，如道德品质、审美观念的培养以及身体的健康发展等，无不与知识和智力活动有关。智育包含其他各育的因素，所以，智育在全面发展教育中占有重要的地位，对其他各育都有促进的作用。幼儿的智育经常与体育、德育、美育同处于一个过程中。在向幼儿传播知识、进行智力练习时，便可同时培养幼儿的行为品质，锻炼幼儿的意志；在进行身体动作练习或绘画、音乐活动时，也锻炼着幼儿的注意力、观察力、想象力和思维力，同时也丰富着幼儿的有关知识。总之，智育在幼儿的全面发展教育中是不可分离的组成部分。

二、幼儿智育的任务与内容

（一）幼儿智育的任务

《幼儿园工作规程》第5条规定，幼儿智育的任务是：发展幼儿智力，培养正确运用感官和运用语言交往的基本能力，增进对环境的认识，培养有益的兴趣和求知欲望，培养初步的动手能力。

幼儿学习兴趣主要包括探索的兴趣、求知的兴趣、创造的兴趣以及动手的兴趣。发展幼儿正确运用感官的能力，也就是发展幼儿正确运用视觉、听觉、触觉等感觉器官来感知外部世界的能力。语言能力的发展与思维的发展有着密切的关系，幼儿的语言理解、表达能力对其智力活动的水平影响很大。

在人的智力结构中，动手能力是一种最基本的而又十分重要的学习能力。动手能力与人的智力发展有着密切的关系。婴幼儿时期，智力与动作的关系尤为密切，甚至可以说，动作是智慧大厦的砖瓦。多动手能促进大脑的发育，幼儿的许多知识技能是在操作活动中学会的，其思维是在操作活动中发展的。因此，为幼儿提供各种动手操作的机会，不仅仅给幼儿提供了一个比较合适的学习方式，满足了他们的动手兴趣，也为幼儿智力的发展创造了条件。

（二）幼儿智育的内容

智育的内容是根据智育的任务而设计的，具体地说，包括以下几个方面。

1. 发展幼儿的智力

（1）促进幼儿认识能力的发展，如发展幼儿的感知觉、观察能力、语言能力、思维能力、想象能力和创造能力等。

（2）培养幼儿良好的智力品质，如思维活动的速度和灵活性、观察事物的准确性和敏锐性等。

（3）帮助幼儿尝试使用智力活动的方法和技能，如观察事物或现象的方法、分析解决问题的方法、操作的方法和技能等。

2. 引导幼儿获得初步的知识和概念

幼儿认识事物始于直接感知。引导幼儿获得的知识必须是有关他们周围生活中常见的事物和现象的粗浅的、具体的知识，而且必须具有科学性和教育性。

幼儿学习的知识包括生活常识（如衣食住行的知识）、社会常识（如周围的环境、人们的劳动）、自然常识（如天气、四季的知识），以及幼儿能够理解的科学技术知识（如常见的科技产品、科学发现），与国家政治生活有关的初步知识（如国家的名字，认识国旗、领袖）等。

3. 培养幼儿求知的兴趣和欲望以及良好的学习习惯

好奇心是幼儿求知兴趣和欲望的最初表现，保护幼儿的好奇心，将之进一步发展为学习的兴趣和欲望是幼儿智育的重要内容。

学习习惯是幼儿获得知识、发展智力以及今后继续学习的重要条件，它包括幼儿学习时能否集中注意力、能否积极克服困难、能否爱护文具、能否认真完成学习任务等。学习习惯的培养必须从幼儿期开始。

三、幼儿智育的实施

（一）幼儿智育实施的途径

1. 组织多种形式的教育活动，发展幼儿智力

幼儿园的教育活动是发展幼儿智力的有效途径。

幼儿是在活动中成长与发展起来的，幼儿智力的发展更是如此。幼儿亲自动手、动脑的实践活动是进行智育的主要途径。如幼儿的游戏、实物操作活动等，是幼儿认识能力，特别是思维能力产生和发展的基础与源泉，也是幼儿不断获得关于周围世界知识的桥梁。因此，教师应解放幼儿的双手，根据幼儿不同的年龄特点，引导他们从事不同水平的游戏、操作活动，让他们在解决问题的实际操作活动中发展思维能力，获得丰富的感性经验和直接知识，促进智力发展。

作业课的教授方式虽然能给幼儿不少知识，但是由于幼儿对言语的理解有限，又是间接知识，所以较难为幼儿真正掌握。因此上课应当与幼儿动手操作的活动相结合，尽量游戏化，防止教师满堂灌，以提高效率。幼儿园不宜以上课作为智育的主要手段。

2. 创设宽松、自由的环境，让幼儿自主活动

幼儿智力的发展与环境关系密切。只有在一个宽松、自由的环境里，幼儿才能够自由思考、自由活动，自由表达自己的意见和要求，自由地想象和创造，才能自己选择、自己探索，智力才能得到发展。在一个压抑的环境里，幼儿只是被动地接受知识，被动地活动，他们将失去学习的兴趣和欲望，丧失自信心，懒于思考，变得唯唯诺诺，不可能发展自己的能力。因此，教师应当为幼儿提供良好的环境，重视建立与幼儿的

良好关系，鼓励幼儿主动地与环境相互作用，允许幼儿犯错误，尊重幼儿的想法，尊重他们的经验和创造，让幼儿有发挥能力的机会和条件。

（二）实施幼儿智育应该注意的问题

1. 处理好智力与知识技能之间的关系

知识是人们在改造世界的实践中获得的认识和经验的总和。

知识与智力有着密切的关系。知识、技能是智力发展的基础，智力发展又是获得知识与技能必备的条件。知识的贫乏与浅薄不利于智力的发展，而智力的高低决定着掌握知识的深度以及运用知识的灵活程度。比如，幼儿在对四季植物变化的认识过程中，通过观察认识植物的特征，通过记忆了解植物的变化过程，通过思维辨别不同植物的不同特点，通过想象把对植物的印象用艺术手段表现出来……在这一过程中，幼儿通过智力活动获得了关于植物的许多知识，知识的质量取决于幼儿观察水平、记忆水平、思维水平等的高低；但是，如果幼儿没有任何关于植物的知识，是没办法对植物进行探索的。因此，在智育过程中，教师必须认清知识和智力的关系，应将知识的获得与智力的发展高度统一起来。否则，若偏重于知识的灌输，将阻碍幼儿的智力发展；但如果离开了知识的基础，智力的发展又将成为空中楼阁。

2. 重视幼儿非智力因素的培养

非智力因素是指不直接参与认识过程的心理因素，它包括情感、意志、性格、兴趣等方面，智力因素与非智力因素是智力活动的两个方面。它们虽有相对的独立性，但两者是相互联系、相互影响、相互制约的。只有二者都处在最佳状态，幼儿的智力活动才能取得成功。

非智力因素对智力的发展起着促进和保证作用。一个智力水平一般的人，如果他有热爱学习、勇于探索、意志坚强、不怕困难等优秀的非智力品质，就能积极主动地投入学习，智力活动就会呈现积极活动状态。反之，一个人再聪明，如果他不喜欢学习，怕困难，不能坚持完成学习任务，是决不会取得成功的。

在幼儿期，幼儿对周围世界充满了强烈的好奇心，什么都想看一看、摸一摸，尝试一番，弄明白是怎么回事。这种好奇心进而发展成为求知欲。他们不断向成人提出一个又一个的问题，“打破砂锅问到底”，或是自己“冒险”去尝试，以求得答案。求知欲的满足会给幼儿带来欢愉，并激发更强的求知欲，进而形成稳定的有益的兴趣。幼儿对认识对象的兴趣越大，注意的稳定性就越强。在兴趣的推动下，其他的优良个性品质，如自制力、专注性、坚持性等也易于形成。因此，教师可以从培养幼儿广泛的兴趣和强烈的求知欲入手，发展幼儿的非智力品质。

3. 注意幼儿知识的结构化

幼儿的知识如果是零散的、杂乱的、琐碎的，那么幼儿很难凭借这些知识去解决问题，这些知识对幼儿思维的发展也没有多大意义。也就是说，幼儿智力发展的重大进展不是取决于个别知识和技能的掌握，而是看这些个别知识能否结合成一个反映事物或现象之间的规律或联系的“结构”。必须明确的是，幼儿的知识结构是建立在幼儿感性经验基础上的。因此，它与中、小学那种以科学概念为中心的学科知识体系有本质的不同。

重视幼儿知识的结构化，能扩大幼儿的知识容量，促进幼儿巩固已有的知识，并将获得的新知识迅速归入自己已有的结构中，使新旧知识结合成更大更好的知识结构，大大提高认识能力，举一反三，触类旁通。

第四节　幼儿德育的全面发展

一、幼儿德育的概念与意义

（一）幼儿德育的概念

德育即道德教育。道德是在一定社会条件下形成与发展起来的人们共同生活的行为准则的总和，也是评价人们行为的标准。社会道德在个体身上再现为道德品质，德育实质上就是社会道德个体化的过程。

幼儿德育是道德教育的起始阶段，是根据幼儿身心发展的特点和实际情况，对幼儿实施的品德教育。

（二）幼儿德育的意义

1. 幼儿德育是全球化时代的需要

全球化是一个历史性的进程，是人类社会发展的必由之路，也是现代科技发展的必然产物。它带来经济发展的全球机遇，使得全球资源的配置向效益最佳的地区、集团集聚，发挥出最大的经济效益；同时也带来全球文化价值观的逐渐确立。

全球化时代给教育包括德育提出了许多新的要求。全球化时代，新的思想和新的观念将不断出现。我们应该用新观念来看待新一代人应有的人才素质，如过分老实可能意味着求稳求安、不思进取，十分规矩可能体现着畏难怕险、死板僵化等弱点。我们要求新一代应有开拓创新的精神，善于独立思考，具有竞争意识、坚强的毅力等个性品质。因此，不论从幼儿德育的目标，还是从德育的内容要求上看，都需要更新观念，冲破习惯势力，以适应社会和经济的发展。

2. 幼儿德育是实施各育的方向和动力保证

品德和性格是一个人全面发展的动力。一些教育家、思想家都认为性格、意志比天资聪慧重要很多。墨子云：“志不强者，智不达。”我国对超常儿童的研究资料，也表明了意志品质，如坚持性、目的性、进取心等是促成天才的重要因素。

幼儿不仅处于智力发展的最佳期，也处于人格形成的基础阶段。2 岁幼儿的大脑已具备了大脑发展的主要生理特征，开始了自我意识萌芽，3～6 岁的幼儿已有了明显的个性倾向性行为，幼儿表现出了不同的兴趣、能力与性格。由于不同环境的影响，幼儿不仅需要塑造性教育，也存在着不良个性品质的矫正性教育。所以，幼儿德育具有更为重要的意义。

3. 幼儿德育是独生子女健康成长的特殊需要

虽然目前我国已实施全面二孩政策，但独生子女数量还占有很大比例，独生子女的教育依然是人们关注的问题。近些年来，不少教育家、心理学家和科研机构对城乡一些托幼机构的独生子女及其家庭进行了大量的调查研究，对独生子女身心发展进行了分析。他们的情况是：在智力发展水平和身体状况方面，一般表现出较大的优势，而在品德、行为习惯方面存在着较多的缺点，形成了独生子女成长中的薄弱环节。由于有些成人对独生子女的溺爱、娇惯，使某些孩子任性、粗暴、行为无约束，养成了独、娇、懒、散的毛病，不少家长尝到了苦头，也开始认识到问题的严重性。

二、幼儿德育的任务与内容

（一）幼儿德育的任务

幼儿德育的任务正如《幼儿园工作规程》所规定的那样：萌发幼儿爱家乡、爱祖国、爱集体、爱劳动、爱科学的情感，培养诚实、自信、好问、友爱、勇敢、爱护公物、克服困难、讲礼貌、守纪律等良好的品德行为和习惯，以及活泼、开朗的性格。

幼儿德育的任务强调从情感入手，符合幼儿品德形成和发展的规律，符合幼儿的年龄特点。目标中的“五爱”及其对幼儿行为规范等要求，充分地体现了我国教育目的的基本精神。

（二）幼儿德育的内容

幼儿品德教育内容主要包括发展幼儿的社会性与培养幼儿良好的个性品质两个方面。

1. 发展幼儿的社会性

幼儿社会性的发展是通过自身的社会化过程实现的。对幼儿品德教育的过程实质上也就是帮助幼儿社会化的过程。社会化过程是个体了解社会对他有哪些需要与期望，规定了哪些行为规范，并使自己逐步实现这些期待的过程，是个体适应社会的漫长的发展过程。社会化内容在很大程度上反映了社会对人的道德行为、人际关系方面的要求。在社会主义的中国，每一个受教育者都必须按国家和社会的要求来规范自己的思想和行为，幼儿也不例外，这方面的内容构成了幼儿德育的核心，规定了幼儿社会性发展的方向和内容，可以说，德育是幼儿社会性发展教育的核心和导向力量。

（1）萌发爱的情感。爱家乡、爱祖国、爱集体、爱劳动、爱科学的情感是幼儿思想和品德发展的基础，是人们开拓前进的强大动力，所以应从小对幼儿进行爱的情感教育。爱家乡、爱祖国情感包括爱自己的父母、老师、同伴，爱各行各业的劳动者，爱解放军，爱全国人民；爱自己的家，爱幼儿园，爱家乡爱大自然，爱祖国的名胜古迹、革命文物的社会主义建设；了解有关祖国的简单知识，如认识首都、国旗、国徽，认识领袖等。爱集体包括培养幼儿喜欢并逐步习惯幼儿园集体生活，与小朋友友好相处，关心他人，服从集体，有初步的集体荣誉感，遵守集体活动的规则等。爱劳动主要包括体验劳动的愉快，认识与自己生活关系较密切的成人劳动，爱护劳动成果，爱惜物品和公共财物，参加简单的自我服务和为集体服务的劳动及培养相应的劳动技能等。

幼儿只有在自己被爱，体验到爱的基础上，才能产生指向外部世界的爱。因此，教师应为幼儿创设一个充满爱的环境与气氛，以境育情，以境激情，激发幼儿良好的社会性情感。通过各种途径，利用幼儿园内外的一切条件和资源，培养幼儿积极健康的道德情感。在这种情感体验基础上，不断丰富幼儿的道德知识，培养其良好的行为习惯。

(2) 培养幼儿的人际交往能力，学习必要的社会行为规范。社会环境中的首要和核心因素是人，能否建立起与周围人的和谐关系，是人们适应环境、心情舒畅地生活和学习的关键。因此，必须发展幼儿的交往能力，使他们在与他人的交往过程中，了解自己和他人，学会处理与同伴、教师与其他人的关系。

为了让幼儿能适应集体生活、社会生活，必须发展他们的人际交往技能和能力。他们在与他人交往的过程中，会逐渐熟悉、认识周围的人与事，了解自己与别人，学会处理与小朋友、教师、父母和其他人的关系。例如，学习如何提出自己的要求、表达自己的愿望，如何加入别人的活动，如何分享、轮流、合作，如何解决与小朋友的纠纷，如何理解别人、帮助别人，如何遵守社会行为规则等。

2. 培养幼儿良好的个性品质

幼儿德育要培养幼儿的良好个性品质。如良好的性格，有自信心、主动性、独立性，诚实、勇敢、意志坚强等。这些个性品质对幼儿成长为一个真正的人有重大意义，它们推动幼儿积极地与周围环境中的人与物交往，有利于幼儿与周围的人建立良好的关系，从而健康快乐地成长。

三、幼儿德育的实施

（一）实施幼儿德育的途径

1. 日常生活

日常生活是实施幼儿德育最基本的途径。日常生活对幼儿品德的形成有多方面的影响，并且为幼儿提供了行为练习与实践的机会。幼儿德育应贯穿于幼儿的日常生活之中。

幼儿在日常生活中，在与同伴、成人交往的过程中，了解人与人之间、人与社会之间、人与物之间的关系，了解一定的行为准则，并且进行各种行为练习，日积月累，循序渐进，逐步形成某些良好的行为品质。在一日生活常规和生活制度中渗透着道德教育的内容，通过常规训练和严格执行生活制度，可以培养幼儿有礼貌、守纪律、诚实、勇敢、自信、关心他人、爱惜公物、不怕困难等良好品德和行为习惯。

例如，有的教师利用幼儿每天的洗手常规，培养幼儿的自理能力，遵守秩序、讲卫生的好习惯，而且还不失时机地抓住机会，培养幼儿心中有他人，爱惜别人的劳动成果等品质。如一个幼儿洗手时把水洒在地上了，使小朋友跌了跤，阿姨再次拖地。教师利用这种结果让所有的幼儿理解了洗手时为什么不能把水洒出来的道理，懂得了自己的行为对他人的影响，于是规则真正成为幼儿自身行为的一部分。由此可见，教师应当高度重视一日生活的教育价值，挖掘生活常规中的教育因素，让幼儿在日常活动中逐步形成良好的品德。

2. 专门的德育活动

专门的德育活动是实施幼儿德育的有效手段。专门的德育活动是指教师根据幼儿的年龄特征与年龄班德育的内容与要求，结合本班幼儿的实际情况、行为表现，有目的、有计划组织的德育活动，也就是为实现某项德育内容而组织的教育活动，例如，谈话、讨论、上课、丰富多彩的实践活动（如参观、春游、劳动、节日庆祝活动）等。

专门性的德育活动可以集体进行，也可以分组、个别进行；活动内容应以幼儿周围熟悉的现象或他们生活中的事例为主；多采用幼儿自己解决问题的方式；活动时间长短依内容而定，可以在一日生活的任何时间内进行；活动应当尽可能利用游戏的形式进行。

3. 利用游戏培养幼儿良好的道德行为

游戏是幼儿园的基本活动，也是德育的基本形式。由于游戏伴随着愉悦的情绪，游戏中反映了幼儿的现实生活，反映了人们的道德、行为准则、人际关系、情感等，所以教师利用游戏进行道德品质的教育，很容易被幼儿接受。在游戏过程中，幼儿自发地扮演一定的社会角色，实践一定的社会行为，体验一定的社会情感，对幼儿社会性发展有其他任何形式难以替代的效果。

（二）实施幼儿德育应注意的问题

1. 热爱与尊重幼儿

对幼儿进行德育，首先要热爱与尊重幼儿。爱幼儿是向幼儿进行德育的前提。幼儿对成人的信赖和热爱，是他们接受教育的重要条件。爱是使幼儿身心健全发展的重要条件和必要的环境因素。

教师对幼儿的热爱不仅基于感情，也基于一种社会责任。教师只有爱每一个幼儿，了解、关心、体贴幼儿，对所有的幼儿一视同仁，特别是不歧视那些有缺点或接受能力较差的幼儿，才能使幼儿获得一个道德成长的良好环境。在没有爱的环境中长大的儿童，将不会去关心他人、热爱社会，其道德的发展一定是畸形的。

教师对幼儿的爱是一种理智的而非盲目的爱，有人称之为“教育爱”，它是建立在教师对教育、对幼儿发展的深刻理解的基础上的。那种出于爱幼儿的良好愿望，而代替幼儿做他们自己能做的事，或者放纵幼儿做他们不应该做的事，都不是真正的爱。教师的爱必须有利于幼儿向着自立自强、富有爱心和责任感的方向发展。

尊重幼儿首先要尊重幼儿的人格和自尊心。苏霍姆林斯基将人的自尊心称为“心灵中最敏感的一个角落”，认为“教育技巧的全部诀窍就在于抓住儿童的这种上进心。要是儿童自己不求上进，不知自勉，任何教育者就都不能在他的身上培养出好的品质”，因此，教师不能因为幼儿年幼无知，而任意讽刺、挖苦、责骂幼儿，更不能恐吓和体罚幼儿，那样会伤害幼儿的自尊心，不仅危害幼儿现实的个性发展和进步，而且对其长远的健康人格的形成也将造成不利影响。

尊重幼儿必须尊重幼儿的主体性。德育绝不是向幼儿灌输大道理、命令或强迫幼儿服从就范的教育。在实施德育时，必须牢记幼儿是自身发展的主体，离开了幼儿自身的努力，德育是不会有效果的。

2. 遵从德育的规律实施德育

人的每一种品德都由道德认识、道德情感、道德意志、道德行为四要素构成。在幼儿的品德形成过程中，四要素的发展不是同步的，幼儿的道德认识、道德意志等发展较差，因此，幼儿德育必须从情感入手，重点放在道德行为的形成上。具体应注意以下几点。

（1）由近到远，由具体到抽象。比如，对幼儿进行爱祖国的教育，“祖国”这一概念对幼儿是很抽象的，因此，必须从培养幼儿对周围的人和事物、对周围生活的爱入手，由近及远，逐步扩大范围。可以从爱家庭、爱幼儿园、爱家乡的情感开始培养，从对父母、家庭成员、老师和同伴的爱，引导到对家乡、对生活以及对当前所处的社会之爱，然后对祖国的爱才会成为可能。

（2）直观、形象，切忌说教，切忌空谈。由于幼儿思维能力的局限，德育必须直观、形象、具体，才容易为幼儿所理解和接受。比如，用“拔萝卜”的故事或图书教育幼儿团结友爱，就远比教师讲道理有效得多。又如，要让幼儿认识劳动的意义，教师就要让幼儿切切实实地看到劳动的成果。如当幼儿参加打扫卫生，把活动室的地板擦干净了，教师表扬说“你们爱劳动，真是好孩子”，就比较空洞，如果再具体地说“你们把地板擦得干干净净，待会儿小朋友在地板上玩游戏就不会弄脏衣服了”，就为幼儿描述了一个可理解的具体景象，让其看到自己劳动的价值。德育中要坚决反对形式主义，空洞的说教除了让幼儿鹦鹉学舌似的学会一些道德词语之外，是不可能有真正的效果的。

（3）注意个别差异。幼儿在个性品质的发展上存在着个别差异，因此德育应当有针对性地进行，以保证每个幼儿的个性健康发展。如德育中常用的表扬手段在不同性格的幼儿身上所产生的效应是不一样的，随幼儿的年龄、家庭背景等的不同，表扬的方式也应当不同。如有的幼儿需要教师的口头表扬胜过物质奖励，而有的幼儿则相反。同样，批评教育也必须因人而异。如常常让教师头疼的打人的幼儿，其情况也往往是各不相同的，有的是习惯反应，有的是被欺负后的报复，有的是出于自卫，有的是模仿电视中的人物行为等，因此教师必须进行不同的教育，一把钥匙开一把锁。

3. 重视指导幼儿行为的技巧

有目的地改变幼儿的行为是幼儿德育的重要任务。它不仅需要教师的热情，而且需要一定的技巧。

（1）强化行为的技巧。强化有利于形成、巩固幼儿正确的行为。教师对幼儿正确行为的表扬肯定、赞许鼓励和对消极行为的批评、惩罚等都是强化。例如，话语、表情、目光、动作、物质奖励等都可以向幼儿传递“你做得很好”“我相信你能完成”“老师支持你这样做”等积极强化的信息；同样，无原则的迁就、姑息会让幼儿的不良行为得到消极强化。

需要注意的是，教师无意识的言行举止、幼儿园的环境中的各种因素也有不可忽视的强化作用，因此，必须创设良好的教育环境。另外，强化只针对幼儿当前的行为，让其确切地知道老师对他现在行为的态度，而不宜与幼儿过去的行为混在一起。如老师对幼儿说：“你今天还可以，可昨天抢了小朋友的玩具，看你明天怎么样。”这类话容易让幼儿感到老师一直没有原谅自己，而失去信心，同时也弄不明白自己今天究竟什么行为可以，而感到茫然。

（2）预估行为的技巧。预先估计到幼儿行为的发生而提前干预，有利于激发幼儿的积极行为、避免消极行为。经验成熟的教师通过对幼儿的长期观察和了解，能够在事情发生之前预估到幼儿的行为而提前采取措施。如上课时提问，能预估到哪些幼儿会回答、哪些不会举手，从而拟定办法调动各个幼儿积极的学习行为。又如，教师了解某个幼儿的睡眠习惯，就可以做出符合幼儿个体特点的灵活处理，从而避免因其午睡睡不着而出现影响别人、违反纪律的行为。

（3）转移行为的技巧。转移是指把幼儿的注意力从当前的活动转到另一项活动上去，以引导幼儿行为向积极方向发展。例如，一个幼儿总待在美术区活动，教师就应当诱导他转移到别的区角去；好几个幼儿都要玩娃娃家时，教师可以用“小军，小刚正在找你，你不是想和他下棋吗?”“小英、小红，用积木给娃娃搭个大房子，让娃娃搬个新家，怎么样?”等一类的建议，去提醒、启发、诱导幼儿转移到其他活动上去。指挥、命令的强制方式是不恰当的。

（4）让幼儿理解行为后果的技巧。幼儿的一些错误行为是因为不能预见到自己行为的后果，不理解规则而造成的。因此，要让幼儿改变行为，巧妙地让他们看到自己的行为造成了什么影响，是一个很有效的办法。例如，某幼儿画画时总要用蜡笔、铅笔在桌上乱画，教师提醒过多次也改不了。一天打扫卫生，教师让几个幼儿擦桌子，一人一张，还说“比比看谁擦得最干净”。该幼儿被分配去擦他用的那张桌子，擦啊擦，怎么也擦不掉蜡笔、铅笔的痕迹。看别人都擦干净了，这个幼儿急得哭起来。这次教育以后，该幼儿再也不在桌子上乱涂画了。

第五节　幼儿美育的全面发展

一、幼儿美育的概念与意义

（一）幼儿美育的概念

美是我们生活中无所不在的客观存在，但又不等于人人都能发现美，都能正确地认识美。伟大的艺术家罗丹说，世界上不缺少美，只是缺少发现美的眼睛。尽管爱美是人的天性，但是人的爱美之心带有极大的自发性，仅凭此是不可能进行高尚的审美活动的，必须在此基础上培养正确的审美观念、健康的审美情趣和能力，才能自觉地、健康地感受和理解现实美、艺术美。这就是说，需要通过一种专门的教育，用特定的途径和手段对人进行审美教育、美感教育，这就是美育。美育的特点是通过美的事物、用具体的、鲜明的形象作用于人的情感系统，使人在欣赏美的过程中愉悦、动情，不知不觉地受到感染、影响、熏陶。因此，美育对人的情感发展、对形成健全的人格有特殊的重要性。

幼儿美育是美育的一部分，它是根据幼儿身心特点，利用美的事物和丰富的审美活动来培养幼儿感受美、表现美的情趣和能力的教育。由于幼儿身心发展的特点，特别是思维的直觉行动性和具体形象性及认识过程中的情绪性等，决定了幼儿美育的特点是：通过活动，用具体、鲜明的形象去引导幼儿直接感受美，而不要求对美的形象从逻辑上进行过多的理解和分析；以培养幼儿审美的情感、兴趣为主，而不以培养审美观念、概念为主；以培养表现美的想象力、创造力为主，而不以训练技能技巧为主。

（二）幼儿美育的意义

1. 幼儿美育是整个社会审美化的需要

当前，美育作为社会文明和进步的标志，受到很高的重视，成为我国建设社会主义文明的需要。在物质文明建设中，人们按美的原则改造客观世界，如美化环境、改造大自然、装点城市建筑。在物质生产中把美和实用更好地结合起来，以满足人们在物质生活方面日益提高的审美需要。在精神文明建设中，美育不仅对提高整个民族的思想道德素质和智力水平具有不可低估的作用，而且能给人追求美好生活的精神动力和按照“美的规律”改造主客观世界的审美修养，从而造成整个社会的审美化。幼儿期接受审美教育，可以为形成正确的审美观点和良好的审美能力打下基础，成为未来社会主义文明建设的出色人才。

2. 幼儿美育是符合幼儿思维特点的教育活动

幼儿的思维特点是直觉行动性和具体形象性，情感占优势，认识过程带有很大的情绪性，所以鲜明、生动的形象和艺术手段，如现实生活中的美好事物、音乐舞蹈、造型艺术和艺术语言等，符合幼儿认识的特点，能吸引他们的注意和兴趣，容易为幼儿所接受和理解，使教育能收到更好的效果。幼儿期是人的艺术才能开始显露的时期，早期的艺术教育可以为今后艺术才能的发展打下良好基础。在教育过程中，既要看到幼儿艺术素质的个别差异，也要看到他们发展的潜在可能性。因此，教育要面向全体儿童，同时也不应该忽略对具有特殊才能儿童的早期发现和及时培养。

3. 幼儿美育是实施各育的催化剂

美育是一种情感教育，它作用于人的情感系统。只有当一个人在情感方面的发展是健全而丰富的，他的智力、体力和品德才能协调一致地发挥作用。通过美育，能更好地扩大和加深幼儿对周围事物的认识，积极影响他们的思想感情，培养良好的品质和情操，促使愉快活泼的性格的形成。在幼儿时期，美育不仅是全面发展教育的组成部分，而且是德育、智育、体育的催化剂。

二、幼儿美育的任务与内容

（一）幼儿美育的任务

幼儿美育的任务是培养幼儿感受美、表现美的情趣和初步能力。

感受美是审美的基础。幼儿期是感知觉发展的关键时期。因此培养幼儿对美的感受性是与幼儿的发展规律相一致的。萌发幼儿感受美、表现美的情趣主要是培养他们对美的健康的兴趣和爱好，这是幼儿接受美育的最重要的前提条件，也是幼儿今后继续成长，形成健全人格，形成对生命、对生活、对人类社会的积极态度的一个重要基础。

（二）幼儿美育的内容

1. 培养幼儿的审美情感

美育是最能深入人的灵魂、触动人的情感的教育。情感虽然不会给我们带来实际的物质利益，但它却点燃人生命的火花，把人推向高尚的境界。因此，应当通过美育来培养高尚的情感，使人不仅仅热爱美，而且要为美好的事物、为人类美好的理想而奋斗。

幼儿时期的情绪、情感极易被感染、激发，幼儿的好奇心使他们对美的事物有积极的探索兴趣，美的事物有声、有色、有形、有魅力，非常能引起幼儿的无意注意而使他们高兴起来。因此，只要给幼儿提供美的事物，让他们理解美的形式所包含的美的意义，就能激发他们的情感体验，就能让他们从直觉开始，产生最初的审美情感，并将此情感一直贯穿于他们整个的审美活动。所以说，培育这种情感应当成为幼儿美育的一个重要内容。

2. 培养幼儿的审美感知

幼儿审美感知的发展与其一般感知觉和认知的发展相伴随，从无意识地对美的东西的注意到模仿周围成人对美的感受，直至自觉地认识美、欣赏美、表现美。幼儿的审美感知具有表面性，如他们容易接受表面的简单的形式美，喜爱鲜明、艳丽的颜色，不注重色彩的协调，喜欢听欢快、变化明显的曲调等；幼儿的审美感知还带有行动性，常常直接以动作、表情、语言和活动等方式表现对美的感受、理解、态度，如对美的东西总喜欢动手摸一摸、看一看、听一听、闻一闻等。因此，应当多组织各种活动，让幼儿有机会发展感觉器官和基本的认识能力，同时充分利用自己的各种感官去感知美，发展对美的丰富感受性。

3. 培养幼儿的审美想象和创造

幼儿在感受美的基础上，在情感的驱动下，会产生表现美的欲望和行动，幼儿表现美的核心是幼儿的想象和创造，即幼儿以自己的方式、带着自己的特点，表现自己对美的独特体验和理解，创造出新的形象、新的想法。

幼儿的这种想象和创造需要积累多种经验，需要自由的学习环境，需要通过绘画、唱歌、舞蹈、语言等丰富多彩的活动发展一定的能力和技能才能实现。因此，营造一个宽松的氛围让幼儿能自由地想象、创造，提供一个开放的环境让幼儿能开阔眼界，获得丰富的刺激，创设幼儿能充分显示自己创造能力的机会和条件等，都是美育的重要内容。

三、幼儿美育的实施

（一）幼儿美育实施的途径

1. 大自然是幼儿美育的丰富源泉

美育不仅仅局限于幼儿自己的生活，美育的主要题材可以远远超越幼儿直接实践活动的狭隘范围。自然界是幼儿美育内容的天然宝库，它为幼儿提供的审美对象是丰富多彩、千变万化的。自然界的美是真实的美，它具体、直观、生动、形象，很容易为幼儿所感知。引导幼儿观察和感受大自然的美是幼儿美育的重要途径。幼儿园特别是大城市的幼儿园可利用远足、郊游、到农村参观等活动，尽可能地创造幼儿与自然接触的机会；利用影视、美术作品等艺术手段让幼儿感受大自然美的力量；利用幼儿周围的自然物进行美育，如培植草地、种植花卉、采集落叶或昆虫的标本，欣赏大自然每天给予的蓝天、白云、红花、绿叶等。在幼儿观赏自然时，教师可选择恰当的能为幼儿理解的艺术语言来表达其中的美，并以自己对自然美的热爱来引导幼儿产生美的情绪体验。

总之，大自然可以提供最具体、最直接的审美对象，它以美的形式和形象显示出无限的魅力，成为幼儿审美教育极其丰富生动的源泉。

2. 日常生活是幼儿美育的重要途径

幼儿最初的美感是从日常生活开始的，因为日常生活中的美是幼儿最接近、最熟悉、最容易感知的。因此，幼儿审美教育应当贯穿在幼儿的整个生活中，与幼儿的生活密切结合在一起，应注意引导幼儿发现、认识周围生活中平凡的人和事物的美。例如，与老师、同伴交往过程中的言语美、行为美、仪表美；散步中观赏到的幼儿园及其周围的环境美；就餐时菜肴的色、香、味以及炊事员的劳动美等。除了幼儿园的生活之外，与家长配合，在与幼儿最密切的家庭生活中开展家庭美育，也是十分重要的。如家庭朴实、整洁的环境美，家庭成员言谈举止的形象美，家庭气氛的祥和美等，让幼儿耳濡目染，潜移默化，对幼儿精神美的形成有巨大作用。总之，生活中处处有美，幼儿的生活是幼儿美育取之不尽、用之不竭的源泉。

3. 艺术教育是幼儿美育的主要途径

因为艺术是人类审美实践的集中体现，所以艺术教育是美育的主要手段。艺术教育通过语言艺术、造型艺术、音乐艺术等，“创造一个了解艺术而且能够欣赏美的公众”(马克思)。艺术给人最充分、最完满的美的享受，艺术美直观、鲜明、富于表现力，因此最易引起幼儿感情上的共鸣，被幼儿理解和接受，最能陶冶幼儿的情感，让幼儿懂得什么是丑、什么是美，对培育幼儿的审美素养有极大的意义。

幼儿园的艺术教育主要通过音乐活动、绘画活动、手工制作、文学作品欣赏、表演活动等来实施。在这些活动中，发展幼儿的听觉、视觉、触觉、身体感觉等的综合审美感知，让幼儿被歌曲、旋律、舞蹈、绘画、工艺品、诗歌、童话、故事等所感染，产生情感体验，并激起幼儿用节奏、用色彩、用线条、用形体等来表达美、创造美的欲望和行动。

（二）实施美育应注意的问题

1. 幼儿园美育是面向全体幼儿的

幼儿园美育的目的是培养每一个幼儿美的情感、美的心灵，促进每一个幼儿人格的健全发展，而不是为了培养艺术家，不是为了培养极少数艺术小天才。当然，由于幼儿在艺术天赋上的个别差异，有的幼儿的某些艺术潜能需要早期培养，但这不应当以牺牲其他幼儿应有的发展为代价。一般来说，幼儿艺术天赋的差异不是很大，应当针对每个幼儿的兴趣和需要，让他们得到应有的发展。也就是说，在美育中必须贯彻面向全体，注意个别差异的原则。

2. 重视通过美育培养幼儿健全的人格

幼儿美育应当着眼于引导幼儿人格向积极方面发展，特别是幼儿情感的发展，这本来也是美育最重要的一种价值。但是长期以来，美育受重理智、轻情感的倾向影响，出现了许多值得注意的偏向。如在艺术活动中，将幼儿对艺术的“知觉感受和直觉判断引向分析、理解、重复、记忆、抽取规律及迁移应用，使得知觉表象及其情感体验在分析的道路上逐渐丢失”，而没有充分地利用艺术这一媒介去丰富幼儿的情感世界；比较偏重于追求艺术活动的结果，仅仅关心幼儿作品是否达标，而不重视幼儿活动中的情感体验和态度等。

3. 重视培养幼儿的想象力和创造力

美育中幼儿表现美的灵魂是幼儿的自由想象和创造，而绝不仅仅是依样画葫芦似的模仿。培养幼儿艺术创造的主动性是美育的重要目标。为此，在幼儿园艺术活动中，必须克服过分强调表现技能、技巧的偏向，因为这种偏向把创造性的表现活动降格为一种机械训练，这对发展幼儿的想象力、创造力是不适宜的，其后果常常是使幼儿失去自信心、产生无能感，害怕或者讨厌艺术活动，或只学会机械地服从或模仿成人，这就完全背离了幼儿美育的宗旨；在教师的指导方法上，必须注意启发式而非命令式，克服以教师为中心的倾向。

思考训练
SIKAOXUNLIAN

1. 幼儿全面发展的含义是什么？
2. 幼儿园体育工作的内容包括哪些方面？
3. 非智力因素与幼儿智力发展的关系是什么？
4. 幼儿德育包含了哪些内容？幼儿园通过哪些途径对幼儿进行德育？
5. 幼儿美育实施的途径有哪些？

活动实践
HUODONGSHIJIAN

1. 学生到幼儿园进行体育调查活动，并提交一份提纲作业、一份调查报告。
2. 调查观摩幼儿园教育活动和区域活动环境，提交一份关于幼儿智育的见习报告。

第四章　幼儿教师

学习目标
XUEXIMUBIAO

1. 了解幼儿教师的工作任务。
2. 了解幼儿教师的权利和义务。
3. 理解幼儿教师应具备的专业素质。
4. 了解幼儿教师专业成长的基本途径。
5. 理论联系实际，不断提高自己的专业技能。

案例引入
ANLIYINRU

时间过得真快，午餐时间又到了，保育员阿姨把菜拿到了教室，说："今天我们吃虾！"我和保育员阿姨一起分好了饭菜，这时阿姨开始帮小朋友们剥虾壳，我问她为什么要剥，那么多的虾等阿姨剥好饭菜都冷了，她说小朋友不会剥。我马上制止了阿姨的做法，告诉她，为何不让小朋友试一下。每次吃虾的时候，有好多的小朋友都对我说："老师，我不会剥。"我说自己想办法。结果大部分的小朋友都是自己剥了壳吃的，还剥得很好。只有两个小朋友再次来找我说剥不了，我说自己想办法，有一个小朋友是用嘴巴咬开的，另一个小朋友是请别的小朋友帮忙的。后来我将这件事情讲给个别家长听，家长的反应都是："我家的小孩肯定不会剥。"

分析上述案例，你有什么启发？幼儿教师的角色是什么？

第一节　幼儿教师的角色和地位

一、幼儿教师的角色

幼儿教师的劳动牵动着千家万户，影响着整个社会，关系着祖国的明天和民族的未来，是传播知识和培养人才的主力军。在幼儿园教育实践中的"人"与"物"两大结构要素中，"人"的要素与活动是决定幼儿园班级教育工作质量的主要因素。教师又是其中最重要、最关键的人的要素。

角色是社会学研究中引入的戏剧术语，用以表示人在一定的社会关系中所处的地位和所起的作用。社会学将这种具有一定地位或身份的人所应有的行为模式称为社会角色。社会角色是他人对相互作用中处于一定地位的个体的行为的期望系统，也是占有一定地位的个体对自身行为的期望系统。伴随着不同的历史时代的变迁，幼儿教师的角色也经历了不同的定位。

1. 幼儿教师角色的历史演变

伴随着幼儿教育的产生与发展，幼儿教师的角色经历了“保姆”“保育员”（阿姨）到“专职的幼教工作者”的转变过程。

（1）充当保姆的阶段

古代的蒙养教育是在家庭中进行的，教育者更多的是充当保姆的角色。在古代的少数富贵人家，儿童的教养通常由经过挑选的女奴和女仆承担。这些女奴、女仆通常目不识丁，让她们带孩子，自然只能扮演保姆的角色，她们的职责也仅仅是照管孩子。

1904 年，《奏定学堂章程》的实施，标志我国幼儿教育被纳入国家规划发展的新阶段，在专门的幼儿教育机构——蒙养院，幼儿教师仍被称为“保姆”。在解放战争时期，解放区的保育院中，以保育为主，强调儿童的安全、健康成长，幼儿教师被称为“保育员”。

新中国成立之初，幼儿教师并没有被当作专门职业来对待，有生活经验的成人都可以带孩子。虽托儿所和幼儿园中有保育员和教师之分，但与学校中的教师相比，仍被称为“阿姨”。

（2）充当教师的阶段

随着大工业和科技的发展，人们对幼儿教育的要求越来越高，社会对幼儿的期望越来越大，对幼儿教育工作者的要求也越来越多、越来越高。幼儿教育工作者的主要职责开始由保育转为教育，或以教育为主。幼儿教育工作者自身的素质也在逐步提高。他们不仅能从事保育工作，而且能启发、诱导幼儿，促进幼儿身心的全面发展。这样，幼儿教育工作者的工作角色就逐渐转变为教育者，人们对幼儿教育工作人员的称呼也逐渐由“保姆”转为“教师”。今天，幼儿教师逐渐被视为一种专门化的职业，成为专职教育工作者。但是，提高幼儿教师专业化水平的路还很长。

（3）幼儿教师角色多样化的阶段

在传统教育中，幼儿教师是教育活动的中心，扮演着知识的灌输者、权威等多种角色。随着时代的进步，人们对幼儿教师角色的期望已出现了多样化的趋势。如皮亚杰认为，幼儿教师应是孩子的游戏伙伴；蒙台梭利认为，幼儿教师应是幼儿学习的指导者和引导者；还有人认为，幼儿教师应做幼儿母亲的替代者、幼儿的知心朋友、大姐姐、大哥哥等。总之，人们普遍认为，幼儿教师扮演的社会角色丰富多样，有利于幼儿的社会化，有利于幼儿身心的健康发展。

2. 现代幼儿教师的角色定位

伴随新世纪信息化时代的来临，时代呼唤着幼儿教师角色的重塑。当前我国基础教育改革、《幼儿园教育指导纲要（试行）》的实施都对教师角色提出了新的要求与任务。幼儿教师是以幼儿教育为职业的专业工作者，肩负着国家和社会的委托，在幼儿园向幼儿进行专门的教育工作。由于幼儿的身体、认知、情感、社会性等各方面都处在从不成熟向初步发展的过程中，因此，幼儿教师首先必须承担起幼儿的养护者、沟通幼儿与社会的中介者的重要角色。同时，现代社会的发展和教育变革的潮流赋予幼儿教师角色新的内涵，新时期特别强调幼儿教师应承担幼儿学习的支持者、幼儿发展的促进者、幼儿教育的研究者的角色。

（1）幼儿教师是沟通学前儿童与社会的中介者

教师是使学前儿童接触、了解社会，并开阔其视野，使其走向社会生活的重要引路人。学前儿童对社会积极的认知、态度与情感体验都是在与教师的交往中完成的。教师不仅在幼儿园组织开展大量与幼儿的社会生活密切相连的教育活动，如"我的幼儿园""我和小伙伴""团结合作力量大""我的家长"等，而且经常带领幼儿走向社会，直接帮助幼儿了解、体验社会生活，如参观商场、超市购物、参观现代农业园区的无土栽培、了解城市河流的污水治理和环境保护等。在这些活动中，教师总是适时地结合幼儿的经验和感受，教给他们大量的社会规则、行为规范，引导他们观察、体会人与人之间适宜的情感态度、相互关系和相处方式，并积极创造机会，帮助他们锻炼、实践并逐步掌握友好恰当的交往行为和技能策略。正是教师帮助幼儿融入班级、幼儿园小群体，为其走向更大、更广的社会生活奠基。

（2）幼儿教师是学前儿童的养护者

幼儿教师是孩子的第二任母亲。幼儿教育机构是幼儿迈向社会的第一站，也是幼儿所遇到的第一个社会性机构。幼儿由于生活经验缺乏，身心发展水平较低，情绪情感上具有很强的依恋心理，这就要求幼儿教师要善于满足孩子的这种需要，要做他们的亲人，成为他们尊敬和爱戴的长者。事实上，在整个学前教育阶段，幼儿教师不能只是一位教学工作者，教师的"养护者"或者说"照料者"的角色是至关重要的。"养护"不仅指对幼儿生理、生活上的照顾，而且包含着对其积极良好的情绪情感状态、健康人格、个性品质、社会性品质与行为等多方面心理发展予以积极的关注与呵护。作为养护者，教师需要给予幼儿以鼓励、支持、宽容、理解和尊重。"养护者"角色关键体现在以下两个方面。

①幼儿教师是学前儿童权利的保障者。幼儿具有主动活动、学习与发展的能力。儿童的发展源自人的无限的生命力，儿童的发展过程就是儿童"内在潜力"得以不断展示的过程。因而幼儿教育的首要任务就是激发和促进儿童的"内在潜力"的表现，并按其发展规律获得自然的和自主的发展。因此，自主活动、自主学习、主动发展是幼儿在成长中应该享有的基本权利。幼儿教师应努力成为儿童权利实现的保障者。每一位幼儿教师都应该努力为幼儿提供自由活动、自主探索、自主操作的机会，积极引导幼儿建构对周围世界和生活世界的知识经验，并鼓励幼儿尝试独立解决问题。教师过多的干涉，包办代替或不恰当的介入，都会妨碍幼儿的自主活动。

②幼儿教师要为学前儿童发展创设适宜的气氛与环境。适宜的气氛与环境对学前儿童健康发展是非常重要的。教师的职责是给幼儿发展提供适宜的有准备的环境。这

种环境不仅包括物质环境，如创造有规律、有秩序的生活环境，提供有吸引力的、美的、适用的设备和用具等，而且还包括对儿童心理健康发展而言更为重要的精神环境，如对儿童的理解、关爱、鼓励和支持；允许儿童独立自由地活动，自然地表现；丰富儿童的生活印象，鼓励同伴间的交往，促进儿童智力、自我和社会性的发展。教师应积极成为这一有准备的环境的创造者、维护者与管理者，使这个环境舒适、温馨、安全和秩序。

（3）幼儿教师是学前儿童学习的支持者

教师是幼儿学习活动的支持者、引导者，是学习过程中信赖的合作者，更是解决困难的引导者。《幼儿园教育指导纲要（试行）》第三部分第10条就明确了这一点。现代信息技术为儿童提供了获取信息的广泛途径，幼儿教师应从文化知识的传授者的传统角色转变为幼儿学习的支持者。教师对幼儿学习的支持体现在激发与鼓励幼儿学习的兴趣、探究心，形成积极的学习态度，掌握有效的学习方法，从中获得学习的乐趣，帮助幼儿学会思考、学会求知、学会探索、学会创新。为此，教师要特别注意：一是支持幼儿独立自主地学习，并给予更多的帮助；二是支持幼儿的合作学习。在传统课堂中，儿童绝大部分的学习都是“独自”学习，学习只被视为儿童个体的一种活动，这种学习是一种“孤独式”的学习。而在现代教育中，教师应更多鼓励儿童结成合作小组，围绕某一主题而开展合作、交流、研讨，这将激发儿童的学习兴趣与愿望，也会促进儿童的团体意识与合作研究的能力。

（4）幼儿教师是学前儿童教育的研究者

教师成为研究者既是提高教育教学质量、促进学前儿童发展的需要，也是时代与社会发展的要求。知识信息的日新月异以及传播渠道的多样化，使得教师不再是知识的权威，也使得每个人在学校里所学的知识不能再使其终身受益，因而教师需要不断地学习、更新知识。同时，教育活动的丰富性、复杂性和多样性更决定了教师必须成为教学研究的反思者，或者说是反思型的研究者。教师的研究更多体现在能对自身的教育教学实践活动进行科学、理性的反思。教师的反思性研究可以反思课堂教育教学情境中各种技能与技术的有效性；也可以主要针对课堂实践中的问题，把教育理论应用于教育实践，以便做出决策；同时反思课堂中的师幼关系、人际交往等方面，反省教育实践中的价值、伦理和道德等问题。

（5）幼儿教师是学前儿童发展的促进者

在新时期，教师的角色应从学前儿童的教导者转变为学前儿童发展的促进者。幼儿在园里不仅学知识，还要学做人、学做事，学习过幸福的生活。因此，幼儿的成长和发展不是靠教师简单地教知识、儿童学知识的过程就能实现的。教师的角色任务在于为儿童的整体发展提供促进作用。教师不仅应协助幼儿增进其对周围世界的了解和培养其继续学习的兴趣，还应促进他们的人格个性品质、社会性等多方面能力的生成。教师对幼儿发展的促进作用主要表现在：促进儿童认知与智能的发展，包括给予儿童知识与经验的积累，解决问题的能力、创新精神等方面的指导与促进；促进儿童的学习动机，激发儿童学习的兴趣与爱好；促进儿童情感、行为、交往、人格等方面的提高与发展；促进儿童主动学习、自主学习、合作学习的意识、态度与性向。

二、我国幼儿教师的地位

在人类历史的任何社会，都存在着人类文明成果的承传与发展的问题，教师就是专门传递人类文明的人。教师劳动的社会价值，最突出地表现在教师对延续和发展人类社会的巨大贡献上。教师的工作，联系着人类的过去、现在、未来。特别是现代社会，人人都必须受教育，因而也就离不开教师的劳动。没有教师，社会文明的传递和发展会大大延缓，社会进步就会大大推迟。教师的劳动不仅同社会发展息息相关，而且也牵动着千家万户，关系到每一个人的发展和幸福。在现代社会，一个人的发展状况如何，前途如何，在很大程度上取决于他们所受的教育程度如何，取决于教师的劳动效果如何。可以这样说，在科学技术迅猛发展的今天，社会的进步和个人的幸福比以往任何时候都更加有赖于教育的发展与进步，因而教师在社会进步中担负着神圣的历史使命，体现出独有的社会价值。

因此，我国的法律法规也对幼儿教师的价值予以肯定。1993 年 10 月颁布的《中华人民共和国教师法》和 1995 年 3 月颁布的《中华人民共和国教育法》中指出，幼儿教师是在幼儿园履行教育职责、对幼儿身心施行特定影响的专业教育工作者，担负着培养社会主义事业的建设者和接班人、传播精神文明、提高全民族素质的历史使命。2011 年 12 月教育部颁布了《幼儿园教师专业标准（试行）》（以下简称《专业标准》），再次强调，幼儿园教师是履行幼儿园教育工作职责的专业人员，需要经过严格的培养与培训，具有良好的职业道德，掌握系统的专业知识和专业技能。

1. 幼儿教师的工作任务

《幼儿园工作规程》第 37 条规定，幼儿园教师对本班工作全面负责，其主要职责如下。

（1）观察了解幼儿，依据国家规定的幼儿园课程标准，结合本班幼儿的具体情况，制订和执行教育工作计划，完成教育任务。

（2）严格执行幼儿园安全、卫生保健制度，指导并配合保育员管理本班幼儿生活和做好卫生保健工作。

（3）与家长保持经常联系，了解幼儿家庭的教育环境；商讨符合幼儿特点的教育措施，共同配合完成教育任务。

（4）参加业务学习和幼儿教育研究活动。

（5）定期向园长汇报，接受其检查和指导。

在这五项任务中，第一项任务是教师工作的中心任务。第五项任务“向园长反映意见”，说明幼儿教师在开展活动时，不单是一个实践者，同时也是一个敏锐的观察者和意见提供者，从不同的角度进行观察、分析、检讨和反映意见，让各项活动能够更加顺利地进行和不断进步。

2. 幼儿教师的权利和义务

（1）我国幼儿教师的权利

①进行保育教育活动，开展保育教育改革和实验的权利。

②从事科学研究、学术交流，参加专业的学术团体，在学术活动中充分发表意见的权利。

③指导幼儿的学习和发展，评定幼儿成长发展的权利。

④按时获取工资报酬，享受国家规定的福利待遇以及寒暑假带薪休假的权利。

⑤参与幼儿园民主管理的权利。

⑥参加进修或者其他方式的培训的权利。

（2）我国幼儿教师的义务

①遵守宪法、法律和职业道德，为人师表。

②贯彻国家教育方针，遵守规章制度，执行幼儿园保教计划，履行聘约，完成工作任务。

③按国家规定的保教目标，组织、带领幼儿开展有目的、有计划的教育活动。

④关心、爱护全体幼儿，尊重幼儿人格，促进幼儿的全面发展。

⑤制止有害于幼儿的行为或其他侵犯幼儿合法权益的行为，批评和抵制有害于幼儿健康成长的现象。

⑥不断提高思想政治觉悟和教育教学业务水平。

第二节　幼儿教师的专业素质

没有教师的质量，就没有教育的质量。“我们无论怎样强调教学质量亦即教师质量的重要性都不会过分。”教师是一种专业化的职业，主要是因其有独特的素质要求。随着知识经济的来临以及对世纪素质教育的全面推行，提高教师的素质势在必行。幼儿教育发展的关键是幼儿教师，特别是幼儿教师自身各方面的素质。教师自身素质的全面提高是保证幼儿素质全面发展的基本前提，也是实现优质教育的必要条件。幼儿教师的专业素养是幼儿教育工作对幼儿教师提出的专业化要求，是幼儿教师开展幼儿教育工作必须具备的素质。幼儿教师作为专业幼儿教育工作者，应该具备哪些专业素质呢？

我国《幼儿园工作规程》规定，幼儿教师应当“热爱幼儿教育事业，爱护幼儿，努力学习专业知识和技能，提高文化和专业水平，品德良好，为人师表，忠于职责，身体健康”。这是国家对幼儿教师素质的要求。《专业标准》将专业理念与师德、专业知识和专业能力三方面作为幼儿园教师必备的基本素质与条件，尤其注重专业理念与师德，将其作为《专业标准》的灵魂与核心。具体而言，教师应具备以下四方面的素质。

一、良好的职业道德素质

教师是人类灵魂的工程师，是社会主义精神文明的传播者。“身教重于言教”，这是教育工作的重要规律，尤其是对可塑性、模仿性强的年幼儿童来说，教师的言谈举止、行为习惯、仪表服饰更是不可忽视的教育力量。正如苏联教育家加里宁所说的：“一个教师也必须好好检点自己，他应该感觉到，他的一举一动都处在最严格的监督之下，世界上任何人也没有受着这样严格的监督。孩子们几十双眼睛盯着他，须知天地间再也没有什么东西，能比孩子的眼睛更加精细、更加敏捷，对于人生理心理上各种细微变化更富于敏感的了，再没有任何人像孩子的眼睛那样能捉摸一切最细微的事物。”这说明幼儿教师本身的表率作用是何等重要。因此，作为教师，他比从事其他任何职业的人更需要严格要求自己，做到文明礼貌、遵纪守法、举止大方、谈吐有礼、团结协作，不断提高自身修养。即使不在教育场合，不在幼儿面前，也不失教育者的风度、形象和品格。

教师职业道德是指教师在从事教育劳动过程中，形成的比较稳定的道德观念、行为规范和道德品质的总和，它是调节教师与他人、教师与集体及社会相互关系的行为准则。师德为先是幼儿园教师最基本、最重要的职业准则和规范，每一位教师都必须做到热爱学前教育事业，关爱幼儿，尊重幼儿，为人师表，教书育人，担当起幼儿健康成长的启蒙者和促进者的责任。具体体现在以下两个方面。

1. 热爱和尊重儿童

苏联教育家苏霍姆林斯基曾说：“我生活中最主要的东西是什么？我毫不犹豫地回答：对孩子的爱。”对幼儿的热爱，是推动幼儿教师无私地、鞠躬尽瘁地为幼儿服务，并能有所作为的内在精神动力。幼儿教师对幼儿的爱是一种具体的教育力量，它能为幼儿创造安全、信任、和谐的教育氛围，能感化幼儿，使幼儿主动配合教师的工作，发扬积极因素，克服消极因素，不断地进步。

教师还要特别注意尊重幼儿的人格，保护幼儿的自尊，把每位幼儿看作一个独特、能动、有潜力的发展着的主体。不能把他们看作“小木偶”可以让教师任意摆布；更不能把他们看作“小玩具”，可以任教师随意玩耍。热爱和尊重幼儿，把自己的身心奉献给幼教事业，是幼儿教师社会义务感、道德责任感、为人民服务的理想和信念最实际、最集中的体现。

2. 热爱幼儿教育事业

忠诚于社会主义教育事业，是最基本也是最重要的思想品德素质，是幼儿教师职业道德的基本原则。对幼儿教育事业的热爱，源于对工作意义的深刻理解。支撑在教育工作中做出最大成绩和贡献的信念在于幼儿教师坚信自己所从事的教育工作是崇高的事业，因而一心扑在事业上。这种热爱是教师做好教育工作的精神动力，是幼儿教师整体素质的核心。

二、健康的身心素质

教育的活力，来自教师身心素质的活力。没有良好的身体素质，教师无法承担教书育人之责，而教师的心理素质同样制约教师职业工作效力。健康的身体是教师做好幼儿教育工作的保证。身体素质包括良好的生活和卫生习惯、浓厚的体育活动爱好、正常的发育、良好的体能及健康的体质等，这是做好工作的前提。幼儿园的工作特点决定了幼儿教师必须既付出脑力劳动，又付出体力劳动，劳动强度较大。目前幼儿教师队伍中，独生子女幼儿教师的比例在逐年上升。虽然他们从小就享受了比较优越的家庭生活，但身体素质却不尽如人意，一些教师谈起自己的工作，常常说："太累了！""吃不消！"然而幼教工作的特点是需要教师精力充沛、体质健壮、反应敏捷、身心健康。因此，幼儿教师首先要掌握个人卫生保健知识，养成良好的生活卫生习惯，加强体育锻炼。

幼儿教师作为幼儿发展的重要他人，作为幼儿观察、学习、模仿的榜样，自身的情感、个性、性格、行为方式等心理素质也非常重要。美国心理学家经过广泛调查研究发现，成功的教师一般具有如下心理素质和特征：温和、理解、友好、负责、有条不紊、富有想象力、热情等。信任学生，不但善于理解而且也善于倾听，对每一个学生有兴趣、喜爱和爱护，以及具有较强灵活性等，也是成功教师具有的重要心理素质。如果教师具有创新精神和不断进取精神，则有利于培养学生的开拓、创新能力；如果教师保守、拘谨，则容易扼杀学生的个性和创造精神。作为一个幼儿教师应当具有宽阔、慈爱的心胸，主动的精神，乐观的心态，快乐、稳定的情绪，丰富的感情，活泼开朗的性格，良好的行为习惯，等等。这样的教师容易与幼儿打成一片，接纳幼儿，并潜移默化地感染幼儿，有利于幼儿身心的成长。

三、全面的知识结构

文化素质是从事教育工作的前提，是一切专业素养的基础。幼儿教师的职责，不仅仅是用爱的力量去培育孩子的良好个性和习惯，更重要的是，用教育的智慧去激发孩子浓厚的求知欲和丰富的想象力。而在现实中，一些教师的文化素质不高或忽视自身文化水平的提高，单纯追求某一技能技巧的掌握，直接影响了对专业知识的正确理解和运用，也影响了教育效果。为此，教师必须善于利用时间，勤奋学习，处处留意，养成读书和阅读报纸杂志的好习惯，使自己掌握扎实的相关知识。知识是幼儿教师工作的手段，是取得幼儿信赖的重要条件。幼儿教师的知识结构主要包括熟练的艺术知识与技能、广博的科学文化知识、扎实的幼儿教育理论专业知识。

1. 熟练的艺术知识与技能

幼儿教师还必须具备一定的艺术知识与技能，如唱歌、跳舞、弹琴、绘画、手工制作及创编故事、讲故事等。这些艺术方面的知识技能既能充实幼儿教育内容，又能成为幼儿教育的重要手段，它们可以使幼儿在轻松、活泼、愉快的气氛中，形象直观地接受教育。但是，技能技巧作为一种教育手段，对幼儿教育有一定的作用，但又不能夸大这种作用，因为技能技巧只是幼儿教师知识结构中的一个组成部分，而不是全部，更不是唯一的内容。

2. 广博的科学文化知识

广博的科学文化知识是幼儿教师知识素养的基础，为其奠定了坚实的科学人文素养。无论从事什么工作，只有以较高的文化素养为基础，才能掌握好专业理论知识，不断提高专业工作水平。幼儿对周围世界有强烈的好奇心，他们关于周围世界的问题不仅多而且涉及面很广，他们对周围世界的认识虽然是表面的、肤浅的，但却非常广泛。同时，幼儿教育是启蒙教育，为使幼儿对周围世界有一个正确的初步认识，教师要深入浅出、正确无误地解答幼儿的问题，传授知识。因此，幼儿教师不是单科教师，而应是一个具有综合素质的教育工作者，要对幼儿进行全面的教育。一般性教育的内容包含了教师需提供给儿童的大量知识经验。未来教育提倡培养通才，所以，幼儿教师应具有在语文、数学、物理、化学、地理、生物等基础学科方面的知识，并进一步吸取经济、历史、哲学、法律和社会学等方面的知识，以奠定广博的科学文化知识基础。

3. 扎实的幼儿教育理论专业知识

幼儿教师若想做好自己的教育工作，必须具备扎实的幼儿教育理论专业知识。幼儿教师的专业理论知识包括幼儿生理学、幼儿心理学、幼儿教育学、幼儿园管理、特殊教育技术、儿童家庭教育等与儿童身心发展及教育有关的专业基础知识。

首先，了解幼儿身心发展的基本特点和基本规律，是搞好幼儿教育工作最基本的知识前提。为此，幼儿教师必须具备一定的幼儿卫生学、心理学方面的知识。

其次，掌握幼儿教育的理论知识、基本规律和实践方法，善于运用教育规律，才能有效地进行幼儿教育工作。为此需要学习幼儿教育学、幼儿营养学、幼儿教育评价学等学科的知识。

最后，为发挥幼儿家庭和社区的教育力量，幼儿教师还必须懂得教育社会学、教育文化学、教育人类学等方面的知识。

总之，幼儿教师应具备精深的专业知识。

四、必备的能力结构

幼儿教师的能力重在强调幼儿教师的教育教学和引导促进儿童健康成长的实践能力，强调幼儿园教师要能以“专业”的意识与行为进行保教工作，具有遵循幼儿成长规律进行教育的能力。作为幼儿教师，最基本的、最重要的任务是促进幼儿与周围环境相互作用，如何促进幼儿与环境的相互作用，需要深入了解幼儿教师必备的能力结构。

1. 沟通能力

没有沟通就没有相互作用。沟通与观察不同，它需要一种相互性，这是一种相互理解、彼此接纳对方的观点、行为，在双向交流中彼此互相协调的默契。教师的沟通能力被很多国家和地区列为教师的基本功，受到高度重视。教师的沟通能力主要包括教师与幼儿、教师与家长的沟通能力和促进幼儿之间相互沟通的能力。

（1）教师与幼儿的沟通

教师与幼儿的沟通是一个双向交流的过程。与幼儿良好的沟通不仅有助于了解幼儿，融洽与幼儿之间的关系，而且沟通也为幼儿发表自己的看法、与教师交流、锻炼幼儿的语言和交往能力提供了机会。教师与幼儿的沟通不仅包括言语沟通，还包括非言语沟通，如身体语言、目光、动作、表情、姿势等。教师的面部表情是教师与幼儿交流的情感信号，它直接影响教育教学效果。如果教师流露的是肯定和赞扬的微笑，就会给幼儿支持和鼓励；如果教师流露的是否定和批评的表情，则会使幼儿感到羞愧和自卑。通过这些非言语的沟通，幼儿能感受到教师的关爱，才能信任教师、尊重教师，师幼之间才能建立起和谐稳定的关系。不论哪种方式都要求教师有积极主动、平等的态度，提供一个安全、温暖、可信赖、无拘无束的交流环境，尽可能地从幼儿角度来考虑问题，与幼儿打成一片。

幼儿处于发展之中，其理解与沟通能力还比较弱，更需要幼儿教师以符合他们年龄特点的方式进行沟通和交流。而且幼儿也需要教师提供良好的学习榜样。《专业标准》要求教师语言要规范健康，能使用符合幼儿年龄特点的语言进行保教工作，特别强调教师要善于倾听，和蔼可亲，能与幼儿进行有效的沟通；建立良好的师幼关系，并帮助幼儿建立良好的同伴关系，使幼儿感到温暖和愉悦等。教师常用的与儿童的沟通技巧有很多，例如，熟记儿童的名字；选用适当的语言；眼光要与孩子直接接触；语调语速要适当；语气要和善；善于倾听；以鼓励、肯定、引导为主；等等。总之，只要我们的沟通建立在爱与尊重的基础上，就一定能收到良好的效果。

（2）教师与家长的沟通

家长作为教师的合作者加入教育者一方，共同对受教育者——幼儿施教，极有利于提高教育的质量。但是这一合作能否取得成功受到许多条件的制约，其中教师与家长的沟通是最重要的条件之一。教师怎样与家长沟通呢？教师与家长的沟通包括以下几个方面。

首先，要了解家长的需求与希望、性格类型、教育观念和方法、职业、文化水平、待人接物习惯等，以确定自己的工作方法和沟通策略。必须注意的是，一定要尊重幼儿家庭的隐私，这是教师与家长相互信赖的基础。否则，动机再好也会事与愿违。

其次，教师应当具备与家长交流的技巧，如与家长面对面交谈时聆听的技巧，适合家长的态度、语言、表达方式以及考虑家长的观点、心情的谈话技巧，以及向不同类型的家长传达信息（口头的或书面的），特别是描述孩子行为、提出建议或意见的技巧等，都是非常必要的，它能帮助教师求得与家长的相互尊重、相互理解、相互支持。

最后，要实现与家长的情感沟通。教师与家长的沟通是一种特殊的人与人的交流，其特殊之处在于交流的双方共同地爱着关心着一个孩子，为这个孩子而交流。因此，沟通是充满爱心、关心、热心、诚心、责任心的。

（3）促进幼儿之间的沟通

幼儿之间的沟通受到他们社会性发展、语言发展等方面的制约，需要教师有意识地进行帮助。如果教师缺乏相应的技能和能力，就难以达到目的。

①幼儿之间的口语沟通。幼儿之间的交谈能极大地促进幼儿社会性、智力、语言的发展。幼儿教师应重视幼儿之间的交谈，促进幼儿之间的交谈。促进幼儿之间的交谈需要发展他们自我表达和理解他人的能力、听和说的能力。这是幼儿教师的一个重要任务，这方面的技能、能力是非常必要的。促进幼儿之间的交谈，首先要求幼儿教师研究幼儿口语沟通的特点，如幼儿喜欢什么话题，交谈常在什么地方、什么场合发生，什么样的形式最有利于幼儿产生或发展交谈，等等。在此基础上，利用小群体活动或游戏的方式给幼儿提供交谈的机会。

②幼儿间冲突的解决。幼儿间的冲突是其沟通不畅的最激烈的表现形式，多发生在物的分配或活动机会的选择时。正确地认识和对待幼儿的冲突，是教师的基本技能之一。应当看到，幼儿冲突并不一定是坏事，冲突本身及其解决是幼儿之间沟通的重要途径，也是幼儿社会性发展、认知发展的重要途径。纷争是幼儿之间相互作用的一种特殊形式，因此，如果纷争发生了，教师应将之视为活动的一部分，视为幼儿的一种学习。帮助幼儿正确地对待冲突、习得解决冲突的策略，通过冲突理解人际交往的规则、认识自己和别人的权利，克服自我中心等，是幼儿园教育的重要内容。

2. 观察能力

细心地观察并了解幼儿的能力是教师的基本功之一，是教师开展教育活动的前提。了解幼儿是教育的前提条件，观察幼儿是了解的基础。蒙台梭利强调，一个不会观察的教师是绝对不称职的，每位教师都要将自己的眼睛训练得如同鹰眼般敏锐，能观察到儿童最细微的动作，能探知到儿童最殷切的需要。《幼儿园教育指导纲要（试行）》也指出，关注幼儿在活动中的表现与反应，敏感地觉察他们的需要，及时以适当的方式应答，形成合作探究式的师幼互动。观察了解幼儿是评价幼儿的重要手段，是提供适宜教育的基本前提和基础，也是教师反思自身教育行为的适宜性，不断改进教育行为，实现自身专业发展的重要手段。因此专业的幼儿教师必须努力培养和锻炼自身良好的观察力，看到每一个幼儿的独特性，发现每一个幼儿的特点与优点，更加细致深入地了解幼儿，及时发现幼儿的需要，能在幼儿细微的表现中洞察其内心世界，并根据幼儿的特点，进行针对性教育，促进每个幼儿富有个性地发展。

观察是一种知觉活动，是人们对周围事物有目的、有计划、有准备的知觉活动。幼儿教师的观察力主要指对幼儿直觉的、原样的、不加任何操作的自然观察能力，表现在随机观察和有计划的观察中。

（1）随机观察

在随机观察时，观察能力的高低表现为教师能否敏感地捕捉到幼儿发出的动作、表情或语言等方面的信息，并且快速地做出正确的判断和反应。这类观察可在平日生活的任何时候、任何环节发生。凭借这种能力，教师达到与幼儿的沟通，从而进行有效的指导。

（2）有计划的观察

有计划的观察要求预先有拟定的观察项目，教师根据观察内容选择最有代表性的场景，列出最能反映问题本质的观察要点，然后按计划进行观察。这类观察的主要内容包括以下两个方面。

①观察幼儿个体的发展状况及其个体差异。观察幼儿的发展状况和差异是为了了解幼儿现有水平和不同幼儿在发展水平、速度、技能、能力上的差异，进一步探明幼儿内部需要和最近发展区，为教师制订教育计划、创设教育环境、设计和指导教育活动、及时地应答幼儿的需要等提供依据。一位教师曾有这样的体会："过去手工课，我总是让全班幼儿按我的示范要求统一做。我的注意力集中在大喊不会做的幼儿身上，帮了这个帮那个，忙得什么也没仔细看。后来尝试观察幼儿的操作，从幼儿的小肌肉入手，发现幼儿的差异很大。积累了一定的资料后，经过进一步的分析、比较，我将全班幼儿平分为五等，布置任务时，按幼儿的不同水平提出要求，基本做到任务难度略高于幼儿现有水平。总之，哪个能做什么不能做什么，我心中有数了。"这说明发展型教育必须从观察开始。对幼儿现有状况的了解，有助于把握不可见的幼儿发展的"下一步"，这是促进幼儿发展最有意义然而又最困难的课题之一。教育既要促进幼儿发展，但又不能操之过急，拔苗助长。如何把握这个"度"？解决这个难题最可行的办法，对教师来说就是对幼儿长期地、深入地观察。每个幼儿的现有水平和"下一步"都不同，只有观察才能发现这些差异，让教育建立在幼儿发展可能性的科学基础上。

②观察幼儿个体发展的独特性。幼儿发展的独特性是幼儿个体差异的重要方面。观察幼儿不同于他人的独特之处，如幼儿的兴趣爱好、认知特点、情绪情感特征、性格等。这种观察为教师因人施教、发展每个幼儿的个性提供依据。没有这种观察，教育就会千人一面，机械划一。教师就会用头脑中固有的经验去贴标签，用统计学上的、心理学上的幼儿"常模"去代替每个现实中的幼儿，于是就会用千篇一律的方式，而不是最适合每个幼儿的方式与之相互作用，这样幼儿的个性得不到健康发展，相互作用的质量便大大降低了。更有害的是，凡不适合教师统一方式的幼儿会容易被误以为水平低、能力差，给这些幼儿的身心发展造成不良影响。

3. 组织管理能力

组织管理能力是指教师组织幼儿一日生活中各项活动的能力。作为一个年龄班幼儿集体组织者的幼儿教师，他的组织才能对于教育工作，以及班集体的形成和幼儿的成长有着极重要的影响。一个善于有计划地进行工作，并能组织幼儿集体的教师会得到幼儿的爱戴和敬佩。反之，如果幼儿教师缺乏组织能力，教育活动就不会取得好的效果，甚至可能使教育活动无法进行，成为"乱"班，使幼儿集体涣散，对幼儿个性的形成产生极不良的影响。

幼儿教师的组织能力首先表现在善于制订教育工作的计划、备课、组织幼儿日常生活的各项活动与各个环节及游戏、上课、体育活动上。教师必须充分估计各项活动的时间和内容，要充分考虑幼儿的发展水平及各种具体情况，善于规划自己的行动，做到计划性和灵活性相结合。使幼儿的活动很充实，既不过分匆忙也不拖延时间。教师还要善于吸引全班孩子的注意，调动每个孩子的积极性，使他们能够积极参加活动。在活动中要充分发挥每个幼儿的主体作用，既使他们的积极性和才能得到发挥，又要引导他们互相关心，遵守集体规则。

4. 教育监控能力

近年来，研究者越来越注意到教师教育监控能力是教师教育教学能力与教师综合素质的重要方面，它对教师的教育认知水平和教育行为的改善有着直接的影响，同时也是影响教育效果和儿童发展的核心因素。

（1）教育监控能力的含义

教师教育监控能力，是指教师为了达到预定的教育目标，在教育的全过程中将自己所进行的教育活动和行为本身作为意识的对象，不断地对其进行积极、主动、自觉的计划、监察、反馈、评价、反思和调节的能力。这种能力主要可以分为三个方面：一是教师对自己所要进行的教育活动的事先计划和安排；二是对自己实际教育活动过程中的教育教学能力、教育行为及儿童的发展状况进行有意识的监察、反馈和评价；三是对自己的教育活动和行为进行反思，校正和有意识地进行自我调节与控制。

（2）教育监控能力的结构

依据教师教育监控能力在教育过程不同阶段的表现形式的不同，将教师教育监控能力划分为以下四个部分。

①计划与准备能力。计划与准备能力是指教师在为教育活动做准备的过程中体现出的教育监控能力。即教师在进行具体的教育活动之前，分析所要面临和解决的教育任务及教育情境中的相关因素，如教材、儿童的兴趣和需要、儿童现有的发展水平和潜能等，结合自己的教育教学能力、风格、特点和经验，确立适宜的教育目标，制订教育计划，明确所要进行的活动内容，然后根据这一特定目标和内容安排教育的步骤，选择教育的策略，构想设计出解决各种问题的方法，并预测教育过程中可能出现的问题及可能达到的教育效果等。

②反馈与评价能力。这种能力表现在教师在教育过程中随时监控班级的状况，密切关注儿童的反应和参与活动的程度，不断获取教育活动各要素变化情况的反馈信息，并根据儿童的反馈或是教师根据自己将实际教育活动、教育行为同预定的教育目标相比较所获得的自我反馈等信息，针对预先设定的教育目标客观地认识和评价自己的教育过程、教育方法、教育策略、教育效果、教育行为及儿童发展和进步的状况。

③控制与调节能力。这种能力是指在教育过程中，教师根据反馈信息和新情况有意识地、自觉地发现和分析教育过程中存在的问题及其原因，并据此及时调节教育活动的各个方面和环节，对自己下一步要进行的教育活动和教育行为进行调整与修正的监控能力。

④反思与校正能力。该能力是指在一次或一阶段的教育活动完成之后，教师对自己已完成的教育活动的全过程进行深入的总结和反思，并进行相应校正的能力。教育监控能力较高的教师，在教育活动完成之后，通常会回顾和评价自己已经进行的教育活动和过程，反省自己所组织的教育活动是否适合儿童的实际水平，是否能够有效地促进儿童的发展；仔细分析自己在教育过程中哪些方面是成功的，哪些方面还有待改进；反思自身教育行为的特点与不足等，并进行相应的调整和校正。

关于幼儿教师的能力素质，除上述能力之外，还有许多其他能力，如儿童指导的能力，组织生活活动、游戏活动和作业教学活动的能力，环境创设能力，教育研究能力等都是十分重要的。

第三节 幼儿教师的专业成长与教育

教师的成长和幼儿的发展是一个连续体，只有教师持续不断地发展，才能不断地为幼儿提供有意义的学习经验，从而促进幼儿的发展。因此，为了幼儿，教师必须不断提高自己的专业水平。此外教师的专业成长，也是幼儿园教师提高其职业之社会地位，实现其内在生命价值的需要。幼儿教师的专业成长是教师个体不断接收新信息，增长专业能力，成为相对成熟的幼儿教育专业人员的过程。

一、专业化幼儿教师的特征

当代教师专业发展的一个重要趋势是促使“经验型教师”向“专家型教师”转化。“专家型教师”也称为“专业化的教师”，是教师专业成长与发展的最高目标。到底何谓“专业化的教师”呢？美国的丽莲·凯茨认为，专业化的教师是能够在教育过程中游刃有余的教师，即具有“运用专业知识诊断、分析事情的前因后果，思考各种可能的行动方式，并评估行动及决定可能产生的长远后果”的判断决策能力。

1. 自我反思，看待问题时深思熟虑，具有较强的自我意识和自我调节能力

专业的幼儿教师具有自我审视的能力，能掌握自己的风格和情绪，进而去感受及认识自己的行为是如何影响幼儿和工作本身的。在教学上，能在适当的时间，基于适当的理由，做出适当的决定。而在自我方面保持不断成长、不断求进步的意志。唯有如此不断地自我思考与反省，才能使自己向更专业的领域迈进，进而成为一个被自己肯定、被他人尊重的幼儿教师。

2. 研究幼儿，根据对幼儿的观察和分析选定行动方法，制订相应方案

专业化教师会利用可靠的专业知识以及自己的观点做出判断，着眼点是幼儿的长远发展，而非专业化教师更关注眼前的情况，希望在最短时间内找到解决问题的办法，而不是仔细考虑幼儿出现问题背后的深层原因，忽视了幼儿长远的发展利益。所以，专业化教师必须同时具备三个条件：专业知识、自身修养和正确的儿童观与教育观。

二、幼儿教师的专业成长历程

一种职业的社会地位和学术声誉，首先取决于它的专业化程度，从理论上说，幼儿教师职业应该被视为专门职业，因为它要求教师有系统的专业理论知识做支撑，有专门的技能做保证，要求教师以“儿童利益高于一切”作为行动的原则，要求教师能“专业自主”——对于教师个人来说，意味着能运用专业知识进行独立判断和决策。但事实上，幼儿教师这一职业的学术地位和声誉，远不如律师、医生、工程师。在一般

人的眼里，幼儿教师无论是从技术还是科学的创造上来说都不是一个专家，而只是一个知识的传递者，这是任何人都能做到的，甚至教师们自己也这样认为。更有甚者，将幼儿教师称作“高级保姆”。传统教育中教师仅仅是“知识传递者”的角色定位，严重限制了教师的专业成长，同时也降低了教师的社会地位和声望。因此，只有不断提高教师职业专业化水平，才能赢得社会的认同与尊重，扩大幼儿教师在社会中的影响，社会地位才能提高。

1966 年，联合国教科文组织在《关于教师地位的建议》中提出应该把教师工作视为专门职业，认为它是一种要求教师具备经过严格训练而持续不断的研究才能获得并维持专业知识及专门技能的公共服务。教师专业发展强调教师作为一个教育教学的专业人员，要经历一个由不成熟到相对成熟的发展历程。并且，教师作为一个发展中的专业人员，其发展的内涵是多层面、多领域的，既包括了知识的积累、技能的娴熟、能力的提高，也涵盖了态度的转变、情意的发展。1984 年，全美幼儿教育协会（NAEYC）在许多会员、幼儿家长和关心幼儿的各界人士的共同努力和支持下，颁布了一个高质量的幼儿教育机构的认证标准（1991 年修订）。制定这个认证标准或评价标准的目的是帮助幼教工作者提高幼儿教育的质量，同时确认高质量的幼教机构。通过这种评价，还可以使家长认识到什么是高质量的幼教机构，促使人们更好地理解质量的含义，从而使整个幼教机构的质量得到提高。其中提出，每一类幼儿教师都非常重要，教师助手、协助教师、首席教师和视导员代表了教师专业成长的不同水平。萨若科和斯波戴克也将幼儿教师专业成长过程分为幼儿教师助手—协助幼儿教育—幼儿教师—幼儿教育专家几个阶段。通常我们认为教师专业的发展可以划分为新手教师（这个阶段教师常会出现教学失误）、熟练新手教师、胜任型教师（教师获得了更多的教学经验并能够自觉地调节自己的教学活动）、业务精干型教师和专家型教师五个阶段。所有教师都是从新手阶段起步的，新手教师往往认为教学就是传递知识，认为具有某种学科的知识就能教授这门学科，认为学会教学仅仅是一个经验积累的过程。这些不正确的认识在实践中会逐渐得到改变，而在这个改变与重新建构的过程中，教师的专业成长之路经历了从新手到专家的发展过程。

在我国，通过幼儿教师角色从“保姆”到“教师”的历史演变，我们可以清晰地看到幼儿教师的职业声誉经历了从非专业性到促进专业性的转变。教师的培养模式也经历了知识模式—能力模式—实践反思模式—终身专业成长模式的变化，以前的知识模式重视教师的知识拥有量，能力模式重视教师的教学技能，实践反思模式重视教师的个人知识形成与教学机制，终身专业成长模式重视教师的继续学习能力与成长环境的互动。通过培养重心的转变，人们对教师素质的要求也越来越高，教师自身的专业化成长势在必行。

三、幼儿教师专业成长的基本途径

《专业标准》强调幼儿园教师要具有不断进行专业化学习、实践、反思和提高的意识与能力。这既是现代社会发展、教育改革对教师的必然要求，也是幼儿不断成长的必然要求。幼儿教师专业化发展需要一个长期的过程，是一个终身学习的过程。在这个过程中，幼儿教师面临的一个主要的矛盾就是如何把自己的教育观念转化为教育行为，而这一矛盾突出表现为教师的“显概念”和“隐观念”之间的冲突。教师的教育观念分为两种：一种是教师从学校里学习到的，根据社会发展规律和儿童身心发展规律提出的教育理论，叫“显概念”；另一种是教师头脑中已有的，来自日常生活经验、社会传统观点和教师过去工作经验所形成的关于教育的观念，叫“隐观念”。作为“显概念”的教育理论对教师教育行为的影响并不是直接的，而是通过对头脑中已有的“隐观念”进行斗争和改造，才能转化为自己正确的教育行为。因此，教师要不断用“显概念”改造和战胜“隐观念”，使理论的科学的教育观念转化为真正能指导实际教育行为的观念。不仅如此，教师还要不断学习，提高专业素质，积累经验，使自己掌握的教育观念有效转化为科学的教育行为。幼儿教师成长与发展的基本途径包括以下几个方面。

1. 职前教育——接受幼儿师范教育

我国幼儿教育职前教育体系的层次较之以前丰富，且向高层发展。现在，许多学校由中专升格为大专、大专升格为本科，招收的学生从初中为起点向高中转移，硕士生、博士生的招生规模也正迅速扩大（见表 4-1）。

表 4-1　我国幼儿教师培养体系

层次	中等幼儿教师教育		高等幼儿教师教育	
类 型	幼儿师范学校	三年制 3+2 模式	专 科	二至三年制；五年一贯制
	普通师范幼师班	三 年 制	本 科	四年制
			硕 士	三年制
	职业高中幼师班		博 士	三年制

在 3～5 年的幼儿师范学校专门训练中，未来的幼儿教师要学习从教必需的知识、技能，对教师行为规范有一定的了解和认识，知道哪些行为是正确的，哪些行为是错误的，对自己将要承担的教师角色身份有全面而正确的认识。

2. 入职教育——新教师培训

求生存是每位刚步入幼教行业的新教师所必须面对的最初的挑战。由于教学技巧不熟练，常常面对幼儿的反应而不知所措。这个阶段的压力及教学挫折都是正常现象，并非不能胜任幼教工作的征兆。当新教师遇到挫折时，园长或园内资深教师应给予现场辅导，帮助他们解答对于幼儿行为问题及教学上的疑惑，给予精神上的鼓舞与肯定。通常采用的方法有以下几个。

（1）微型教学

微型教学使新教师分析自己的教育教学行为更加直接和深入，增强了改进活动组织的针对性。

（2）观摩和分析优秀教师的教育教学活动

课堂教学观摩可分为组织化观摩和非组织化观摩。一般来说，培养新教师宜用组织化观摩，这种观摩既可以现场观摩，也可以观看优秀教师的教育教学录像。非组织化观摩要求观摩者有相当完备的理论知识和洞察力，否则难以达到观摩学习的目的。

(3) 通过反思提高教育教学能力

反思是教师着眼于自己的活动过程来分析自己做出某种行为、决策及所产生的结果的过程，是一种通过提高参与者自我觉察水平来促进能力发展的手段。美国学者波斯认为：教师的成长=经验+反思。对于幼儿教师培训而言，经验是培训活动无法超越的，而教师的反思能力可以通过各种干预性研究得以加强。因此，对幼儿教师反思能力的培养研究成为幼儿教师培训实践的核心问题。《专业标准》也特别在“基本理念”和“专业能力”中提出了对教师反思与自主发展的要求，明确指出幼儿园教师在教育工作中应“主动收集分析相关信息，并不断进行反思，改进保教工作”；同时，应制订个人专业发展规划，通过不断的学习、实践、反思，不断提高自身专业素质，从而为学前教育质量的提升和幼儿一生的健康发展打下良好的基础。

3. 职后教育——在职进修

随着时代发展和科技进步，新的教育理论和方法不断涌现。教师必须具备终身学习的观念和强烈的研究意识，不断追求新知，才能使自己与时俱进。幼儿教师职后教育的主要途径就是在职进修。教师的业务进修主要包括自学、定期脱产进修、参加教研活动，如观摩、相互研讨、参加教育专题研究、调查研究，运用教育理论审视自己的教育实践，发现问题、分析问题、解决问题等。

(1) 幼儿教师职后中等教育体系

该体系正在萎缩，且逐步集中于保育员培训、农村学前班、少数老少边远地区的幼儿教师培训。该体系分为如下几种。

第一，幼儿园教师专业合格证培训。

第二，中等幼儿教师在职学历教育，函授、夜大、全日制脱产班和全省统一的自学考试等。

第三，幼儿教育专题培训，由省市幼教培训中心、师范进修学校举办的专题培训。

第四，经常性的教研科研活动。

(2) 幼儿教师职后高等教育体系

由于社会对幼儿教师素质要求越来越高，幼儿教师自身也有成长的需要，我国职后教师教育发展迅速。职后高等教育已成为我国幼儿教师获得高等学历的主要途径。我国约七成的具有高等学历的幼儿教师通过职后而非职前教育获得学历。职后高等幼儿教师学历教育体系同职前高等教育基本相同，分为专科、本科、硕士和博士四个层次。非学历教育包括专题培训班、助教进修班、研究生课程班等，还有大量的园本培训。可见，学前教育师资队伍的职后培训也是促进队伍专业化建设的重要途径。因此我们需要健全学前教育师资队伍的职后培训制度，增进学前教育师资队伍的专业化水平。

教师专业发展对学生学习能力的提高、对教学质量的提高乃至对整个教育质量的提高将产生巨大影响。因此，许多国家都在寻求教师专业化发展的道路，制订教师专业化发展的计划，提出一些有效的措施。如美国未来与教育全国委员会提出，要加强未来教师的专业训练，尤其是掌握计算机从事教学的技能；要确立全国优秀教师证书制度，希望给予美国最好教师高的报酬；教师应能适应和胜任多媒体网络化教学；呼吁有更多的优秀青年终身从事教师职业。奥地利的教师教育以“求同”战略为指导，以“专业化”思想为主导，以提高质量为目的进行了一系列改革，在“专业化”思想推动下，学生必须学习教育学、学科教学论和进行教学实习。不管哪种途径，总之体现了终身学习的理念，适应了国际教师专业发展与教育改革的趋势，同时也适应了教师需要不断学习、提高的职业特别要求，每一位教师都应具有终身学习与持续发展的意识和能力，通过不断的学习、研究与实践，不断提高专业素质。

总之，幼儿教师教育的专业化要求不断提高，美、日、澳等国都有教师教育的专业协会来规范幼儿教师教育机构，实行资格认定制度和定期的资格再认定制度。我国也严格执行幼儿园教师资格认证制度，其目的都是促进整个幼儿教师队伍的专业化成长与发展。我国在 1993 年通过的《中华人民共和国教师法》中把教师视为履行教育教学工作的专业人员。自 1994 年 1 月 1 日开始，我国各地相继实行了幼儿教师资格制度，幼儿园教师的资格认定一般包括：①遵守宪法和法律，拥护党的基本路线；②热爱幼儿教育事业，爱护幼儿，具有良好的思想品德，为人师表，忠于职责；③具备幼儿师范学校毕业及其以上学历，或经国家教师资格考试合格；④有教育教学能力，努力学习专业知识和技能，提高文化和专业水平；⑤身体健康，认定合格者，均可取得幼儿教师的资格。从 1996 年起，我国幼儿园教师实行了聘任制，对有幼儿教师资格的人员进行招聘，择优录用。2011 年 12 月 12 日，为促进幼儿园教师专业发展，建设高素质幼儿园教师队伍，根据《中华人民共和国教师法》，教育部特制定《专业标准》。该文件是国家对合格幼儿园教师专业素质的基本要求，是幼儿园教师开展保教活动的基本规范，是引领幼儿园教师专业发展的基本准则，是幼儿园教师培养、准入、培训、考核等工作的重要依据。《专业标准》强调幼儿园教师要具有不断进行专业化学习、实践、反思和提高的意识与能力。这既是现代社会发展、教育改革对教师的必然要求，也是幼儿不断成长的必然要求。教育部研制的一系列有关教师和教师教育的标准，将引导幼儿教师和幼儿教师教育向着专业化、规范化和高质量的方向发展。

思考训练
SIKAOXUNLIAN

1. 幼儿教师的工作任务是什么？
2. 幼儿教师应具备的专业素养有哪些？
3. 如何实现幼儿教师的专业成长？

活动实践
HUODONGSHIJIAN

1. 以“我心中的优秀幼儿教师是这样的”为主题，交流讨论。
2. 结合自身实际，制订一份促进自身专业发展的三年计划。

第五章　幼儿园教学活动

学习目标 XUEXIMUBIAO

1. 了解幼儿园教学活动的概念、特点及原则。
2. 掌握幼儿园教学活动的方法和手段。
3. 了解幼儿园教学活动的组织形式。
4. 掌握幼儿园教学活动设计的四个基本要素。

案例引入 ANLIYINRU

一节科学课上，老师通过燃烧实验帮助幼儿了解塑料袋燃烧会污染空气。实验完成后，老师问："塑料袋燃烧时产生的烟是什么颜色的，废纸燃烧时产生的烟是什么颜色的呢？"幼儿争执不休，开始大声吵闹。老师建议幼儿再次观察实验，可听到的声音还是"都是白的""塑料袋是灰的""都是灰的"……整个课堂闹哄哄一片。老师傻眼了，为了能完成教学任务，他以权威的口气给出了结论："塑料袋燃烧时的烟是黑灰色的，废纸燃烧时的烟是白色的。"

分析上述案例，你认为这个教学活动组织得成功吗？如何才能组织好教学活动？组织教学活动的原则是什么？

第一节　幼儿园教学活动的概念、特点及原则

一、幼儿园教学活动的概念

《幼儿园教育指导纲要（试行）》第三部分"组织与实施"第 2 条指出，幼儿园教学活动是教师以多种形式有目的、有计划地引导幼儿生动、活泼、主动活动的教育过程。因此，幼儿园教学活动是以幼儿为主体，在教师创设的符合幼儿身心发展规律、需要和特点的多种形式的活动中，在与环境材料相互作用的过程中，引发幼儿积极参与、主动探索、大胆表现的活动，是以促进幼儿全面、健康、和谐、整体发展为最终

目的的活动。

二、幼儿园教学活动的特点

幼儿教育活动由教学活动、游戏活动、日常生活活动等各个部分共同组成。幼儿教学活动有其独自特点。具体来说有以下几个方面。

1. 幼儿园教学活动具有目的性、计划性

在进行教学活动之前，教师首先要依据教育的目标、幼儿已有的发展水平以及幼儿的兴趣、需要，制定本次活动的具体目标，选择相应的教学内容、教学方法和活动的组织形式。也就是说，在进行教学活动之前，教师首先要制订好完整的教学计划。

2. 幼儿园教学活动具有情境性、可操作性

幼儿的学习不是一个被动接受的过程，而是一个主动的建构过程。幼儿的兴趣和需要是其学习的内在动力。幼儿在学习过程中能做的只是与他们兴趣相符的事情。这就需要教师要能将预定的教育目标和内容转化为幼儿自己的需求，以激发起幼儿学习的兴趣和求知欲，使他们主动参与活动，积极进行学习，身心获得更好的发展。

3. 幼儿园教学活动具有互动性

教学通常由教师、学生、教学内容、教学手段四要素组成。教学是由这些要素相互制约、相互影响而形成的对立统一的整体。于是便形成了四种关系，即教师与学生之间的关系，教师与教学内容、教学手段的关系，教学内容与教学手段的关系。这四种关系，也就构成了教学过程中的四个矛盾。在四个矛盾中，教师的教和学生的学的矛盾是教学过程中的主要矛盾，其他则为次要矛盾。教与学之间的矛盾，对其他矛盾起领导、决定、制约、支配的作用。教学过程，其实就是教师的教与学生的学之间一个又一个的矛盾不断得到解决的过程，教学内容、教学手段不过是师生关系的中介，是联结二者的纽带。

教学活动是教师的教和幼儿的学相统一的过程。教学活动中，通过师生、生生、个体与群体的互动、合作学习，可以极大地提高幼儿的学习兴趣，有效地提高幼儿的学习效率。幼儿的一举一动，甚至面部表情的些许变化，教师也能心明如镜，知之甚深。教师可以根据这些动作表情的变化及时调整教学计划。

三、幼儿园教学活动的原则

幼儿园教学活动的原则是指导教学活动的一般原理。它是根据幼儿的特点、幼儿教学的特殊性制定的。它是幼儿园长期教学实践经验的总结。幼儿园教学活动的原则主要有科学性原则、发展性原则、直观性原则、灵活性原则、因材施教原则等。

（一）科学性原则

这里所说的科学性，包括学科内容的科学性和教学方法的科学性。

1. 学科内容的科学性

学科内容的科学性是指教师向幼儿传授的知识是正确的、经得起实践考验的。教学内容的安排应由浅入深、由易及难、由具体到抽象。注重教学内容的科学性，是因为幼儿知识贫乏，并且鉴别能力差，分不清正误。只有贯彻学科内容的科学性原则，才能保证幼儿正确感知客观事物，逐步形成正确的概念，获得积极的情感体验。

2. 教学方法的科学性

教学方法的科学性是指教师向幼儿传授知识的方式、教学组织形式等既要符合学科的特点，又要符合幼儿身心发展的阶段性特点。一方面，幼儿园的教学内容涉及体、智、德、美的各个领域。每个领域都既有一般的教学方法，又有本领域内特有的教学方法。而且，各种教学方法各有长短。这要求教师综合使用各种教学方法科学地进行教学活动。另一方面，幼儿的身心正处于发展时期，具有阶段性和不平衡性等特点，这就要求教师在教学中能充分考虑到幼儿的身心发展状况。

（二）发展性原则

幼儿处于人生发展的初期，很多特征正在形成或尚未产生。教师必须认识到幼儿的发展性和可塑性，适当地给予帮助。教师既不能不顾幼儿当前的发展水平，也不能忽视幼儿未来的发展方向。苏联著名心理学家维果斯基认为，教学是一种人为的发展，也就是说教学应该走在发展的前面，引导着幼儿发展。教学在幼儿发展中的决定作用表现在，教学影响着发展的方向、内容、水平、速度，即教学创造着最近发展区。

发展性原则的另一方面，要求教师在体、智、德、美多方面展开教学活动。教师在教学活动中，要根据不同年龄幼儿的发展阶段和水平，选择一定难度的学习内容，并且逐步加深，从而促进幼儿持续不断地发展。

贯彻这一原则要注意以下几点。

（1）幼儿的发展是整体的发展而不是片面的发展，教育必须促进幼儿体、智、德、美诸方面全面发展，不能偏废任何一个方面。

（2）幼儿的发展应是协调的发展。幼儿身体的各个器官、各系统机能的协调发展；幼儿各种心理机能，包括认知、情感、性格、社会性、语言等协调发展；幼儿的生理和心理协调发展；幼儿个体的需要与社会的需求之间的协调；等等。

（3）幼儿的发展是有个性的发展。教育除使每个幼儿达到国家统一要求的标准之外，还允许根据每个幼儿的特点和可能性，充分发挥他们各自的潜能，让不同的幼儿在不同的方面能够实现自己的有特色的发展，而不是千人一面。

（三）直观性原则

知识和经验的积累有直接获得和间接获得两种途径。学校所教授的知识以间接知识为主。然而，在教学活动中，尤其是幼儿的教学活动中，教师要以直观的方式来传授知识。教师可以综合运用实物、模型、标本、图片、录像等各种直观的教具丰富幼儿的直接经验；运用表情、动作、语言等丰富幼儿的感性知识。直观教具可以使知识具体化、形象化，为幼儿感知、理解和记忆知识创造了条件。

贯彻这一原则要注意以下几点：

(1) 直观教具要典型，使它能有效地形成清晰的表象并引导幼儿从展示的现象上去认识事物的本质。从感性知识上升到理性知识，促进幼儿全面深刻地掌握知识。

(2) 教具需要语言媒介、文字媒介配合。教师在运用教具时必须对幼儿进行指导，启发幼儿思考。

（四）灵活性原则

灵活性原则是指教师在教学活动中要根据各种因素的变化及时地调整教学活动。幼儿对于事件的反应程度与成人是不同的。如果某项教学活动在实施过程中被证明是不合适的，那么教师要及时地、灵活地进行调整。

教师应该从幼儿的兴趣和需要出发组织教学活动，而不能以教材为中心组织教学活动。教学内容及实施方式应适合于幼儿的特点、兴趣、爱好、动机。课程必须建立在幼儿真正需要的基础上。这样，教学计划、教学目标不再是僵死的固定不变的东西，而应在教育活动的进程中追随幼儿的兴趣和需要进行灵活的调整，体现出应有的灵活性和弹性。《幼儿园教育指导纲要（试行）》也强调教育活动主要不在于使幼儿获得某一知识和技能，而在于获得经验及有利于幼儿长远发展的情感、态度和能力，并以此决定内容的取舍和各领域的要求。

（五）因材施教原则

朱熹在概括孔子的教学经验时说“夫子教人各因其材”。因材施教不但是我国古代教学经验的结晶，还是现代教学必须坚持的一条重要原则。在教学过程中，教师在关注全体幼儿的同时，还应重视他们的个别差异，因材施教，有针对性地采取最有效、最合理的方式促进每个幼儿的发展。不同类型、不同能力水平幼儿的学习表现是极为复杂的，需要教师凭着自己的经验和智慧灵活地设计因材施教的方法。

贯彻这一原则要注意以下几点：

(1) 教师要留意观察分析幼儿学习的特点。幼儿在出现问题时的表现尤其是值得分析的迹象，从中有可能发现他们独特的认知特征和动机倾向。幼儿在学习中明显的顺利也是值得关注分析的，从中可以发现幼儿擅长解决什么样的问题和学习的动力所在。

(2) 对待学习效果差的幼儿，要做具体分析，区别对待。由于思维水平、学习风格、学习动机等方面的限制，有些幼儿的学习效果较差。因此，教师必须从动机的激发和学习方法的指导等多方面入手，采取不同的措施使幼儿在自尊自信的状态下学习。如果教育不得法，伤害了幼儿的自尊心和自信心，对幼儿的发展不利。需要指出的是，因材施教并非是要（也不可能）减少幼儿的差异。教师对于不同特点的幼儿应设计不同的发展蓝图，这样才能有意识地进行培养。

以上五个原则是教师进行幼儿园教学活动所要遵循的基本原则。另外，教师在教学过程中还要遵循尊重幼儿的人格尊严和合法权益的原则。幼儿首先是一个人，享有人的尊严和权利。幼儿虽然年龄小，但是他们和教师之间的关系是平等的人与人的关系。教师要将幼儿作为具有独立人格的人来对待，尊重他们的思想感情、兴趣、爱好、要求和愿望等。如果教师的言行中处处体现对幼儿的尊重，注意倾听幼儿的意愿，就会使幼儿意识到他们在这个世界上是有价值、有能力、不可或缺的一部分，从而建立起自信心，获得良好的自我定位，为自身的继续发展奠定基础。反之，教师如果随意呵斥、责备、惩罚幼儿，让幼儿常常感受到委屈、羞辱，他们便会认为自己是无能的、被人看不起的，从而丧失基本的自尊与自信。这种消极的自我概念一旦形成，将会影响幼儿终身的发展。

第二节　幼儿园教学活动的方法、手段及组织形式

一、幼儿园教学活动的方法

教学方法是教师和幼儿为了实现共同的教学目标，完成共同的教学任务，在教学过程中运用的方式的总称。幼儿园教学活动方法的选择受到教学目标、教学内容、幼儿实际特点、教师的自身素质、教学环境条件等多方面的影响。

依据教师与幼儿的角色地位，主要有教师中心的方法，包括讲授、提问、演示等方法；幼儿中心的方法，包括参观、练习等方法；相互作用的方法，包括讨论、角色变换等方法。考虑到幼儿的注意力和思维力的发展水平，教师可以适当多使用幼儿中心的方法和相互作用的方法，以提高幼儿的学习积极性。

（一）讲授法

讲授法是教师通过生动的口头语言向幼儿传授知识、发展幼儿智力的方法。这种方法在教育活动中应用广泛，不仅用于向幼儿传授新知识，还广泛用于各种活动的组织，是语言教学活动的主要方法。

1. 运用讲授法要注意

（1）讲授既要重视内容的科学性和思想性，同时又要尽可能地与幼儿的认知基础发生联系。

（2）讲授应具有启发性。

（3）讲授要讲究语言艺术。语言要生动形象、富有感染力，条理清楚、通俗易懂，语速要适度，语调抑扬顿挫，适应幼儿的心理节奏。

（4）讲述要简明扼要、重点突出。要运用儿童化语言，让幼儿能听懂。

讲授法的优点是教师容易控制教学进程，能够使幼儿在较短时间内获得大量系统

的科学知识。但如果运用不好，幼儿学习的主动性、积极性不易发挥。

2. 讲授法的使用原则

（1）杜绝填鸭式的灌输教育，重视幼儿学习的兴趣趋向。过去我们很重视教育的即时效应，一次活动要追求一个明确的结果，一个阶段要实现一个预定的目标，在评价教育活动的效果时也是把目标的达成度作为唯一衡量的标准。于是我们就看到了许多填鸭一般的知识灌输和严肃的技能训练。

我们应以发展的潜在性问题为立足点，以幼儿的兴趣趋向为依据，进行有创造性的有效活动。

（2）放弃“循规蹈矩”的教授教材的现象，提倡“适宜性”的教育。一直以来我们习惯于使用一套“好教材”进行教学，而忽视了决定教育有效性的关键因素——适宜性，这不仅使教育因此失去了针对性，在相当程度上严重制约了教育的效果和幼儿的发展，而且直接限制和妨碍了教师根据本班幼儿和地方特点，灵活地、创造性地选择、组织教育内容的能力的生成与提高。

（3）避免只重视知识和技能，忽略幼儿情感、社会性的倾向。

（二）演示法

演示法是指教师使用一些直观教具或实物进行演示实验，配合谈话或讲解引导幼儿进行系统观察，使幼儿对事物的现象获得感性认识，验证间接知识的一种教学方法。演示法包括分步演示、连续演示、局部演示、对比演示、反复演示等。演示法是一种辅助性教学方法，要和讲授法、谈话法等教学方法结合使用。运用演示法的基本要求是：目的要明确；现象要明显且容易观察；尽量排除次要因素或降低次要因素的影响。

演示法由于有很强的直观性，容易引起幼儿的学习兴趣，激发思考问题，培养幼儿的观察力和抽象概括能力。但是由于直观演示所获得的知识是感性的知识，并非理性的知识，故演示后要引导幼儿进行必要的抽象，做出明确的结论。

运用演示法要注意以下几点：

（1）课前，教师应对演示材料做充分的准备和检查，以保证演示顺利进行。

（2）要选择恰当的时机，激发幼儿的新鲜感。

（3）演示材料的形象与演示方法及演示过程中使用的语言要和幼儿认识实际相符合，尽量避免产生错觉和错误的理解。

（4）演示过程要做必要的说明和讲解。使幼儿明确先看什么，注意什么问题，使幼儿有针对性地学习知识。

（5）保证全体幼儿都能看清演示的对象。演示也要突出重点，使幼儿抓住对象的主要部分，掌握知识的本质。

（三）观察法

观察法是指教师有计划、有目的地引导幼儿感知客观事物的一种方法。

观察法包括个别物体观察、比较性观察、长期系统性观察等形式。观察活动可以是幼儿主动的、自发的，也可以是教师专门组织的。这种方法是常识教学和美术教学的主要方法。

（四）参观法

参观法是指教师组织幼儿到博物馆、纪念馆、生产现场等去观察、学习的教学方法。通过观察和学习，幼儿获得了直接的生活经验和感性的知识。参观法打破了课堂的束缚，使教学与生活密切地联系起来，扩大了幼儿的视野和感知，增强了幼儿学习的积极性。

运用参观法要注意以下几点：

（1）参观前，教师要事先做好准备工作，定出参观计划和步骤，明确参观目的和要求等。

（2）参观中，教师要注意培养幼儿的参观兴趣，引导幼儿有目的、有重点地进行参观。

（3）参观后，教师要组织和引导幼儿通过问答、讨论等方式进行总结，真正收到参观的效果。

（五）欣赏法

欣赏法是指教师指导幼儿体验客观事物的真善美，借以陶冶情感的方法。如艺术美和自然美的欣赏，有助于培养幼儿的审美能力，丰富精神生活；道德行为的欣赏，有助于培养道德品质、高尚的理想情操；理智的欣赏，有助于培养求知兴趣、科学态度、创造精神。幼儿园各科教学都有欣赏教学因素，在音乐、美术、语言教学中运用较多。

运用欣赏法要注意以下几点：

（1）引起幼儿欣赏的兴趣，欣赏前联系幼儿的经验和当前的情境，启发诱导幼儿欣赏的愿望。

（2）利用各种情境激发幼儿强烈的情感反应，如惊讶、赞叹、钦佩、敬仰等，使幼儿受到感染和教育。

（3）培养幼儿欣赏美好事物的能力和鉴别真与假、善与恶、美与丑的能力。

（六）练习法

练习法是幼儿在教师的指导下，依靠自觉的控制和校正，反复地完成一定动作或活动方式，借以形成技能、技巧或行为习惯的教学方法。练习法对于巩固知识，引导幼儿把知识应用于实际，发展幼儿的能力以及形成幼儿的道德品质等方面具有重要的作用。

按性质和特点来说，练习法一般可分为以下三类：

（1）心智技能的练习，如阅读、计算技能的练习。

（2）动作技能的练习，如体育技能、劳动操作技能的练习。

(3) 文明行为习惯的练习，如卫生习惯、礼貌习惯、守时习惯的练习。

在练习过程中，教师需要根据练习曲线所呈现的特点和个别差异，有计划、有组织和有步骤地进行教学活动。

运用练习法，一般要求有以下几点：

(1) 明确练习的目的和要求，精选练习材料。在练习时，不仅教师要有明确的目的，而且也要使幼儿了解每次练习的目的和具体要求，并依靠对教材的理解自觉地进行练习。练习材料要根据练习目的、幼儿实际情况以及学习和生活上的实际需要加以选择。

(2) 正确的练习方法。练习方法要按照确定的步骤进行，不管何种练习，都要求幼儿思维的积极性。练习开始时，教师通过讲解和示范，使幼儿获得有关练习的方法和实际动作的清晰表象。练习要先求正确，后求熟练。练习的方式要适当多样化，以提高幼儿练习的兴趣和效果。

(3) 适当分配练习的次数和时间。技能、技巧或习惯的形成，都需要足够的练习；但是，练习的次数和时间，要根据学科的性质、练习的材料和幼儿的年龄特征来确定，不是越多越好。

(4) 了解练习的结果。每一次练习之后，检查哪些方面有成效，哪些方面存在着缺点或错误，保留必要的、符合目的的动作，舍弃多余的动作，或组织一些校正性练习。

(七) 谈话法

谈话法是指用提问、答问、讨论等方式进行教学的方法。教师可以通过提问，引导幼儿运用已有的知识经验回答问题，借以获得新知识或检查知识、巩固知识。这种方法容易集中幼儿的注意力，激发幼儿积极的思维活动，发展语言表达能力，提高教学效果。谈话法包括启发式谈话、再现谈话、讲授谈话等形式。

运用谈话法，一般要求有以下几点：

(1) 要在幼儿已有的知识经验基础上进行。

(2) 所提的问题须经过周密思考，要围绕主题、紧扣教学目的，具体明确，富有启发性，既要面向全体幼儿，又要照顾个别幼儿的水平。

(3) 问题要有逻辑性，以引起幼儿步步深入思考。

(4) 教会幼儿注意听清问题，针对问题用响亮声音回答，培养幼儿回答问题的能力和良好习惯。

(5) 教师要注意耐心倾听幼儿的回答，及时肯定、补充，做出明确的结论。

(6) 鼓励幼儿向教师质疑。

(八) 讨论法

讨论法是在教师的指导下，幼儿以全班或小组为单位，围绕某一问题，各抒己见，通过讨论或辩论活动，获得知识或巩固知识的一种教学方法。其优点在于，可以活跃课堂气氛、培养合作精神、激发学习兴趣。

运用讨论法，一般要求有以下几点：

（1）讨论的问题要有吸引力，要符合幼儿的生活经验。

（2）讨论过程中，教师要善于启发引导幼儿自由发表意见，让每个幼儿都有发言机会。

（3）讨论结束时，教师应进行小结，概括讨论的情况，使幼儿获得正确的观点和系统的知识。

二、幼儿园教学活动的手段

教学手段是传递教学信息的媒体和教学的辅助用具。它的发展经历了从学校产生以来在教学中逐步采用的黑板、粉笔等一般化教学手段，到19世纪末以来在教学中运用的电气化的教材和教具，即现代化教学手段。随着教育现代化的逐步深入，多媒体教育手段得到越来越广泛的运用。

（一）教学手段应用的意义

1. 提高幼儿学习兴趣，促进幼儿积极思维

现代化教学手段集声音、图像于一体，视听并举，动静兼备。这容易吸引幼儿的注意力，能激发幼儿的学习兴趣。幼儿在积极思维和表述中进行综合、对比、概括、分析、想象、联想、评价，对于开发幼儿智力，培养幼儿的思维能力、表达能力和创新能力是极为有利的。

2. 扩大课堂知识的容量，丰富课堂教学内容

随着人类社会的不断进步，科学技术文化的不断发展，知识总量在急剧增加。如何在有限的课堂教学时间内扩大知识的信息量，提高课堂教学效率，是教学改革的重要内容。运用现代化教学手段，教师在上课前将教学目标、板书设计、地图、图片等制成胶片、录像带或光盘，在课堂上配合教学进行展示，这样做既节省了时间，又可以适当补充一些与教材有关的知识，大大丰富了课堂教学内容，扩大了广大幼儿的眼界。

3. 减轻幼儿记忆负担，降低理解难度，提高幼儿学习效率

研究表明，视听并行是提高广大幼儿学习效率的最佳途径。运用现代化教学手段，调动幼儿的感官，加深幼儿对所学知识的印象，提高记忆的效果和质量。

（二）教学手段现代化对教师提出的要求

教学手段的应用，受教师的常识和教学能力的制约，受教学内容的制约。

（1）教师要认识到，教学手段现代化是历史发展的必然。教学手段从传统到现代化，它的发展又经历了不断地向更高层次发展的几个阶段，其发展的基本取向是向现

代化的更高层次迈进。

（2）教师还要了解现代化教学手段的特点和强大的功能；要克服思维定式，摈弃传统教学中形成的行为陋习。现在相当多的教师中仍然存在一本书、一张嘴、一支粉笔再加一块黑板就可以“打天下”的习惯，存在对传统教学方法与手段的定式认识。所以教师自身要解决思想障碍的问题。

（3）教师应当参加教育部门组织的现代化教学手段使用培训工作，以便懂得使用现代化教学手段的理论准则，掌握现代化教学手段的使用技术。首先要进行理论学习，进修有关的现代化教学手段的理论课程，提高自身的理论水平。其次要参加现代化教学手段的使用演示，通过使用演示来掌握现代化教学手段的使用技术。还要参观现代化教学手段使用较为先进的学校，通过参观学习提高自身对现代化教学手段的认识与使用水平。

三、幼儿园教学活动的组织形式

幼儿园教学活动是通过一定的组织形式实现的。幼儿园教学活动的组织形式是教学活动中师生相互作用的结构形式，它根据教学目标和教学内容，有效地安排利用教学时间、教学空间、教具。

（一）幼儿园教学活动组织形式

一般来说，有三种基本的教学活动的组织形式：班级集体活动、小组活动和个体活动。

1. 班级集体活动

班级集体活动是指全班幼儿在同一时间以统一要求、统一步骤和方法进行同一内容的活动。它是一种最为经济的组织形式。一般来说，在教学内容需要教师直接指导，而且幼儿对该内容具有大致相同的经验和水平时，就采用集体活动的组织形式。然而，幼儿是具有个别差异的，班级集体活动难以照顾到每个幼儿的需要，难以让每个幼儿都积极参与，因此，在幼儿园过多采用班级集体活动是不合适的。

开展多种形式的班级活动对促进幼儿发展，加强班集体建设具有重要意义。

（1）班级集体活动对幼儿身心健康发展具有积极作用。幼儿正在长身体长知识时期，他们精力旺盛，求知欲强。开展多种有组织的班级集体活动，一方面可以锻炼身体，增强体质；另一方面可以增长知识，提高认识能力。在活动中，他们通过各种感官去感受事物，获得知识，开阔视野，增强思考能力。幼儿的个性品质、兴趣特长，能在班级集体活动中得到展现，也能在活动中得到发展和提高。

（2）班级活动对班级建设具有积极作用。班级集体活动是建设良好班集体的重要组成部分和最重要的内容。班级的共同努力目标要靠班级每个成员参与共同的活动而实现。班级集体活动增强集体凝聚力，调动每个集体成员积极性，形成健康积极的集体舆论和良好风气。

2. 小组活动

小组活动是指由少数幼儿组成小组进行活动。小组活动可以是教师有计划安排的，可以是教师组织引导的，也可以是幼儿自发形成的。若是教师有计划安排的或是教师组织引导的，可称为分组活动。分组的依据一般有：不同的具体活动内容；幼儿的经验水平；活动场地划分及幼儿和教师人数等。

小组活动是相对于班级集体活动而言的，它的特征是人数相对较少，因而更容易让幼儿主动积极地操作材料，与同伴、教师谈论和交流，并可按自己的速度和方式去做所需要做的事。在小组活动中，以幼儿的主动学习为主，教师的责任更多的是观察了解幼儿，并给予适当和必要的引导及帮助。如果只是采用了小组的形式，而活动过程仍然是统一要求、统一步骤、统一方法的话，是不可能做到照顾差异、因人施教的，所谓小组活动便与班级集体活动无异。

小组活动过程中应把握以下几个问题：

(1) 要让每个幼儿都能真正参与到课堂教学活动中去，成为学习的主人，才能收到合作学习应有的效果。如果课堂上用的是小组围坐的形式而无合作学习的实质，那么学习效果也只能适得其反。

(2) 要特别注意培养幼儿的主动探索精神，组织幼儿主动探求。如果课堂的形式是小组围坐的，而教学顺序依然是“教师讲授幼儿倾听”的老一套，那么小组围坐不仅徒有形式，而且会因为引起幼儿无意注意的刺激物的增多而产生出对教学的种种干扰。因此，要发挥小组围坐形式的优势，就要对教学顺序和内容进行匠心独运的设计，让幼儿在小组中能够努力调动自己已有的知识，使其重新组合、迁移，在认知的道路上开拓前进，直到解决问题或悟出规律，一旦有所突破则可能达到令人欣喜的境界。

(3) 教师应给幼儿提供发言讨论、交流思想的机会。讨论不仅是交流思想、巩固知识的一种手段，而且是培养幼儿表达能力、组织能力、合作能力，以至互相启发、活跃思维、集思广益、认识升华的过程。为使小组讨论顺利进行，应给幼儿一定的准备时间，要留有充裕的时间让幼儿讨论、做好记录，而不要走过场。

讨论开始时，幼儿讨论不起来，或者启而不发是经常会遇到的问题，教师要善于点拨和诱导，使所有的幼儿既参与讨论，又不使讨论跑题，还能使讨论向纵深发展。讨论时，让幼儿畅所欲言，不同意见可以争论，同时要制定相应的规则，以防幼儿乱吵或将讨论演变成个人冲突，教师应以赞许集体合作性的成果为主，对于有独特见解的幼儿要给予积极鼓励。让每一个幼儿在知识的探讨过程中有所收获，并且掌握获得知识的途径，形成获得知识的能力；还要通过讨论这种学习方式，让幼儿学会听取与尊重他人意见，学会宽容和理解，认识到别人的观点可以丰富自己的思维，以增强合作意识，把自我置身于集体之中，关心自己也关心他人。讨论结束后，让幼儿汇报讨论结果。通过讨论交流，将个人的思想和理解清晰地表达出来，经与他人比较和联系，以达到深层次的理解和把握，同时还会激活新思维的形成，诱发创造性，对学习有重要的促进作用，这也是新世纪现代化社会所必需的交往能力。

3. 个体活动

个体活动是指幼儿单独或一两个幼儿在一起进行活动。个体活动可以是教师安排或组织指导的，也可以是幼儿自发自主的。个体活动是幼儿的个别化程度最高的活动，教师应根据个别幼儿的特殊情况进行专门指导。

显然，班级集体活动、小组活动、个体活动这三种活动组织形式之间，除了幼儿人数多少不同这个区别外，更主要的是它们各有自己的独特功能和适用范围。在教学过程中，只采用一种形式是显然不行的。三种形式互有长短、各有作用。在具体组织活动时，我们要根据活动目标、内容以及有关情况对它们进行灵活选择。通常，一个活动中需要三种组织形式穿插综合运用。

（二）采用合理的教学组织形式的意义

1. 采用合理的教学组织形式，有助于提高教学工作的效率并使种种有效的教学方法、手段得以在相应的组织形式中运用

不同的教学方法、手段只有运用于相应的教学组织形式中，才能充分发挥其效用。通过考察教学实践及当代教学改革的种种模式可以看出，教学组织形式的改进总是同教学方法的改革乃至整个教学模式的改革融为一体的。正因为如此，许多教育学和教学论专著在论及教学组织形式问题时往往也涉及教学方法问题乃至教学模式问题；在教学实践中，人们也很难将教学组织形式同教学方法截然分开独立设计，只是为了理论研究的方便，人们才把它们抽出来，作为独立的范畴分别考察。教学组织形式同教学方法及整个教学活动模式的这种关系，决定了教学组织形式的合理与否，对教学活动的展开和效果具有直接的意义。

2. 采用合理的教学组织形式，还有利于使教学活动多样化，从而实现教学的个别化

长期以来，人们对教学组织形式的探索以及种种新形式的尝试，主要是围绕着如何使教学活动适应每个幼儿的需要、兴趣、能力和发展潜力，即如何“因材施教”而展开的；当代各国教学改革的目标之一，就是探索能使每个幼儿都获得最大发展的教学活动模式。而这些探索，主要集中在教学组织形式的改革及其相应的方法改革上。

第三节 幼儿园教学活动的设计

一、教学设计的概念

教学设计是制定具体的教学目标，将教学诸要素有序、优化地安排，形成教学方案的过程。教学设计的最终目的是提高教学效率和教学质量，使幼儿在单位时间内能够学到更多的知识，更大幅度地提高幼儿各方面的能力，从而使幼儿获得良好的发展。

教学设计是教育技术的组成部分，它的功能在于运用系统方法设计教学过程，使之成为一种具有可操作性的程序。教学设计要遵循教学过程的基本规律。教学设计以计划和布局安排的形式，对怎样才能达到教学目标进行创造性的决策，以解决怎样教

的问题。

教学设计具有以下特点：

（1）教学设计是把教学原理转化为教学活动的过程。

（2）教学设计是实现教学目标的计划性和决策性活动。

（3）教学设计以系统方法为指导。教学设计把教学各要素看成一个系统，分析教学问题和需求，确立解决的程序纲要，使教学效果最优化。

（4）教学设计是提高学习者获得知识、技能的效率和兴趣的技术过程。

二、教学设计的要素

教学设计主要包含四个基本要素：教学目标，即教学所要达到的预期目标；教学内容，即为达到预期目标所选择的知识经验；教学策略，即组织有效的教学的方式；教学评价。

（一）教学目标

教学目标是教学活动的预期结果，指向幼儿在教学活动结束后产生的行为变化。教学目标的重要性在于，它规定着教学的方向和内容，影响着教学的策略和评价。教学目标不但规定了教学活动应达到的最终结果，而且提出了达到这一最终结果的一般教学活动的程序。因此，教学目标对教学活动的深度和广度有明确的、具体的指导作用。

教学目标包括幼儿园教育目标、年龄班教育目标、学期教育目标、月（周）教育目标、一个教育活动的教育目标等不同的级别。

1. 教学目标的组成部分

一般而言，恰当的教学目标应当包含以下几个部分：

（1）行为主体必须是幼儿而不是教师。

（2）行为动词必须是可测量、可评价、具体而明确的，否则就无法评价。

（3）行为条件是指影响幼儿产生学习结果的特定的限制或范围，为评价提供参照的依据。

（4）表现程度指幼儿学习之后预期达到的最低表现水准，用以评量学习表现或学习结果所达到的程度。

2. 教学目标的功能

（1）导向作用。教学目标影响和制约着教学活动的过程和结果。可以说，教学活动的整个过程都受教学目标的指导和支配；教学活动也是为了教学目标而展开。只有教学目标正确、合理，才能保证有效地教学，否则就会导致无效的教学。所以，教学目标可以被看作教学活动的“第一要素”，确定准确、合理的教学目标也被认为是教学设计的首要工作或第一环节。

（2）控制作用。教学目标一经确定，就对教学活动起着控制作用。它作为一种约束力量，把教学人员、行政人员和幼儿各个方面的力量凝聚在一起，为实现已定目标而共同奋斗。教学目标的控制作用，还表现在总体目标对于各个子目标的规范和制约上。一般地说，高层次的教学目标必然对低层次的教学目标具有约束力，迫使低层次的教学目标与其一致并为其服务，从而使目标系统内部达到一致。

（3）激励作用。教学目标确定以后，就可以激发幼儿的学习动力，使幼儿产生要达到目标的愿望。在教学活动中，要想使教学目标充分发挥激励作用，教师就应当在研究幼儿的兴趣、动机、意志、知识和能力水平以及他们的个别差异上下功夫，只有这样，才能够把握住幼儿学习的“最近发展区”。

（4）中介作用。教学目标的中介功能，首先表现为它是教学与社会需要发生联系的纽带。社会需要同教学发生联系，主要是通过由学制规定的培养目标（学校教学目标），由教学计划、教学大纲规定的学科教学目标以及这些目标分解而成的各种具体的教学目标而实现的。各级或各个层次的教学目标，反映一定社会的政治、经济、文化、科技发展对学校教学的客观存在要求。因此教学目标具有中介功能，教学目标的实现就是学校工作满足社会对受教育者的需求。教学目标的中介功能，还表现为教学目标是教学系统内部各个要素的联结点。教学活动是教学目标，教学内容，教学方法、形式、手段及教师和幼儿等各个因素构成的动态过程。各个因素发生关系，主要通过教学目标。这是因为，正是教学目标才使教学活动的各个因素联系起来，构成一个功能系统，并使各个因素为实现教学目标而发挥各自的作用；某种教材之所以可用，某种技术手段之所以可用，是因为它们能够为实现已定的教学目标服务。可以说，正是有了教学目标，才使教学活动的其他因素有机地结合在一起，构成教学系统并使之有效地运行。

（5）测度作用。教学目标作为预先规定的教学结果，自然是测量、检查、评价教学活动成功与否、是否有效的尺度或标准。

教学目标作为教学目的的具体规定或准确规定，肯定要对教学结果予以构想和预定。构想或预定的结果是否达到、还差多远，必然需要某种尺度测量。测量的尺度是什么，自然是教学目标，因此，教学目标也具有测度功能。

教学作为一个系统的、由多因素构成并由各个环节联结而成的序列活动，既包括设计、组织、实施，也包括测量和评价。测量和评价教学活动一个周期的终结，也是下一周期的开始。它既要准确预定结果——教学目标是否实现或达到，又要确定目标达成度，还要获得调整目标的反馈信息，这些都要以已定的目标为尺度。正是通过以目标为尺度、为标准的测量和评价，教学活动才不断得到改进，逐步完善。

3. 制定教学目标的要求

（1）目标的制定要以幼儿身心发展特点为依据。幼儿的身心发展有一定的顺序性、阶段性和差异性。教师在制定目标时要充分考虑到幼儿的发展实际，避免目标与实际相差太远而无法实现的情况。同时，要综合考虑每个幼儿的实际，避免以偏概全。

（2）目标要具体明确，有可操作性、可检验性。如果目标过于笼统，那么它形同虚设。这种状况常常会造成教师指导的盲目性和缺乏针对性以及幼儿学习的无目的性。

（3）目标既包含预期的结果也包含实施的过程。

(4) 目标的陈述应有利于考虑如何对教学的结果进行科学的测量与评价。

在教学活动目标中，既要体现各领域自身的特殊性，又要体现情感、社会性等全面发展的一般性，使幼儿在各项教学活动中都能尽量获得全面、和谐发展的整体经验。

(二) 教学内容

教学内容是教与学相互作用过程中所要传递的主要信息，一般包括课程标准、教材和课程等。教学内容设计是教师认真分析教材、合理选择和组织教学内容以及合理安排教学内容的表达或呈现的过程。它是教学设计最为关键的环节，是教学设计的主体部分，其质量的高低直接影响教学活动的成败。

1. 教学内容选择的依据

(1) 教学内容的确定，是以社会对人才的需要作为依据的。社会需要什么样的人才，就制定与其相适应的教学内容。

(2) 教学内容的确定，还要以学生的身心发展、成长成才的需要为依据；以学生的认知规律和各个年龄段的特征为依据，任何脱离学生的学习需要、违背学生的认知规律和忽视学生的特征的教学内容都不会取得应有的教学效果，甚至会对学生的身心发展造成负面影响。

因此，社会对人才的需要和学生需要学什么是相一致的，教学内容的确定，既要符合社会对人才的需要，也要适应学生学习的需要，适应学生的认知规律和心理特征。

2. 教学内容和教学活动的关系

教学内容对教学活动会起到制约作用。教师和学生都要以教学内容为依据进行教与学，不能教师想教什么就教什么，学生想学什么就学什么，如若这样，教学就会陷入“无政府”状态，就会出现盲目的、混乱的教学。但是，教学内容的确定，并非是以教师的教为依据，而是以学生学的需要作为主要依据的。如果教师的教只考虑教学内容，不考虑或忽视学生的需求，这样的教学就有可能是照本宣科、无的放矢或注入式的教学。

3. 教学内容的选择

在不同的历史时期和不同的文化制度下，教学的内容是不同的。在学校还未产生的原始社会，教学内容是生产经验和群居生活共同遵守的风俗习惯。学校产生之后，教学内容不断丰富，并形成了体系。在中国，奴隶社会的教学内容主要有礼、乐、射、御、书、数六艺。封建社会的教学内容主要有五经和四书。而生产经验和生活实用知识、技能的传授在广大劳动人民当中，主要依靠父子相传或师徒授受。虽然有时也把实用科学如医学、数学等列为教学内容，但很不普遍。直到近代，数学、物理、化学、博物等自然科学才被列入学校的教学内容。中华人民共和国成立以后，各级学校的教学内容在不断改革，力求使它在实现社会主义教育目的的前提下，既适合幼儿、少年和青年身心发展的阶段，又符合当代科学技术发展的水平。在教育科学研究的基础上教学内容还将不断改进和更新，以满足为社会主义现代化建设培养人才的需要。

教学内容虽然关系到每个教师的教学工作，教师在教学过程中对教学内容的把握也会因人而异，会带有主观的、个性化的色彩；但教学内容具有一定的统一性、稳定性和权威性，教师和学生自主选择的余地不大，在教学中不会起到关键和决定性的作用。

选择教学内容要注意以下几点：

(1) 选择适宜、恰当的内容，与目标无关或关系不大的内容应该删除。教学内容的选择取决于教学目标。一定的教学内容必须满足一定的教学目标，并为这一目标而服务。

(2) 所选内容应考虑幼儿年龄特点，在幼儿的最近发展区内，既以幼儿的心理发展水平为基础，又有发展的空间。针对不同年龄阶段的幼儿应使用不同的教学内容。每个年龄阶段的幼儿在思维、语言、计算等方面的发展状况是不同的，而且同一年龄阶段的幼儿的发展状况也不同。这就要求教师充分考虑到这些实际情况，从而使每个幼儿在原有水平的基础上得到发展。

(3) 所选内容应与幼儿的实际生活紧密相连，既具有适度的新颖性，又要避免脱离幼儿的实际生活经验，应着重于幼儿身边的科学。因为幼儿的生活经验比较少，所见所闻都很有限，想象力和联想力还比较弱。从选择内容的难易度来看，教师应选择难易适中的内容。如果内容太难，幼儿就会有负担，容易产生畏难情绪和自卑心理；如果太容易，幼儿会失去兴趣，容易转移注意力，不利于良好学习习惯的养成。

（三）教学策略

教学策略是为实现教学目标，完成教学内容而制订的、适用于教学全过程的方案。教学策略包括教学方式和教学方法的选择、教学环境的设置、教学过程的组织等。教学策略具有综合性、指向性、可操作性和灵活性等特点。

1. 教学策略的特点

(1) 综合性。教学过程是一个彼此之间相互联系、相互作用的整体，其中的任何一个子过程都会牵涉到其他过程。因此，在选择和制订教学策略时，必须统观教学的全过程，综合考虑其中的各要素。在此基础上对教学进程和师生相互作用方式做全面的安排，并能在实施过程中及时地反馈、调整。

(2) 指向性。教学策略是为实际的教学服务的，是为了达到一定的教学目标和教学效果。任何教学策略都指向特定的问题情境、特定的教学内容、特定的教学目标，规定着师生的教学行为。只有在具体的条件下，在特定的范畴中，教学策略才能发挥出它的价值。

(3) 可操作性。任何教学策略都是针对教学目标的每一具体要求而制订的，具有与之相对应的方法、技术和实施程序，它要转化为教师与幼儿的具体行动。这就要求教学策略必须是可操作的。不具有可操作性的教学策略是没有实际价值的。任何教学策略都应该是针对教学目标中的具体要求而形成的，具备相对应的方法技巧。

(4) 灵活性。教学策略要根据教学情境的要求和幼儿的需要随时调整。教学策略不是万能的，不存在一个能适应任何情况的教学策略。同时，教学策略与教学问题之间的关系也不是绝对的对应关系。同一策略可以解决不同的问题，不同的策略也可以解决相同的问题。这说明教学策略具有灵活性。教学策略的灵活性还表现在教学策略的运用要随问题情境、目标、内容和教学对象的变化而变化。教学中不同教学策略面对同一学习群体会产生不同的效果，即便是采用相同的教学策略教同样的内容，对不同的学习群体也会产生不同的教学效果。

2. 教学过程的组织

教学过程，即指教学活动的展开过程，包括教学活动的准备、开始、进行、结束四部分。

（1）教学准备包括幼儿的知识技能准备、情感心理准备，以及教学环境、教学工具等物质准备。

（2）在教学活动开始阶段，教师要选择恰当的导入方式，以引起幼儿的学习兴趣。导入的方式有多种，包括教具导入、故事导入、经验导入等。尽管导入的方式很多，但是都要遵循以下原则：导语简练、目标明确、时机适宜。不管采取怎样的导入方式，目的都是让幼儿积极主动地参与到教学活动中来。所以教师要把握好导入的时间和比重，以免主次混淆。

（3）在进行中，教师要根据实际情况及时调整教学策略。俗话说，“计划赶不上变化”，不管计划得多么周密，在教学实施过程中还是会遇到各种突发状况。有些教学内容可以根据实际情况适当调整。

（4）在结束阶段，教师要采取灵活方式结束教学活动。

（四）教学评价

教学评价是依据教学目标对教学过程及结果进行价值判断并为教学决策服务的活动。教学评价的目的主要有两个：一是了解幼儿的实际发展状况，使教师能够针对幼儿的需要、特点及个体差异，决定教学活动的目标、内容及活动形式、指导方式等；二是了解教学活动的目标、内容、实施过程，以及幼儿整体的发展状况，从而评价教学内容是否符合教育目的和适合幼儿。

教学评价一般包括对教学过程中教师、幼儿、教学内容、教学方法、教学环境、教学管理诸因素的评价，但主要是对幼儿学习效果的评价和教师教学工作过程的评价。对幼儿的评价，不只是评价他们掌握与课程有关具体知识的情况，更重要的是评价他们的学习活动过程中的态度、方法、行为方式等。对教学活动的评价重点是：是否为幼儿提供了与目标相一致的学习经验，所提供的经验是否与幼儿生活经验及已有经验相联系，使幼儿可有效地进行学习。对教师的评价，主要着眼于评价教师从设计、准备直到实施每个阶段所进行的各项教学工作，包括工作的技巧和态度。

根据评价在教学活动中发挥作用的不同，可把教学评价分为诊断性评价、形成性评价和总结性评价三种类型。根据评价所参照的标准可划分为目标参照评价和常模参照评价。教学评价的方法有测验、观察、提问、作业检查、听课和评课等。

1. 教学评价的原则

（1）客观性原则。在进行教学评价时，从测量的标准和方法到评价者所持有的态度，特别是最终的评价结果，都应该符合客观实际，不能主观臆断或掺入个人情感。因为教学评价的目的在于给幼儿的学和教师的教以客观的价值判断，如果缺乏客观性就失去了意义，因此而导致教学决策的错误。

(2) 整体性原则。在进行教学评价时，要对组成教学活动的各方面做多角度、全方位的评价，而不能以点代面、一概而论。由于教学系统的复杂性和教学任务的多样化，使得教学质量往往从不同的侧面反映出来，表现为一个由多因素组成的综合体。因此，为了反映真实的教学效果，必须把定性评价和定量评价综合起来，使其相互参照，以求全面、准确地判断评价客体的实际效果，但同时要把握主次，区分轻重，抓住主要的矛盾，再决定教学质量的主导因素。

(3) 指导性原则。指导性原则是指在进行教学评价时，要把评价和指导结合起来，对评价的结果进行认真分析，从不同的角度找出因果关系，确认产生的原因，并通过及时的、具体的启发性的信息反馈，使被评价者明确今后的努力方向。

(4) 科学性原则。这条原则是指在进行教学评价时，要从教与学相统一的角度出发，以教学目标体系为依据，确定合理的、统一的评价标准，认真编制、预试、修订评价工具；在此基础上，使用先进的测量手段和统计方法，依据科学的评价程序和方法，对获得的各种数据进行严格的处理，而不是依靠经验和直觉进行主观判断。

2. 教学评价的功能

(1) 诊断作用。对教学效果进行评价，可以了解教学各方面的情况，从而判断它的质量和水平、成效和缺陷。全面客观地评价工作不仅能估计幼儿的成绩在多大程度上实现了教学目标，而且能解释成绩不良的原因，并找出主要原因。可见教学评价如同身体检查，是对教学进行的一次严谨的、科学的诊断。

(2) 激励作用。评价对教师和幼儿具有监督和强化作用。通过评价反映出教师的教学效果和幼儿的学习成绩。经验和研究都表明，在一定的限度内，经常进行记录成绩的测验对幼儿的学习动机具有很大的激发作用，可以有效地推动课堂学习。

(3) 调节作用。评价反馈的信息可以使师生知道自己的教和学的情况，教师和幼儿可以根据反馈信息修订计划，调整教学的行为，从而有效地工作以达到所规定的目标，这就是评价所发挥的调节作用。

(4) 教学作用。评价本身也是一种教学活动。在这个活动中，幼儿的知识、技能将获得长进，智力和品德也有进展。

总之，评价是教学活动的重要组成部分，它的主要目的就是改进和完善教学活动，为幼儿提供更适宜的教育机会和条件，促进幼儿健康和谐地发展。

3. 树立正确的评价观

评价就是一种价值判断，以什么样的评价观为指导，就会导致什么样的评价结果。因此，在进行幼儿园教育评价过程中，评价者首先应具有正确的评价观念。

(1) 评价思想要与时俱进。现代幼儿园教育评价的思想观念有了重大变化，主要表现在以下几个方面：

①评价功能的变化。注重评价在教育过程中的价值，评价的过程就是学习的过程；

评价的标准不仅仅是一个目标，而且可以告诉被评价者应该怎样达到这个目标；评价的结果，主要是用来指导被评价者改进自己的行为，使之获得反思自己行为的依据，从而促进其发展；评价者和被评价者的关系从相互对立或紧张戒备的状态，变为相互尊重、协同和合作的关系，从而共同发展；评价的方式从注重他人评价向注重自我评价发展。

②评价目标的变化。评价目标重在发展，即以发展的眼光看待幼儿和教师，让教师与幼儿共同发展，重视促进每一位幼儿和教师都获得最佳的发展。评价不是“选拔适合教育的儿童”，而是“创造适合儿童的教育”；不是鉴别教师的优劣，而是促进教师不断成长。

③评价内容的变化。这是指评价的标准应该具有多样性，只要有利于促进人的发展，符合教育发展规律的评价，都是可以尝试的。但是评价时应该注意其全面性，要全面、客观、辩证、科学地看待幼儿发展和教师的教育工作。为适应社会对幼儿综合发展与终身发展的要求，评价的功能不只是检查幼儿知识、技能的掌握情况，更为关注幼儿掌握知识技能的过程与方法，以及与之相伴随的情感态度和价值观的形成；要“承认和关注幼儿的个体差异，避免用划一的标准评价不同的幼儿，在幼儿面前慎用横向的比较。同时，评价内容也拓展到幼儿园教育的各个方面，如教师与幼儿人数的比例、教师资格和受培训的情况、教育活动组织的情况、幼儿的发展状况等都纳入评价范畴，进行综合评价。

④评价方法的变化。现在的评价较重视定性评价与定量评价相结合，实现评价方法多样化。由于人的发展的特殊性，完全“量化”来对教师工作或幼儿发展进行评价是不恰当的，有时甚至是错误的。因此，幼儿园教育评价要注重评价中的人文因素的影响、注意量化评价的局限性，应该将“量”的评价和“质”的评价结合起来。

⑤评价主体的变化。重视参与和互动，自评与他评相结合，实现评价主体多元化。新的评价观念在强调全员（管理人员、教师、幼儿和家长）参与评价的同时，注重了自我评价，其核心价值是促进人们客观地认识自我，不断地寻找新的生长点，获得在现有基础上的自我主动发展。美国心理学家马斯洛认为：“以自我批评和自我评价为主要依据，把他人评价放在次要地位时，独立性、创造性、自主性、社会性就会得到促进。”在幼儿园教育评价中，自我评价可以促进幼儿自我意识的发展，促进幼儿和教师不断自我反思、自我教育，激发内在的动因；可以提高评价的客观性、公正性和可信度；可以弘扬民主气氛，增强主人翁意识，密切幼儿、教师之间的关系及幼儿园与教师的关系。

⑥评价类型的变化。注重对教育过程的评价，对教育结果的评价要与对教育过程的评价相结合，终结性评价与形成性评价相结合，实现评价重心的转移。

在教育评价工作中，人们往往只注重教育工作的结果，而常常忽视教育过程，对怎样取得这种效果的方式方法不太关心，往往造成教师不顾儿童的身心特点去追求特定的教育效果，这是得不偿失的。因此在教育工作评价中，既要注意教育工作的客观效果如何，又要考察教师是怎样取得这样的效果的，幼儿在这一过程中又是怎样变化发展的，将对教育工作结果的评价与对教育工作过程的评价、对幼儿学习与发展的结果与幼儿学习过程结合起来。

这里的教育工作过程，包括以下几层含义：一是教师是如何遵循幼儿的身心发展特点，设计与组织适当的教育活动，取得教育效果的；二是在教育活动过程中，幼儿是如何学习和发展的，教师又是怎样引导幼儿主动学习，并形成良好的个性、品德、情感的；三是教育工作过程中各要素对幼儿全面发展教育的整体影响如何。

（2）与日常教育工作相结合。幼儿园教育评价并不是超越幼儿园日常工作之外的额外工作，它本身就是教育过程的一个重要环节，要“在日常活动与教育教学过程中采用自然的方法进行”。这样做才能保证评价信息的真实可靠。幼儿园评价教师时，要随时关注教师施教的情况，并进行评价。教师或幼儿园在评价幼儿的发展时也应随时观察幼儿的表现，及时调整教育行为。将评价融入幼儿园日常工作，并不排斥某一阶段结束后的集中评价，两者应互为补充。

（3）充分、合理地运用评价结果。幼儿发展评价是否对幼儿园教育质量的提高起到促进作用，还要看如何利用评价的结果。教师在评价时要谨慎，不可给幼儿乱贴标签，更不能将不成熟的评价结果公之于众，这样做会给幼儿发展带来很大的消极影响。因此，应以积极性的鼓励评价为主，特别是对那些发展落后的幼儿，更应以正面肯定为主。幼儿各方面能力的获得与发展，如良好的习惯、正确的发音，是引导鼓励出来的，而不是纠正、嘲笑出来的。

对教师的评价结果其发布方式更要注意个别化，不能随意公布，造成教师的反感或紧张。应注意评价的诊断功能，引导教师通过评价发现自己的长处和不足，从而促进教师的成长。

思考训练
SIKAOXUNLIAN

1. 幼儿园教学活动与上课的区别是什么？
2. 幼儿园教学活动应坚持什么原则？
3. 幼儿园教学活动的方法有哪些？
4. 幼儿园教学活动组织形式有哪几种？
5. 选择教学内容时，要注意哪几个方面？

活动实践
HUODONGSHIJIAN

到一所幼儿园见习，观摩并记录一个教学活动实例，填写下面的幼儿园教学活动评价表。

幼儿园教学活动评价表

姓名		幼儿园		
授课班级	活动名称		日期	
内容	评价要求		分值	得分
教学目标内容 94%	1. 能较充分体现本活动内容的教育价值，注重促进幼儿的发展与能力的培养		6	
	2. 目标准确、明确、具体，切合本班幼儿实际		6	
	3. 内容正确，具有科学性		6	
	4. 内容有针对性，能很好地实现教学目标，难度与量适当		6	
教学过程方法 94%	1. 活动组织有序、层次清晰、重点突出，节奏张弛有度，时间安排合理		6	
	2. 能充分调动和培养幼儿的主动性、积极性和创造性，根据课的内容形式，通过各种方式让幼儿去体验，注重幼儿的探索操作		12	
	3. 既面向全体，又注重个别差异		7	
	4. 时刻关注幼儿的兴趣点，做出恰当反馈		8	
	5. 方法手段合理、恰当有效，能针对教学目标，确保幼儿的主动性，有较高的效益		12	
教师基本素质 94%	1. 教态亲切、自然，既尊重幼儿，又严格要求		3	
	2. 语言简练规范、生动、富有感染力，易于幼儿理解，具有较高水平的教育教学基本功		3	
	3. 教具制作恰当、实用，演示操作准确熟练、学具的准备利于幼儿的探索		6	
	4. 与幼儿有较强沟通能力与教学机制		3	
教学效果 6%	1. 幼儿态度积极，探索操作投入，情绪良好，注意力集中，思维活跃		10	
	2. 能按时完成教学任务，目标达成度高		6	
总分				
评价				

第六章　幼儿园游戏活动

学习目标
XUEXIMUBIAO

1. 理解幼儿园游戏的特点及作用。
2. 熟悉幼儿游戏的类别。
3. 理解教师在幼儿游戏中的角色。
4. 掌握幼儿游戏的组织和指导方法。

案例引入
ANLIYINRU

浩浩4岁了，每天想着玩。浩浩的妈妈很担心，觉得自己的孩子不爱学习。今天，浩浩又跟邻居家的孩子玩“战斗”游戏。浩浩的妈妈从外面回来，看到浩浩在玩游戏，就对浩浩喊：“你怎么老是玩呢？这样可不行。你看丽丽已经可以背几十首唐诗了，佳佳在学画画……哎，宝贝，你别玩了，快跟妈妈回去做算术。你也该学点东西了。”

联系上述案例，你认为幼儿要从小就好好学习吗？作为幼儿教师应该怎样看待幼儿爱玩呢？

第一节　幼儿游戏的含义、特点和作用

一、幼儿游戏的含义

1. 游戏是幼儿最喜爱的活动，是幼儿生活的主要内容

在幼儿一日生活中，除了吃饭、睡觉等生活活动外，绝大多数的时间都在游戏。即便是生活、劳动、学习等活动，幼儿也常常是以游戏的形式来进行的，或是将生活、学习、劳动的过程变成游戏活动。可见幼儿喜欢游戏，还喜欢把他们的一切活动游戏化。游戏化的活动并不是真正意义上的游戏，如游戏化的劳动，是以游戏的形式进行劳动，但并不意味着劳动与游戏等同，也不意味着游戏化的活动成了游戏。

2. 游戏是幼儿对生长的适应，符合幼儿身心发展的特点

为解决身心发展及其需要在现实中与实际能力之间的矛盾，让幼儿创造并参与游戏，到游戏中去满足需要，适应生长。幼儿身心发展的水平决定了幼儿游戏的水平，幼儿所玩的游戏内容、形式等与其实际身心发展水平是相一致的。

3. 游戏是幼儿的自发学习

对幼儿来说，游戏不仅仅是一种消遣，还是幼儿的主要学习方式。幼儿在游戏中学习，在游戏中健康成长。幼儿在游戏中的学习具有以下三个特点。

（1）学习的目标是隐含的

幼儿在游戏中学习，却没有明显的所要达到的学习目标。对幼儿来说，他并没有明确意识到在某个游戏之后，自己要了解什么、掌握什么、会做什么。但是，并不是说这种学习没有目标，而目标恰恰是隐含于游戏过程之中的，只要幼儿积极、主动地投入游戏，就会在游戏过程中自然实现某些方面的发展目标。经常进行各种不同类型的游戏，就能达到促进幼儿健康成长、和谐发展的目标。

（2）学习方式是潜移默化的

由于幼儿在游戏中总是伴随着愉悦的情绪体验，加上积极性、主动性高，因而幼儿在游戏中的学习是潜移默化的，甚至幼儿自己也不知道他是在进行学习。

（3）学习的动力来自幼儿内部

幼儿在游戏中学习，是为了满足自身的好动、好奇、操作摆弄物体、与人交往等需要，而不是成人要求他这样做，强迫他学习规定的东西。所以，游戏中的学习完全是由幼儿的兴趣、喜好、探索等内部动机推动的。

二、幼儿游戏的特点

（一）幼儿游戏具有模拟性和超现实性

幼儿游戏既是对社会生活的一种初级的模拟形式，又不是现实生活的简单翻版。幼儿根据他们对现实生活的理解，按照自己的愿望，将生活内容有目的、有意识、创造性地反映在游戏中。幼儿在游戏中既可以从事自己向往的各种活动，又不受真实生活中的条件和规律的限制。因此，幼儿在游戏中既可以充分展开想象的翅膀，又能真实再现和体验成人生活中的感受和人际关系。

（二）幼儿游戏具有自主性和非强制性

游戏是幼儿主动参与的，与幼儿自己的兴趣相联系，不像学习那样具有强制性和义务性，也不像劳动那样要创造财富。其他的活动与成人的期望、功利、规范、要求联系在一起，具有强制的外在目的。只有游戏才是幼儿本人的事情，幼儿游戏就是为了游戏，就是为了好玩，尽管在游戏的过程中客观地实现着幼儿的发展，但幼儿本人在主观上绝没有这个目的。

（三）幼儿游戏具有趣味性和娱乐性

幼儿游戏的内容一般较生动具体，形式也非常活泼、轻松，许多游戏中还配有节奏明快、朗朗上口的儿歌和口令，幼儿在游戏中边玩边吟唱，情绪较为明快，始终处于欢乐之中。幼儿在游戏中相当放松和愉快，因此游戏很受幼儿喜爱。由于幼儿对游戏有着强烈的直接兴趣，沉湎于游戏过程而不追求什么明确的目的，没有心理压力和负担，所耗的精力也较少，因此幼儿在游戏中总带有愉快的情绪体验。

幼儿游戏是儿童的基本活动，它是在教育的特定环境下进行的，并将游戏因素与教育因素有机结合。把儿童在游戏中的主体性体验、游戏性体验看作人的最本质的需要，是教育最重要的内容。所以，只有让游戏伴随着童年，让幼儿的生活充满希望和欢乐，让教育隐含在游戏之中，使游戏既能保证教育上的自由，又能使儿童发展的过程实行自主建构，才能促进幼儿个性健康的发展，使它在幼儿教育中作为教育的基本活动而存在。总之，一方面儿童在游戏中满足各种发展需要，实现自主发展；另一方面教师通过游戏完成教育价值引导。

三、幼儿游戏的作用

游戏是幼儿的天性，是幼儿早期特有的学习方式，是幼儿社会化最重要的途径。游戏对于幼儿成长的意义，是任何其他活动不能代替的。

（一）游戏有助于幼儿身体技能的发展和锻炼

幼儿游戏可以较好地发展幼儿走、跑、跳、钻等基本动作，为提高幼儿的运动能力奠定良好的基础。机械地反复让幼儿练习走、跑、跳、钻等基本动作，不仅不能引起幼儿兴趣，也无法调动其积极性，练习的效果就会受到影响。在游戏中，有简单的角色、情节和简易的玩具材料，这能使幼儿在游戏中情绪积极高涨，乐而不厌。

（二）幼儿游戏有助于幼儿社会性的发展

游戏有利于培养幼儿的规则意识。为了使游戏顺利进行，稍微复杂一点的游戏都必须建立游戏规则，不能想怎么玩就怎么玩。所以，游戏可以给幼儿发展能力的机会，也可以让幼儿接受规则的约束，这使游戏与幼儿的品德发展相互联系和渗透。游戏中也有约定的游戏规则，幼儿在游戏中必须遵守这些规则，才能使游戏进行下去，并通过对游戏规则的自我遵守来调节自己的行为，发展自觉性和自制力。通过游戏幼儿学会了遵守规则，与他人合作交往；学会了自己解决人际矛盾及控制自己的情绪和行为。

游戏有利于幼儿掌握与同伴交往的方式。游戏是幼儿对社会生活的再现，它具有群体性。幼儿只有通过自己和同伴的共同努力，才能把感兴趣的现实事件反映出来。在这个过程中，幼儿会克服自我中心的局限，理解同伴的情绪，接受或给予同伴必要的支持，建立相互信任和亲密的同伴关系。这些，都会帮助幼儿学会合作互助，从而提高交往能力。

游戏有利于培养幼儿的换位思考意识。在虚构的游戏情境中，幼儿会用自己独特的方式，表达对现实生活的认识和理解。如在角色扮演游戏中，幼儿通过各种角色的扮演，可体验到社会成员的思想感情，如妈妈对幼儿的细微照顾，医生对病人的关心，顾客要尊重别人的劳动等，这种思想感情，是幼儿良好人际关系的基础。在协商角色和遵守扮演规则中，角色扮演游戏为幼儿提供了学习妥协的机会；幼儿的游戏越复杂，他们就越随和，且表现出更多的亲社会行为和较少的攻击、退缩行为。

（三）幼儿游戏有利于幼儿的认知和智力发展

幼儿游戏有利于开发幼儿的想象力和创造力。游戏中的想象具体表现在三个方面：角色扮演、以物代物、对游戏情节和行动方式的假想。角色扮演即以人代人，一人多重身份（如在“医院”的游戏中，幼儿把自己装扮成“医生”或“病人”）；对物品的假想即以物代物，一物多用（如在“开火车”游戏中，幼儿把长凳当“车厢”，把靠背椅当“车头”）；对游戏情节和行动方式的假想即取材于生活而表现形式异于生活（如在“种向日葵”的游戏中，幼儿虽没亲眼见过种向日葵的情节，但他们可以想象出如何种向日葵，包括如何挖土、下种、培土等）。

幼儿游戏有利于丰富幼儿自然、社会方面的知识。大多数幼儿游戏都配有童谣和儿歌，这些童谣和儿歌中包含着许多关于自然和社会的知识。

幼儿游戏对提高幼儿的口头语言表达能力也具有重要意义。在游戏中，幼儿处于放松状态，心理上没有压力，可以大胆地表达；同时在游戏过程中，作为游戏伙伴的教师对幼儿所提出的“说”的要求，幼儿也会乐于接受。幼儿游戏有丰富的“说”的材料，可以使幼儿有说的内容、有想说的愿望，变“要我说”为“我要说”，这就大大提高了幼儿口语发展的速度和效率。

此外，幼儿游戏还可以发展幼儿的思维、记忆、判断等能力。

（四）幼儿游戏有助于幼儿良好个性及意志品质的发展

游戏既有娱乐性，也有挑战性和竞争性。当幼儿在游戏中获胜，则能体验到成功的喜悦，使他们的心理得到极大的满足，从而增加了自信心和成就感。同时在游戏中，幼儿也会面临失败，这会使幼儿产生挫折感，但有趣的游戏又吸引着幼儿，使他们能忍受遇到的挫折，克服自身的弱点，继续参加游戏。在这个过程中，幼儿承受挫折的能力及活泼开朗的性格得到培养。可以说，幼儿游戏有助于培养幼儿良好的个性及意志品质。

游戏有利于培养幼儿的自信心。在游戏中，幼儿可以按照自己的意愿去当“爸爸”“妈妈”“医生”或者“警察”，满足现实生活中不能实现的愿望，从而得到快乐。在游戏中，幼儿会自动调整自己的性格。如好动的幼儿可以克制自己的冲动，扮演安静的角色；比较内向胆怯的幼儿，也会在游戏中去做一些现实生活中需要胆量的事情；而几乎所有的幼儿，都会在游戏中显得积极、主动。如果游戏获得成功，他们就会得到成功的体验和喜悦，并在自我评价和他人评价中得到肯定，获得自信。

第二节　幼儿游戏的分类

幼儿的游戏是多种多样的。分类的标准不一样，游戏的种类也各不相同。根据游戏的目的性分类，幼儿游戏主要有创造性游戏、教学游戏和活动性游戏；从认知发展的角度划分，游戏可分为机能游戏、建筑性游戏、假装游戏和规则游戏；从社会化程度的角度划分，游戏可分为无所事事游戏、单独游戏、旁观游戏、平行游戏、联合游戏和合作游戏。这里我们根据游戏的教育性来划分。

一、体育游戏

体育游戏是以增强幼儿身体素质为目的，发展幼儿的走、跑、跳、钻、爬、投掷、攀登等基本动作技能的活动。体育游戏内容广泛、形式多样，有的体育游戏有角色、有情节，有的带竞赛性。这些游戏不仅能锻炼幼儿的动作能力，而且可以培养幼儿的自我控制能力和机智、勇敢、顽强的个性。

（一）体育游戏的特点

1. 科学性

体育游戏的选择，要符合人体活动的规律。活动中，将运动负荷较小、灵敏、柔韧和协调性的游戏安排在前半部分，而将力量性、耐力性的游戏安排在后半部分。

2. 实用性

体育游戏的开展有利于促进幼儿运动技能在实际生活中的运用，有利于增强幼儿对外界环境的适应能力。

（二）体育游戏的开展

1. 引导性语言

在教学中，教师应联系实际，用通俗易懂的语言去引导幼儿学习。例如，在学习追逐游戏时，不但要先讲清游戏的方法，还要讲解游戏时要注意的地方，这样具有引导性的理性教育，能促使幼儿大脑积极思维，有利于提高幼儿学习的积极性。

2. 示范行为

教师如能恰如其分地运用面部表情、身体姿势，把良好的情绪直接传递给幼儿，对于激发幼儿的学习兴趣，将起到积极的作用。

3. 情境

教学中的不同情境，会促使幼儿产生不同的学习情感，教师可根据教学内容，对场地、器材进行科学安排，并利用色彩、音乐伴奏等创造一种情景交融、具有强烈感染力的学习境界。在这样的境界中做起游戏来，幼儿的积极性甚高，课堂气氛极其热烈。

二、语言游戏

语言游戏是以发展幼儿语言能力为目标，培养幼儿理解词汇意义和运用口头语言清楚、连贯、有表情地进行表达交流的能力的活动。在游戏中，幼儿可以学会发音、辨音，可以丰富词汇，学习说普通话，学会使用各种句式连贯清楚地进行讲述。语言游戏具有以下特点。

1. 语言游戏是智力游戏

在语言游戏中，游戏性体验是语言与思维发展的前提。将语言游戏定位于智力游戏而不是智力训练，能够促使幼儿在身心享乐的同时得到语言与思维的发展。

2. 语言游戏以耳听口说为主

语言游戏的主要材料是语言。离开语言材料或将语言作为辅助工具开展的游戏活动都不是语言游戏。语言游戏正是通过言语活动来带动幼儿言语能力、思维能力的发展。对语言信息的接收和输出是语言游戏的关键。接收和输出语言信息的过程，对于幼儿来说是多种能力的学习和锻炼过程，也是获得各种有益的学习经验的过程。

3. 语言游戏是一种规则游戏

语言游戏始于幼儿所获取的语言信息，是幼儿在遵循一定规则基础上的语言信息理解以及在个体想法表达中体验“欢乐、自由、满足”等感受的过程。它能促使幼儿通过对语言信息的理解与表达来不断发展言语能力、思维能力。

语言游戏的规则性、语言性以及幼儿语言发展的基本特点，决定了教师对语言类游戏进行指导的必要性。引导幼儿感知语言信息，帮助幼儿正确理解语言信息，诱发幼儿语言与思维的相互作用，鼓励并帮助幼儿勇敢准确地表达自己的想法，正是教师指导语言游戏的任务所在。

三、数学游戏

数学游戏是将数学知识寓于幼儿感兴趣的游戏之中。幼儿园的数学游戏，重在激发幼儿的认识兴趣和探索欲望。结合幼儿日常生活的各种活动，用游戏的形式培养幼儿对数的概念的兴趣，增加对数的感性认识，由浅入深地学会一些简单的数学知识和技能。数学游戏有以下几点功能。

1. 游戏能激发幼儿学习数学的兴趣

游戏活动是幼儿最喜欢的活动，也是最符合幼儿年龄特点的活动，因此，游戏是培养幼儿学习兴趣的有效手段。在幼儿游戏中，我们根据不同年龄的幼儿，选择不同的游戏形式，使幼儿对数学游戏产生浓厚的兴趣，并乐于积极地投入游戏之中。

在游戏中，幼儿不断地探索、思考的学习过程，能使幼儿对数学的学习兴趣，逐步由从外来的刺激转化为内在的需要。

2. 游戏能促进幼儿学习数学的主动性

通过主动参与游戏，不断感受成功的体验，是幼儿主动学习的动因。利用游戏不是看幼儿掌握了多少数学知识，而是它们是否激发了幼儿的积极性和主动性，萌发了幼儿学习数学的求知欲望。

四、音乐游戏

音乐游戏是在音乐伴奏或歌曲伴唱下进行的游戏，是一种以发展幼儿的音乐感受能力为目标的游戏活动。游戏时的动作、表情必须符合音乐的节拍、内容、性质等。

（一）音乐游戏的特点

1. 音乐和游戏相互促进、相辅相成

音乐指挥、促进和制约着游戏活动，而游戏动作又能帮助幼儿更具体、形象地感受和理解音乐，获得一定的情绪情感体验。

2. 具有突出的教育作用

音乐游戏集中体现了音乐的艺术性、技能性与幼儿的年龄特点和发展水平之间的对立统一。它把丰富的教育要求以生动有趣的游戏形式表现出来，使幼儿在乐此不疲的游戏和玩耍中既掌握了一定的音乐知识和技能，也在不知不觉中渗透了品德教育和审美教育。同时，在愉快而自由的游戏活动中，幼儿还获得了更多的积极情绪情感的享受和体验，进一步促进了幼儿对音乐活动的稳定兴趣及积极、主动个性的形成。

（二）音乐游戏的分类

按照游戏的形式，音乐游戏可以分为歌舞游戏、表演游戏和听辨反应游戏。

1. 歌舞游戏

歌舞游戏一般是在歌曲的基础上产生的，即按照歌词、节奏、乐句和乐段的结构做动作并进行游戏。游戏的规则通常定在歌曲的结束处。这类游戏与有主题的游戏有所不同，它可以有较明显的游戏主题、内容，也可以有专门表现情节和角色的音乐，比较侧重于幼儿的创造性动作表现。

2. 表演游戏

表演游戏是按专门设计、组织的不同音乐来做动作或变化动作而进行的游戏。从游戏内容上看，一般有一定的情节和角色；从游戏形式上看，带有较强的表演性。

3. 听辨反应游戏

听辨反应游戏比较侧重于对音乐和声音的分辨、判断能力的要求，以培养幼儿对音乐的高低、强弱、快慢、音色、乐句等的分辨能力。它一般没有固定的游戏情节或内容，以对音乐要素的反应和理解为主。

五、美术游戏

美术游戏寓美术教育于游戏之中，让幼儿在绘画、泥工、折纸、小制作等各项活动中，培养形象思维和感受美、表现美的能力，发展聪明才智。美术游戏的最大特点就是“美术性”，让幼儿在游戏中学习美术，感受美术的创造力和表现力，在游戏中学会创新，训练手和脑，从而达到美术学习的目的。

美术游戏具有以下特点。

1. 材料的多样性

教师可结合实际环境的有利条件，选择各种自然材料，如线、布、纸盒、芦苇或细竹竿、蛋壳、废电池、蔬菜、水果等，让幼儿制作，从而扩大幼儿的眼界，培养幼儿发现美、创造美的兴趣和能力。在选材时，教师要注意卫生和安全。

2. 操作的自由性

从人类文明行为意义上说，幼儿早期美术是与生俱来的，它反映了幼儿纯真、幼稚、童趣、自然而不做作的特性。所以幼儿的画不论画成什么样子，它可能不像，不合情理，不合成人的审美要求，但决不庸俗。

教师应尽可能以幼儿日常生活、身体活动和对周围世界的体验为依据，创造出一些幼儿喜爱并能感受的美术游戏，在美术教学中加以应用，以逐步培养其审美能力和审美意识，使其逐步掌握美术工具的使用方法，逐步学会观察、理解自然，陶冶其情操，同时培养幼儿耐心、自信心、创新意识及其合作精神等意志品质。

美术游戏让幼儿从美术中来——感受美术，到美术中去——表现美术（美术游戏），再回到美术中去——达到美术教学的目的。所以，美术游戏是为帮助幼儿学习美术架设的一座桥梁。

六、角色扮演游戏

角色扮演游戏过程是创造性想象的过程。在角色扮演游戏中，幼儿可以自由地发挥其想象力和创造力，因而他们对角色扮演游戏的兴趣最为浓厚，幼儿玩角色扮演游戏的主题、角色、情节也十分多样与新颖。

在角色扮演游戏中，创造性想象主要表现在三个方面。一是对游戏角色的假想（以人代人），幼儿通过语言、表情、动作等表现自己对这些角色的认识与体验；二是对游戏材料的假想（以物代物），幼儿常常以一种物品代替另一种，还能一物多用；三是对游戏情景的假想（情景转换），幼儿常常通过一个或几个动作和想象，将游戏情景进行浓缩或转换。

角色扮演游戏是幼儿对现实生活的反映，幼儿的生活内容越丰富，游戏内容就越充实、新颖，游戏的水平也就越高。

（一）生活角色扮演

生活角色扮演是指幼儿模仿、扮演现实生活中某种角色的游戏。在游戏中，幼儿通过语言、动作、表情等，创造性地反映周围的现实生活。幼儿可以根据自己的生活经验回忆周围成人的各种活动，加深体验。幼儿在角色扮演游戏中要受角色行为的约束，如“医生”要态度温和、关心病人，“司机”要遵守交通规则开车，“妈妈”要煮牛奶、买菜烧饭喂“娃娃”，“解放军”要帮助人民解决困难。教师可以让幼儿自己选择、决定题材，自己制作用具或准备服装等。

生活角色扮演满足了幼儿学习社会生活、渴望表现成人生活的心理需要。通过游戏，幼儿可进一步认识周围人们的工作，增强服务意识和责任感，知道简单的社会行为规范，如交通规则、公共场所秩序等。

（二）文学形象扮演

文学形象扮演是幼儿根据故事、传说等文艺作品的内容，进行角色扮演和情节表演的游戏。这类表演游戏需要幼儿背诵文学语言，并且在充分理解作品内容的基础上，依据作品情节，分角色表达出人物性格。

角色扮演游戏的重要特征在于幼儿的角色语言始终伴随着整个游戏的过程。幼儿在角色扮演游戏的情境下，通过模仿与扮演来表现角色的特征，运用语言交流他们的意愿、表达他们的情感，从而为幼儿的语言发展提供了练习的机会。

七、智力游戏

（一）结构游戏

结构游戏是指幼儿利用各种结构玩具和材料进行建构活动的游戏。结构游戏对于培养幼儿手脑并用，促进幼儿创造性思维与想象力的发展，学会艺术造型的简单技能都具有积极的作用。幼儿园常用的构造材料有积木、积塑、积竹、金属材料、泥、沙、水、雪，等等。各种不同的材料可以启发幼儿的建构兴趣，还可以丰富建构活动的内容。根据结构游戏中运用的材料的不同，结构游戏可分为以下几个类型。

1. 积木游戏

用各种积木或其他代用品作为游戏材料进行的结构游戏。积木的式样很多，有大、中、小型积木，有空心或实心型积木，有动物拼图积木等。这种结构游戏在幼儿园开展较早，也较为普遍。

2. 积竹游戏

利用竹子制成各种大小、长短的竹片、竹筒等进行构造物体的游戏。积竹可构造“坦克、火车、飞机”，还可建“桥梁、公园”，构造出的物体同样栩栩如生，富有情趣。

3. 积塑游戏

用塑料制作的各种形状的片、块、粒、棒等部件，通过接插、镶嵌组成各种物体或建筑物模型。积塑轻便耐用，便于清洁。

4. 金属构造游戏

以带孔眼的金属片为主要的建造材料，用螺钉结合，建造成各种车辆及建筑物的模型。

5. 拼棒游戏

用火柴杆、塑料管、冰棒棍或用糖纸搓成纸棍等作为游戏材料，拼出各种图形的一种游戏。

6. 拼图游戏

用木板、纸板、塑料或其他材料制成不同形状的薄片并按规定方法进行拼摆的一种游戏，如可拼摆动物的房屋、故事情节等画面。传统的七巧板就属于这类游戏。

7. 玩沙、玩水、玩雪的游戏

沙土是一种不定型的结构材料，幼儿可以随意操作，幼儿也可利用水、雪等玩划船、堆雪人、打雪仗等游戏。玩沙、玩水、玩雪都是材料简单易得的结构游戏，在城市、农村都可以广泛开展。

（二）科学游戏

科学游戏是运用一定的器材，再现某些科学现象的游戏。幼儿通过观察、操作，形成对周围事物和现象积极探索的浓厚兴趣，丰富知识和提高能力。

八、民间游戏

民间游戏是广泛流传于民间并为幼儿所喜爱的游戏。这些游戏历史悠久、通俗易玩、生动有趣、经济实用，如跳房子、跳绳、拈石子、放风筝、打角螺（古称“抽陀螺”）、老鹰抓小鸡、捉迷藏、剪纸、捕鱼等。开展民间游戏要注意以下几点问题。

1. 搜集、改编游戏应注意科学性、思想性和教育性

民间游戏存在着时代和地方的局限性，甚至还夹杂着一些不健康的内容。因此，教师运用游戏时，需要对所搜集到的游戏进行改编，使游戏在名称、内容、角色、情节、规则、儿歌、童谣上尽可能符合幼儿身心发展规律，并具有积极的教育意义。

2. 运用幼儿游戏时，应注意针对性、灵活性、适度性

针对特定时间、地点和幼儿的发展水平，选择不同内容的民间游戏，提出不同的

动作要求和不同的游戏规则，提供不同的角色和不同的玩具或替代物，以使每个幼儿在其原有水平上得到发展。游戏过程中，教师需要随时随地调节游戏的难易程度，灵活适度地进行，以符合幼儿的个体水平和特点。

3. 运用幼儿游戏还应注意安全性

在改编运用民间游戏中，应对游戏动作的设计、场地的选择、玩具的制作与使用等方面加强安全性的检查。

第三节　幼儿游戏的组织和指导

在幼儿游戏活动中，教师不仅是观察者、记录者，而且应该是组织者、指导者、参与者。

一、幼儿游戏中教师的角色

（一）教育者

教师作为教育者的显性指导，是指教师为了帮助幼儿获得一定的经验，从而更好地开展游戏，或当游戏中出现一些偶发事件时，有必要进行及时的指导。如游戏中幼儿有过激的行为，有不安全的倾向，有遇到困难想退缩的表现或有了特殊的困难等，都应该加以指导。

显性指导可以直接、快速地向幼儿传递游戏的基本规则和教育意图，引导幼儿正确、快速地理解信息，融入游戏活动，同时可以对全体幼儿进行游戏指导。

教师是幼儿游戏的组织者、指导者和帮助者，其显性指导具体表现为：

（1）基于游戏的组织策略，讲清游戏的规则和玩法，以指导幼儿的游戏行为。

（2）基于游戏的引导策略，引导幼儿利用多种感官、多种途径来理解和表达信息，以指导幼儿实现游戏的主体性。

（3）基于游戏的帮助策略，帮助幼儿解决游戏活动中遇到的纠纷和困难，以指导幼儿实现能力的提高。

（二）伙伴

教师作为游戏伙伴的隐性指导，是指教师以游戏参加者的身份用自己的行动以及游戏的语言或游戏的材料，暗示幼儿的游戏行为，促进幼儿游戏的发展。教师要充分关照幼儿的游戏性体验，不向幼儿明确传递教育意图，也不将成人的理解直接传递给幼儿，更不能将成人的答案直接教给幼儿。

幼儿的游戏应该是自主的游戏，要以幼儿的兴趣和需要为主导，以满足幼儿的快乐为目的，游戏的过程是幼儿自由选择、自主开展、自发交流的积极主动的过程。教师引导幼儿参与某个游戏时，要以活动者的身份，不能打破幼儿的兴趣，变成教师操纵游戏。

教师的隐性指导具体表现在以下几点：

（1）对遇到困难的幼儿，教师可通过与幼儿一起讨论、交流，向幼儿提供游戏支架，以促使其在身心享乐中克服困难、解决问题、实现发展；对遇到意见分歧的幼儿，教师可与幼儿一起对各种意见进行分析和比较，促进其各种感官、言语能力以及思维能力不断发展；对个性孤僻的幼儿，教师可与其对话、交流与玩耍，针对性地促进其社会性发展。

（2）对能力较强的幼儿，教师的虚心请教可以提升幼儿的成就感，进一步激发幼儿的游戏创造性；对比较内向的幼儿，教师的虚心请教可以激励幼儿进行积极的言语表达，引导幼儿逐渐融入游戏群体，与游戏伙伴进行交流与沟通；对无所事事的幼儿，教师的虚心请教可以使幼儿自然返回到游戏活动中，而且可以考察游戏任务对幼儿的难易程度，以便教师及时调整任务难度，更换游戏指导策略。

教师具有教育者和伙伴的双重角色，但要更加强调伙伴的作用，淡化教育者的作用，使游戏成为幼儿的游戏，而不是在成人操纵下的表演。

二、幼儿游戏的组织和指导

教师要按照游戏的本质特点来组织和指导幼儿游戏，让幼儿在游戏活动中产生游戏性体验，并在游戏性体验中发展体育和智力。

（一）幼儿游戏组织指导的步骤

1. 准备游戏

（1）选择和编制适合的游戏。要精心设计游戏，使游戏富于趣味性、启发性，能引起幼儿参与活动的兴趣和积极性，不设置过多的禁令，影响幼儿主体性的发展。教师应根据教育要求及幼儿的实际水平选编游戏。一方面要根据教育的任务、要求选编不同类型的有规则游戏，如训练注意力、记忆力，发展语言能力、运动能力、音乐能力的游戏等；另一方面应考虑幼儿的实际发展水平，选择和编制能激发幼儿思考和探索，给予幼儿成功的体验，激发学习兴趣的游戏。否则会使幼儿失去积极性，造成消极后果。

（2）熟悉游戏的玩法及规则。教师在为幼儿选编游戏后，必须熟悉游戏的玩法和规则，了解游戏的重点，思考组织游戏的方法，并反复试玩几次，以验证游戏的玩法和规则是否合理，为指导幼儿游戏打下基础。

（3）选择游戏的场地和材料。教师要根据游戏的内容，确定游戏的场地，选择游戏的材料。游戏的场地要安全、干净，具有可改变性，以发挥幼儿的创造性。随着年龄的增长，幼儿更喜欢比较宽敞的游戏场所，比如，草地、校园或操场、幼儿自己的家、当地的公园、大树之下。游戏的材料应尽可能丰富，可以人手一份，也可以每小组一份，让幼儿有足够的操作材料，减少幼儿等待的时间，保持幼儿游戏的兴趣。

教师要将幼儿的需求、教育的要求体现在游戏环境的创设之中。材料准备是教师组织游戏的重要的、不可或缺的环节，教师可以通过对材料的提供，将教育意图与教师期望达到的行为，通过材料来展现给幼儿；游戏时间的长短，直接影响游戏的质量，只有在充足的时间里才能去寻找伙伴、选择角色、计划游戏的情节等；游戏空间的大小、密度及场地结构等对幼儿游戏都会产生影响，游戏前教师要考虑这些因素是否有利于游戏的开展；经验的准备就是要为幼儿提供多种途径，丰富和完善幼儿的知识经验，并在游戏之前以多种方式来刺激、激活幼儿已有的经验，为游戏的顺利开展提供保证。

2. 开展游戏

（1）教会幼儿正确地玩游戏。每一个游戏都有一定的规则和内容，幼儿需要学会后才能玩，这就需要“教”。教师要用简单明了的语言和适当的动作示范，说明游戏的名称、玩法及规则，教会幼儿玩游戏。可事先教个别幼儿，然后再让幼儿之间相互学习，也可运用直观教具演示讲解游戏的玩法和规则。在游戏过程中教师应着重指导幼儿遵守游戏规则，保证游戏的顺利进行，对个别幼儿给予具体指导，掌握游戏时间，使每个幼儿都有游戏的机会。

在“教”幼儿玩游戏的同时，要充分调动幼儿的积极性、主动性，提高幼儿参与游戏的兴趣。启发幼儿开动脑筋，寻找解决问题的方法，促进幼儿创造性思维的发展。游戏玩法和规则的讲解要力求生动、简单、形象，要注重讲解与示范相结合，注重在游戏中逐步提出游戏规则。

（2）关注游戏进程。教师只有观察幼儿的游戏，才可能发现幼儿游戏的兴趣和需要，了解游戏的现状及存在的问题，从幼儿的视觉出发理解他们的内心活动，接纳幼儿特有的感受方式、表现方式，把握他们的游戏线索，并顺应游戏流程和需要，对环境进行调整，使幼儿的游戏得以拓展。因为这种观察针对幼儿的需要，有利于帮助幼儿形成系统的、丰富的经验体系，促进幼儿全面和谐地发展。

教师还可以根据游戏进展情况，介入幼儿的游戏活动中，灵活地调整活动形式、活动目标、人员分配，最大限度地保证游戏顺利进行。游戏应面向全体幼儿，不应有被冷落和被忽视者，教师应更多地关注有畏缩、消极情绪的幼儿，采取有针对性的措施，调动幼儿的积极性和主动性。

（3）适当参与游戏。幼儿永远欢迎教师以玩伴的身份参加他们的游戏，在游戏中和他们处于平等的地位。教师可以“艺术家学徒”“调解人”“监护人”“平行游戏者”等身份去参与游戏，但要警惕那种以教育者、指挥者、主导者自居的思想和做法。当教师成为主导者时，幼儿的游戏行为往往被迫中断。所以教师应带着一颗童心去参加游戏，尊重幼儿在游戏中的自主权，和他们共同分享游戏中的快乐。游戏之外，大家用不同的方式交流讨论甚至解决问题，教师要巧妙地将分享中有教育价值的内容升华，潜移默化地深入幼儿的心灵。

3. 评价游戏

游戏结束时，教师引导幼儿就游戏情况进行讨论，帮助幼儿整理游戏经验，找出存在的问题，并分享成功的经验，这是教师组织游戏的重要环节。这种评价不是指结束时的讲评，而是指对幼儿游戏行为表现做分析、研究，以了解幼儿身心发展的状况。

对幼儿游戏做出评价，是对幼儿已有经验的提升，也是下一次游戏计划的依据，它不仅可以丰富幼儿游戏的内容，而且有助于幼儿综合能力的提高。教师对幼儿游戏应进行积极评价。幼儿年龄小、知识经验不足，在游戏过程中出现新思路或与众不同的想法，不可能都是合理的、完美的。只要是通过幼儿自己的大脑思维，一切合理与不合理的都应得到肯定，不可挫伤幼儿的积极性。

（二）幼儿游戏组织指导要注意的问题

1. 要充分发挥幼儿作为游戏活动主体的自主性、能动性和创造性

在活动设计与实施时要充分考虑幼儿的兴趣与需要，不要一厢情愿地按成人的想法与愿望来设计游戏环境、指挥幼儿游戏。

重视幼儿的自发性游戏。自发性游戏是指幼儿自己想出来的、自己发起的游戏，这种游戏完全符合游戏的特点，最贴近游戏的本质，也是幼儿最愿意玩的游戏。自发性游戏除具有上面所讲的功能外，还特别有利于培养幼儿的自主性、独立性和创造性。只有幼儿有了一定的自主性，才可能成为自己活动的真正主体，才可能使以自主性为显著特征的游戏成为幼儿的基本活动。游戏，特别是自发性游戏，是幼儿的权利，是幼儿发展权的重要内涵。因此，教师应积极支持幼儿的自发性游戏。

2. 营造自由安全的心理氛围，促使幼儿游戏性体验的产生

充分考虑幼儿的能力水平，给幼儿充足的自主思考与自由探索的时间和机会，不要自以为是地对幼儿的游戏活动进行随意指点。在组织和指导游戏时，教师不要对幼儿的不同意见或奇怪想法随意批评，不要对幼儿游戏活动中的困难与错误进行训斥或责骂。

教师在指导过程中要学会放权与等待。放权意味着给幼儿充足的时间去思考和理解，不过分限定幼儿的思考方式和表达方式，让他们可以采用独立思考、与伙伴讨论等方式来理解，可以采用语言、图画、动作、表情等方式来表达。等待意味着给幼儿充足的思考和表达时间，不要催促幼儿，不要对幼儿抱不切实际的期望，如指望他们在接收到语言信息之后就能够立即给出答案或做出正确的回应，当然教师在等待过程中的个别指导也非常重要。

3. 探索多样化的指导方式

对于幼儿游戏的指导没有固定的模式，应根据不同的游戏活动类型选择不同的指导方式。各类游戏活动如角色扮演游戏、构造游戏、表演游戏等，其特点不同、教育功能不同，指导的方式也应不同。

4. 以发展的眼光看待幼儿游戏

幼儿对游戏的需要是多种多样的，他们想玩各种各样的游戏，加上幼儿之间存在

着很大的个体差异，有的幼儿想玩角色扮演游戏，有的幼儿想玩结构游戏，即使是同一种游戏，幼儿关注的重点、感兴趣的侧面也有差异。各种游戏之间并无好坏、高低之分，任何一种游戏都具有其自身独特的作用。所以，教师应为幼儿提供各种各样的游戏，注意到幼儿的个体差异，满足幼儿的需要。

同时，幼儿对游戏种类的需要又是发展变化的。教师应不断观察幼儿游戏的兴趣和对游戏种类的需要，根据幼儿的需要组织游戏，这样才能使游戏成为幼儿的基本活动。

三、教育教学游戏化

游戏是幼儿的基本活动，是幼儿与周围环境相互作用的基本形式，也是最能表现与肯定幼儿的主动性、独立性、创造性的主体性活动。因此，在教育教学中，教师要充分运用游戏活动，使游戏真正成为萌发幼儿学习的积极性、主动性和强烈的求知欲望的最基本的活动。

为了达到幼儿园的保教目标，促进幼儿身心和谐发展，教师除让幼儿进行各种游戏活动以外，还要有目的、有计划、系统地组织幼儿进行各种教育活动，如劳动、参观、上课等。为了既保证教育的计划性，又保证游戏成为幼儿的基本活动，教师必须充分利用游戏组织各类教育教学活动。

教育教学游戏化是指教师遵循一种或几种游戏的特点，利用一种或几种游戏组织教育教学活动，如利用游戏的形式，赋予活动一定的情节，让幼儿扮演一个角色，给幼儿一定的自主性，让幼儿有愉悦的情绪体验等。教育教学游戏化要遵循以下原则。

1. 娱乐性与教育性相结合的原则

能带给幼儿愉悦的情绪是幼儿游戏的基本特征。游戏的目的首先在于借助游戏的娱乐性以改变幼儿对某些枯燥、乏味的传统教学方式的厌倦心理，消除幼儿的生理与心理的疲劳，使他们积极地投身到教学活动中去。即使要完成的教学任务对幼儿有一定的难度，只要使教学过程能巧妙地化为幼儿自身一种真正的游戏过程，幼儿的愉悦感就相伴而生。

保证游戏教学的娱乐性除了要遵循游戏活动本身的基本原则和规律外，还应注意要使游戏新颖、奇特、出乎幼儿意料，这样的性质往往使游戏教学变得更有色彩，使游戏中掌握知识的过程变得引人入胜。但如果把教育教学生硬地套上游戏的形式，或者所采用的教学游戏单调、刻板、陈旧，那么，游戏教学虽然表面上像在利用游戏的形式，但实际上幼儿无一点愉悦感，这样的游戏教学不但不能帮助教学，反而成为组织教学的一种累赘。

但是，游戏教学的娱乐性并不是目的本身，因为游戏教学不只是让幼儿玩得投入、玩得快乐而已，它的根本目的还在于完成一定的教学任务。仅靠形式上的游戏不能使幼儿获得规定数量的知识和技能，只有根据一定的教学任务能将教学内容有机地转化为游戏内容，才能让幼儿在获得游戏体验的同时也获得认知的发展。

2. 自由选择和全面参与相结合的原则

自由选择和全面参与相结合的原则是指教师在组织游戏教学时既要使幼儿有自由选择的情感，又要引导和组织全体幼儿参与到规定的游戏之中，并成为游戏活动的主体。有自由选择的情感是游戏的心理学基础。因此，游戏教学在幼儿的心目中，是把强制性和基本强制性的教学过程跟幼儿在游戏中体验的自由选择那样的情感结合起来。游戏教学如果没有自由选择的情感，只有强迫和压抑，儿童就会对活动失去兴趣和主动性。

但是，并不能因为游戏是以自由选择的情感为基础，就可以允许幼儿对指定的游戏教学自己来决定参加与否，或者仅仅为了迁就某些幼儿而在教学游戏中不设置任何需幼儿付出努力才能克服的困难或障碍。在游戏教学中，给幼儿一定的自由是为了使幼儿提高选择性和自觉性，从而促使他们全面参与的积极性，这不但不同遵守纪律冲突，相反幼儿的自觉性会促使他们对理解的纪律和规则自觉地遵守。

坚持自由选择和全面参与相结合的原则，关键是既要给幼儿在活动中以一定的自由，又要有具体措施敦促幼儿去全面参与所指示的活动，措施不应是强迫性的手段，而应是游戏本身的吸引力及适当的规则和要求。教师应创造条件，把指定给幼儿必须做的游戏教学转化为幼儿自主的活动。创造条件是指教师要善于使用各种方法，让幼儿对游戏教学感兴趣，让他们极大部分人都能自主自愿地选择这个活动，从而成为游戏教学活动的主体。

3. 师生互动原则

幼儿园的游戏教学是教师和幼儿的双边活动，师生是相互依存的共同体。教师在日常生活、活动中的一言一行及其对人、事、物的态度、言行都对幼儿具有潜在、巨大的榜样、示范性影响。而且，由于教师角色的特殊性，教师在幼儿心目中的特殊地位，其自觉或不自觉地流露出来的对幼儿的情感、期望与评价，会直接影响幼儿的自我认识、社会行为、师生互动及其教育效果。

师生互动不仅仅限于师生之间的相互作用，还对游戏教学中的其他人及其互动产生影响。与亲子互动不同，师生互动在更多的时候不是一对一的，而是一个教师与多个幼儿之间的互动。在游戏教学中，非一一对应性表现得更为突出、明显。这既可使师生充分利用同伴学习资源，使师生间的影响具有辐射性和弥散性，提高教育的效果等，也有可能出现教师与每位幼儿间有针对性的交流不够充分，个别幼儿得到的关注相对不足，一些幼儿的特殊需要有可能无法及时得到满足等。教师在教育教学过程中对此应有明确的意识，既注意与一组幼儿的互动，同时有意识地与个别幼儿保持经常性的、有效的互动。

思考训练
SIKAOXUNLIAN

1. 幼儿游戏的作用是什么？
2. 分别简述体育游戏和语言游戏的特点。
3. 智力游戏包括哪两方面？
4. 教育教学游戏化应遵循哪些原则？

活动实践
HUODONGSHIJIAN

围绕“会蹦会跳”的主题，设计一个幼儿园小班游戏活动方案，要求写明活动目标、活动准备、活动过程等。

第七章　幼儿园日常生活活动

学习目标
XUEXIMUBIAO

1. 了解幼儿园日常生活活动的含义及作用。
2. 掌握幼儿园日常生活活动的指导方法。
3. 了解幼儿园的运动活动、劳动活动和节日活动。
4. 能够依据相关知识，开展幼儿园的日常活动、劳动活动和节日活动。

案例引入
ANLIYINRU

宋闽是学前教育专业的学生，她参加了学院组织的实习活动，被分到了一所幼儿园。去幼儿园之前，宋闽花了很大的精力写了详细的教案，精心准备了教学活动。宋闽心中充满了兴奋，憧憬着被可爱的幼儿包围的感觉，想象着幼儿在自己的教导下取得优秀的成绩。可是，第一天带班，宋闽就遇到了问题，不知道该如何组织幼儿的活动。例如，进餐前的洗手活动。幼儿进入盥洗室后，不是按秩序洗手，而是开始玩。有的蹲在便池边津津有味地聊天，有的在水池边玩水。宋闽一会儿要提醒如厕的小朋友快点，一会儿提醒洗好手的小朋友不要乱摸，还要督促没洗手的小朋友洗手。一天下来，宋闽觉得特别累，感慨幼儿园教师不好当。

分析上述案例，你认为幼儿园的日常生活活动重要吗？它有怎样的作用？

第一节　幼儿园日常生活活动概述

一、幼儿园日常生活活动的含义

幼儿园日常生活活动指除教学活动、游戏活动以外的一切日常活动，包括盥洗活动、进餐活动、排泄活动、睡眠活动、整理活动、自由活动、劳动等。幼儿园的日常生活活动是幼儿一日活动的重要组成部分，贯穿于一日生活的始终。幼儿园日常生活活动主要着眼于增进幼儿的基本生活能力，培养良好的生活行为习惯，促进其身心发展。

《幼儿园教育指导纲要试行》中指出：幼儿园应为幼儿提供健康、丰富的生活和活动环境，满足他们多方面发展的需要，使他们度过快乐而有意义的童年。从这个意义上说，幼儿教师创设、提供的生活活动环境、内容等不仅要与幼儿相适应，能促进幼儿的发展，同时还要让幼儿在快乐的生活活动中获得有益的生活经验，以完成保护和促进幼儿身心健康的成长和发展这一基本使命。

二、幼儿园日常生活活动的特点

1. 时间的延续性

幼儿园日常生活活动在一日活动中占的时间长、比重大。从早上的入园活动开始，包括午间进餐系列活动，到晚上的睡眠活动或离园活动，日常生活活动贯穿了一整天。而且对于幼儿来说，这些活动还没有形成良好的习惯，所花的时间会比成人多。

2. 内容的丰富性

幼儿园日常生活活动包括入园、盥洗、进餐、排泄、睡眠、整理、自由活动、劳动、离园等多个活动。

3. 影响的长远性

幼儿期是习惯养成的关键期，是为未来人格发展奠定最初基础的时期，这一时期良好行为习惯的养成将对幼儿以后一生的发展乃至整个中华民族素质的提高都有深远影响。

三、幼儿园日常生活活动的目标

幼儿园的日常生活活动，主要着力于培养幼儿良好的作息习惯、排泄习惯、盥洗习惯、整理习惯等生活习惯；帮助幼儿学会用餐方法，培养幼儿良好的饮食习惯；帮助幼儿了解初步的卫生常识和遵守有规律的生活秩序的重要意义；帮助幼儿学会多种讲究卫生的技能，逐步提高幼儿生活自理的能力。不同的年龄班有不同的阶段目标。

1. 小班

(1) 使幼儿了解盥洗的顺序，初步掌握刷牙、洗手等的基本方法；学习保持自身的清洁，会使用手帕。

(2) 知道穿脱衣服的顺序；培养幼儿坐、站、行等正确姿势；培养幼儿良好的作息习惯。

(3) 让幼儿在轻松自然的气氛中进餐，保持情绪愉快；初步培养幼儿良好的进餐习惯，懂得就餐卫生；初步培养幼儿爱吃各种食物和主动饮水的习惯。

2. 中班

(1) 学习穿脱衣服、整理衣服；学习整理玩具，能保持玩具清洁；有初步的生活自理能力。

(2) 培养幼儿良好的饮食习惯。不挑食，不偏食；喜欢吃的东西不宜吃得太多，身体超重也会影响健康；少吃冷饮，多喝水。

3. 大班

(1) 保持个人卫生，并能注意生活环境的卫生；进一步培养幼儿良好的生活卫生习惯和生活自理能力。

(2) 指导幼儿使用筷子就餐，进一步培养幼儿良好的饮食习惯；让幼儿知道有些食物不能吃，有些食物不宜多吃，否则会有碍于身体健康。

四、幼儿园日常生活活动的作用

正确、有序、科学、合理的生活活动，对幼儿的身心发展起着重要的作用，对培养幼儿的自理能力、自立能力，为成为未来社会所需要的高素质人才打下坚实的基础。

(一) 培养幼儿的独立性

对刚刚从家庭踏进幼儿园的幼儿来说，变化伴随在他们左右。幼儿园的一切都是陌生的，陌生的环境、陌生的老师和陌生的小朋友。他们的社会地位也悄然发生了变化，由家庭的“中心成员”变成了幼儿园里众多小朋友中的普通一员。在家中，祖辈、父辈几个大人围着一个幼儿转，对他们各方面的照顾是非常全面的。在幼儿园，一个老师要照顾几个幼儿，就需要幼儿具有一定的独立生活能力。

幼儿独立性的培养是幼儿教育阶段的重点之一，日常生活练习对于培养幼儿的独立性来说，是必不可少的。生活是幼儿教育的内容，也是幼儿教育的途径。从生活中学习，学习的途径和方式必定是生活的；在生活中学习，学习就是生活。只有设身于日常生活练习中，才能获取生活经验，才能感受生活中的真实、自然与自由，才能奠定日后独立生活的基础，并逐渐建立自发性和独立的人格。

(二) 促进幼儿身体的发展

幼儿身体各个器官的生理机能尚未发育成熟，各个组织都比较柔嫩，其身体素质还相当薄弱；同时，幼儿期又是生长发育十分迅速、新陈代谢极为旺盛的时期。但由于幼儿知识经验匮乏，缺乏独立生活能力和自我保护能力，因此他们需要成人悉心地照顾，更需要成人反复地指导帮助、训练培养，才能独立自理，并养成良好的生活习惯，建立良好的生活秩序。

一个成人在生活中不会因为无法完成基本的生活活动而影响学习、工作。因为各种生活活动的技能技巧，他们早已驾轻就熟，甚至达到自动化的程度了。因此，在幼儿期学习和养成良好的生活习惯，提高自理能力，对他们今后的发展起着至关重要的作用，对他们自信心的树立也有一定的影响。

（三）培养良好的行为习惯

幼儿年龄越小，机体可塑性越大。因此，使幼儿开始进入规律的生活，并注重提早对他们进行各种良好行为习惯的培养是非常必要的。正如陈鹤琴先生所言：“幼稚时期对儿童一生非常重要，所以幼稚教育是儿童的基本教育，儿童在这个时期关于习惯、知识、言语、思想各方面都打了很深的根基。倘若在这个时期，根基稍一不稳，将来要想建造健全的人格，也就不可能了。”

（四）帮助幼儿适应群体生活

随着社会的进步，科技的发展，在生活的各个领域中越来越需要人们具备与人合作及分享的品质，善于与他人合作分享是时代的要求，是幼儿日后生存发展所必需的品质。面对未来世界的挑战，国际 21 世纪教育委员会提出：教育必须围绕四种基本技能来培养新一代，这四种基本技能是学会认知、学会做事、学会共同生活、学会生存。其中“学会共同生活”“学会生存”便是指要培养幼儿在人际活动中与人合作、共享合作成果的精神，学会共同生活。培养在人类活动中的参与和合作精神是教育不可缺少的重要组成部分。欧洲著名的心理分析家 A. 阿德勒认为：“假使一个儿童未曾学会合作之道，他必定会走向孤僻之途，并产生牢固的自卑情绪，严重影响他一生的发展。”由此可见，幼儿学会交往与合作是多么重要，而培养幼儿学会与人合作及分享的品质已是当前教育的重要目标之一。

幼儿将来能否积极地适应各种环境，能否协调好与他人与集体的关系，能否勇敢地担起社会责任，能否乐观地对待人生等，取决于幼儿期的生活积累和受教育情况。而幼儿阶段的教育比传播知识、训练技能更重要、更根本的任务，就是培养幼儿积极乐观的生活态度、活泼开朗的性格和良好的社会品德，增强社会性，提高幼儿社会适应和交往能力。因此，在幼儿园教育中教师应加强对幼儿交往能力的培养，使幼儿成为顺应时代发展的人。

第二节　幼儿园日常生活活动的组织和指导

教师是幼儿生活教育中最重要、最基本的力量，是高品质幼儿生活最主要、最直接的创造者。教师要善于运用有效的指导策略培养幼儿在生活活动中的自理自立能力，做到精心照顾和保育幼儿的同时，又要尊重幼儿不断增长的独立需要，帮助他们学习生活自理技能，锻炼自我保护能力，使幼儿感受到其中的乐趣。

幼儿身体机能发育尚不成熟，神经系统发育尚不完善，在自我调节方面还不能收放自如。这就要求教师合理安排他们的生活活动，帮助他们保持良好的精神状态参与学习和游戏。

一、幼儿园日常生活活动的指导

（一）入园活动

幼儿入园活动是一天活动的开始。

1. 幼儿入园

（1）教师要主动、热情、礼貌地迎候幼儿和家长；有针对性地向家长了解幼儿情况。

（2）清点幼儿出勤情况，并做好记录；及时与未到园幼儿的家长取得联系，了解原因。

（3）鼓励幼儿按时、愉快入园，有礼貌地向老师、同伴问好，与家长告别。

2. 入园准备

（1）观察幼儿身体、情绪和精神面貌；鼓励幼儿接受晨检，身体不适能告诉保健老师；查看幼儿的晨检牌或晨检记录，是否携带不安全物品。

（2）提醒幼儿着装整洁舒适，便于活动。

（3）要求幼儿带齐当日所需的生活和学习用品。

3. 晨间活动

（1）有计划地组织晨间活动。提前准备好玩具、活动材料及体育活动器械，让幼儿参加自己喜欢的各种活动。

（2）鼓励幼儿主动参加晨间活动，遵守活动规则，活动后将玩具放回原处，摆放整齐。

（二）进餐活动

教师要制定进餐各环节的程序要求，统一执行，让幼儿在幼儿园吃得好、吃得卫生、吃得愉快，帮助幼儿形成良好的进餐习惯。

1. 进餐的准备

幼儿的进餐活动应在整洁、轻松、愉快的氛围下进行。这就要求教师做好餐前准备。餐前准备可以分成两个方面。

（1）物质准备。进餐前半小时左右结束角色和区域游戏，请幼儿收拾玩具，整理活动室。整理完毕后，教师组织幼儿如厕、洗手。对于小班幼儿，教师应帮助他们卷衣袖，并认真仔细地指导他们如厕、洗手。可以请他们一边唱儿歌一边洗手，这样有利于他们掌握洗手的正确顺序和方法，帮助他们把手洗干净，避免玩水和洗不干净的情况出现。对于中、大班幼儿，要求他们相互帮助卷袖子，并在洗手后擦干手上的水，不要胡乱抓一把毛巾就跑掉。教师着重对他们进行提示和检查。提醒幼儿洗手后要保持手的清洁，不能乱摸其他东西。餐前几分钟，教师安排餐桌，用消毒水擦餐桌，分发碗筷、餐巾。中、大班幼儿可以安排值日生协助老师分发餐具。

(2) 心理准备。教师要掌握每餐食谱，在进餐前，教师可以向幼儿介绍当天的食物，以此来引起他们的食欲，帮助他们克服挑食和偏食的毛病，培养他们良好的饮食习惯。在等待进餐的时间里，教师可以放一些优美、轻松的音乐或故事，也可以组织一些语言或手指的安静游戏，安抚幼儿的情绪，培养他们安静等待同伴一起进餐的习惯。对于那些吃饭较慢的幼儿，可以让他们提前进餐。盛第一碗饭的时候，给他们盛得略少些，鼓励他们来添饭。

2. 进餐的过程

在进餐时，教师应认真细致观察幼儿进餐的情况。如餐具的使用方法（特别是中、大班幼儿筷子的使用方法和握法），进餐时的坐姿，幼儿嚼、咽食物的方法及进餐时的情绪状态，等等。教师要鼓励幼儿独立进食，学会正确使用餐具，进食时细嚼慢咽，不挑食，不偏食，不剩饭菜，不过量进食，保持桌面、地面和衣服清洁，骨头、残渣放在渣盘里或堆在一起。在进餐过程中，对小班幼儿主要应注意培养他们独立进餐的习惯和进餐的技能。对中、大班幼儿则注重进餐习惯的养成。

对于进餐情况不佳的幼儿，教师应先弄清楚原因，是否因为身体状况不好或是进餐方法不对。然后针对幼儿的实际情况给予照顾或指导、帮助，切勿大声呵斥幼儿。不要随意催促幼儿“快吃、快吃”，也不要不问原因任意批评吃得慢的幼儿，更不要举行类似“比一比谁吃得快”的竞赛。幼儿来添饭的时候，要求他们把碗里的饭吃干净、嘴里的饭咽干净，不要拿着勺子和筷子来添饭。对于吃得太快的和体形较肥胖、饭量大的幼儿，要提醒他们细嚼慢咽。对于饭量小、吃饭慢的幼儿，要注意个别照顾。对于身体弱、有特殊需要的幼儿（如生病、对某种食物过敏等），要告知厨房做病号饭。

3. 进餐的结束

进餐结束后，要求幼儿吃完饭再站起来，轻放椅子，离开饭桌，将餐具、渣盘放到指定地点，清理好自己的桌面。餐后正确使用餐巾，用后放在规定的位置。餐后用温开水漱口。进餐后，可以举行“谁的小碗最干净”“比比哪桌最干净”“谁是爱惜粮食的好娃娃”之类的比赛。培养幼儿爱惜食物、珍惜成人劳动成果的良好品质。

让幼儿养成饭后洗手、漱口、擦嘴的好习惯。先吃完的幼儿可以根据意愿选择餐后活动，如翻看图书、观察自然角等。若班上有生病的幼儿，教师还应协助保健教师按时定量给病儿服药。餐后半小时不做剧烈运动，有计划地组织餐后活动（午餐后组织幼儿进行 10～15 分钟散步）。

（三）睡眠活动

幼儿期正是生长发育的重要时期，保证幼儿充足的睡眠，对他们身体、大脑的发育有着重要的作用。

1. 睡眠的准备

在幼儿睡觉前，教师应做好准备工作，开窗通风换气、拉好窗帘、铺好床铺等，为幼儿创设一个舒适、安静、温馨的睡眠环境。睡眠的准备活动可以分成以下两个部分。

（1）物质准备。冬天和夏天可以打开空调适当调节寝室内的温度，但一定要注意室内空气的流通。夏天若打开窗户或电扇入睡，要注意风量适度，并不让风直接对着幼儿的头部吹。在为幼儿准备床铺的时候，应根据季节及气温的变化适当调节被褥的厚薄，并及时通知家长为幼儿调换被褥。睡前应检查床铺上有无杂物。禁止幼儿将小绳、橡皮筋、串珠、纽扣等物品带进寝室，以免幼儿玩弄，将之塞入鼻子、耳朵造成危险。提醒幼儿根据季节气温穿合适的衣服入睡，如夏季穿短裤背心；秋春季穿一条棉毛裤和一件棉毛衫；冬季可以穿一件薄毛衣和一条薄毛裤。中、大班幼儿要求他们自己脱衣服和鞋袜，并折叠整齐，摆放在指定的地方。小班幼儿则需要教师的帮助和个别指导。在睡前提醒幼儿先大小便。

（2）心理准备。睡前可组织幼儿散步或进行安静的游戏活动。要保持他们情绪的稳定和安静。新入园的小班幼儿会有恋家、恋床、恋物等表现。比如，有的幼儿要抱着家中的枕头或需要摸着成人的脸、耳朵、头发等才能入睡。对于这样有特殊需要的幼儿，教师可给予特殊关照，允许他们一开始保持自己的入睡习惯，并陪伴他们入睡，慢慢帮助他们改变和克服这样的习惯。

对于全托园的幼儿，教师更应帮助幼儿顺利渡过睡眠这一难关。教师不应用惩罚睡觉或独处睡觉来恐吓和惩罚幼儿。不应对幼儿说“你再不听话就让你去睡觉”“你再不赶快睡觉，待会儿其他小朋友起床，你就不要起来了，爸爸妈妈来接你也不要走”之类的话。

2. 睡眠的过程

在幼儿整个睡眠过程中，教师要时刻关注他们的睡眠情况，如睡姿是否正确、是否盖好被子等。对于入睡晚和入睡困难的幼儿，教师应坐在他身边小声督促他尽快入睡。对于爱做小动作的幼儿，教师可以握住他的小手帮他入睡。注意不要让他们影响其他幼儿。对于生病的幼儿，教师尤其要细心照顾。对于他们体温的变化、是否咳嗽、是否呕吐等情况要时刻关注，细心护理。对于幼儿的晚间睡眠，教师要了解幼儿夜间小便的习惯和时间，提醒他们起来小便。对于尿床的幼儿，要细心地照顾，并找出原因，如是否睡前太兴奋或身体不适等。不可因此斥责幼儿或表现出不耐烦、厌恶等情绪。

3. 睡眠的结束

睡眠结束后，小班幼儿可以逐个起床，让身体弱需要睡眠的幼儿和入睡晚的幼儿多睡一会儿。中、大班幼儿则可以让他们在规定时间内共同起床，并学习自己整理床铺。起床前，要提醒幼儿“今天外面风很大，请你们多穿一件衣服”“今天天气很热，请你们不要穿长袖衣服了”等，请他们根据天气增减衣物。鼓励幼儿独立或在他人帮助下按顺序穿衣裤。先穿上衣，再穿裤子，最后穿鞋子。学会分清衣裤前后，会拉拉链、会扣纽扣。学会穿鞋，分清左右脚，拉好鞋舌、脚伸进鞋、提起后跟、系好鞋带或粘好鞋扣。要鼓励先整理完床铺的幼儿帮助其他幼儿整理床铺，也可以请幼儿相互帮助整理衣物，如扣纽扣、拉拉链、系鞋带等。起床后应先小便、喝水，稍作调整后，再组织幼儿进行户外活动。

（四）盥洗活动

在幼儿玩沙、玩泥等活动以后以及餐前、便后，教师要组织幼儿进行盥洗活动。

1. 盥洗的设备

（1）盥洗室的安排要合理，要有较宽敞的场所。幼儿的洗手池、便池、毛巾架等要符合幼儿的身高、体形。盥洗室内应常备肥皂、毛巾、卫生纸等物品。便池、水龙头的数量要足够幼儿使用。幼儿的盥洗设备、物品应与成人的分开。

（2）盥洗室的地面要防滑，挂物品的挂钩、钉子应钉在幼儿碰不到的地方，以防幼儿滑倒、撞伤。洗衣粉、消毒水等物品的放置要安全、隐蔽，以防幼儿误碰误食等。

（3）盥洗室要保证干净无异味，定期消毒。幼儿的毛巾等物品要常洗常晒常消毒。

2. 盥洗活动的设计与指导

（1）教师要帮助幼儿养成良好的盥洗习惯，让幼儿随时保持手、脸清洁。饭前、饭后、便后、手脏时会自觉洗手。

（2）教会幼儿正确的盥洗技能。如洗手、洗脸的程序。正确洗手：卷衣袖，双手向下把手淋湿，抹肥皂，搓手心、手背、手指、手缝、手腕，冲净肥皂水，关好水龙头，在水槽里把手甩干，用自己的毛巾将手擦干。

（3）教会幼儿使用便池，以及中、大班幼儿在便后自己擦拭的技能。合理安排幼儿盥洗的时间。

（4）中、大班幼儿学会自己搓拧毛巾。

（5）教会幼儿使用水龙头，用小流水洗手（不玩水，不浪费水），保持地面、服饰干爽。

在盥洗活动中，教师应对幼儿提出明确具体的要求：

（1）有秩序地排队如厕、洗手，不推不挤。

（2）不在盥洗室内大声喧哗吵闹，不妨碍他人如厕、洗手，不在盥洗室内追跑嬉戏。

（3）不玩水和肥皂。

（4）洗手完毕要在水池中甩掉手上的水再离开，不把水甩在别人身上和地上。

（五）整理物品活动

幼儿在园内生活，自己的个人生活用品、学习用品及游戏时使用的材料等部分物品，需要自己收拾、整理。教师应根据他们需要自己整理的物品的实际情况，设计和指导他们的活动。

1. 个人生活用品的整理

个人生活用品的整理包括入园后、运动后脱下的衣物鞋帽的折叠、整理；下雨天进教室换下的雨鞋、雨衣、雨伞的摆放、整理；自己的毛巾、茶杯等物品的放置、整理；等等。

2. 学习用品的整理

学习用品的整理包括自己的水彩笔、油画棒、本子、作业纸等物品的放置和用后的整理等。

3. 游戏材料的整理

游戏材料的整理包括体育活动的器械、角色和区域游戏的材料、图书等物品的收拾整理。

（六）饮水活动

教师要在运动后、上下午各组织一次集体饮水，提醒并允许幼儿随时喝水。

1. 物质准备

（1）保温桶每天清洗，幼儿个人专用饮水杯每天清洗并消毒一次。

（2）使用饮水机，每15天就要进行一次饮水机内外全面消毒。

（3）提醒幼儿用个人专用口杯喝水，口杯用后放回固定的地方。

（4）保证班上随时有温度适宜的饮用水。

2. 饮水活动的组织和指导

引导幼儿按需饮水。提醒有特殊需要的幼儿多饮水。

（1）指导幼儿做好饮水量标记（饮水标记由教师自行设计）；观察幼儿饮水量，保证幼儿日饮水量达800～1500毫升。

（2）剧烈运动后稍事休息再喝水；饭前、饭后半小时少饮水。

（3）鼓励幼儿定时饮水，需要时主动取水喝；不喝生水，喝水时不说笑，不边走边喝水。

（4）指导幼儿正确取水和取放口杯，不喧哗，不打闹，不玩耍，不浪费水。

（七）如厕活动

幼儿还没有掌握大小便的规律，即使有便意也未必能主动提出。这就要求教师能对如厕活动进行细致的指导。教师要做到以下几点：

（1）掌握幼儿大小便习惯，及时提醒幼儿如厕。

（2）观察幼儿大便情况，发现异常及时与家长联系并做好记录。

（3）指导幼儿正确使用便纸，提醒或帮助幼儿整理好衣裤，便后洗手。

（4）帮助托、小班幼儿脱、提裤子，掌握正确如厕姿势，大小便入池，正确使用手纸；教育幼儿有便意时大胆告诉老师，不尿裤子。指导中、大班幼儿独立如厕，便后冲刷厕所。

（5）鼓励幼儿学会自理大小便，解便入池。

（6）指导幼儿解便时不弄湿自己和同伴的衣裤，便后会整理服装，并用肥皂（洗手液）流水洗手。

(7) 要求幼儿不在厕所逗留、玩耍。大、小便有异常情况能主动告诉教师和保育员。

(八) 离园活动

1. 离园准备

(1) 教师要稳定幼儿情绪，安排适宜的离园前活动。或与幼儿进行简短谈话，小结当日活动情况；或交代次日活动准备和要求；或组织幼儿开展小型安静的自选活动等。

(2) 组织幼儿检查、收拾好自己的生活和学习用品；检查幼儿服装穿戴是否整洁适宜。

2. 离园活动的组织

(1) 提醒幼儿有礼貌地向教师和小朋友告别。

(2) 根据需要用小黑板、便条、家园栏等方式向家长介绍幼儿当日在园情况或通知有关事宜。

(3) 严格确认接幼儿的家长，遇有陌生人来接，必须进行电话或其他可信方式的相关确认。注意观察幼儿是否跟随家长离园。

(4) 做好个别特殊幼儿的交接。例如，生病的幼儿和当天表现异样的幼儿，应向家长详述幼儿在园的生活及活动情况，提出希望得到家长配合与支持的要求和具体方法。

(5) 当幼儿在园内发生特殊的突发事件时，教师必须在第一时间主动与家长联系，客观地汇报幼儿的相关情况，积极主动地争取得到家长的理解与配合，保留好相关资料，做好相关记录，认真地处理善后事宜。

二、幼儿园日常生活活动的指导思想

1. 端正思想，培养幼儿的自理能力

幼儿的日常生活活动，不仅是一项维护幼儿生存，增进幼儿健康的必要活动，而且还是一项重要的教育活动，通过对幼儿日常生活活动能力的培养，可促进他们社会性和情感的发展，引起他们对周围事物的兴趣，加强对语言的理解和运用，促进幼儿全面发展。

2. 设立目标，循序渐进，培养幼儿的自信心

自信心是在实践活动中通过各种亲身体验及适当的教育形成的，只有在实践中积累成功或失败的体验，才能对自己的能力有所认识。因此，教师应提供机会让幼儿去试一试、做一做。同时应注意根据幼儿的能力和发展特点，遵循发展性教学原则，逐渐增加活动的内容，做到由易到难、由简到繁，逐步提高。

3. 充分利用正强化，满足幼儿的成就感

教师可以通过设置不同阶段的增强物和正强化的方式，最终顺利达到预定目标，

并使其成为一种固定的行为习惯。幼儿虽小，但对自己所作所为同样也渴望获得成功，受到赞扬。因此，幼教工作者在教育幼儿学习过程中，可充分运用表扬和鼓励的手段。一颗五角星、一件小玩具、一块小糖果、一句话，在我们看来是微不足道的，可在幼儿的眼里它的意义却非同一般。

4. 因人施保施教，满足幼儿的不同需要

幼儿由于受遗传和家庭环境等因素的影响会表现出个体差异，这些差异也会反映在生活活动中。对于入园情绪不稳定的幼儿、体弱多病的幼儿、吃饭慢等某一生活活动的环节有困难的幼儿，教师要给予格外的关注和引导。以注意倾听、耐心观看、适时询问等方法，及时体察和探明幼儿在生活活动中的需要，因人施保施教，使其在幼儿园的生活活动中感到安全、温暖、宽松和愉快。

生活技能的获得和习惯的养成，对于每个幼儿来说也不是同步的，存在着很大的差异，同样需要因人施保施教，给予不同的指导和帮助。

三、幼儿园日常生活活动的指导方法

（一）有序、规范的演示法

幼儿正处于秩序的敏感期，为此教师对一些较为复杂的日常生活练习可以采用有序、规范的演示：先把每个动作进行分解，即先做什么，后做什么，并配以简洁的语言，这样有助于幼儿尽快掌握操作方法。例如，“叠衣服”是幼儿最基本的生活自理内容之一。教师首先进行示范：把外衣的扣子从上到下解开，然后将衣服平放于地板上，正对自己，接着，先把左袖往内折，后把右袖往内折，再将衣服上下叠起来。幼儿自己操作时，教师在一旁观察，及时给予指导，并与家长配合，将活动延伸到家庭中。

教师在指导幼儿时，要根据幼儿的认知特点，用浅显易懂的语言和动作，向幼儿讲解、示范，使幼儿听懂所要掌握动作技能的具体方法和完成步骤，便于他们更好地进行模仿。对幼儿礼貌教育时，可请在班幼儿来示范。

（二）简单、明了的图示法

教师根据相关内容，绘制一系列线条简单的彩图，然后按顺序排在日常生活区或挂在墙上，幼儿只要看图示，就明白该怎么“活动”了。有的较为复杂，可采用拍照法，把完成的每一个动作拍下，然后按顺序将其固定，幼儿看着照片便明白了所需的程序。如将就寝时的顺序画成图片贴在墙上，分别是铺被—脱鞋—脱袜—脱裤子—钻进被窝—躺下盖好被子。还有教幼儿包饺子时，也可用图片进行示范，顺序为和面—擀皮—包馅—捏褶。

（三）亲切、明白的儿歌法

教师可以把生活能力培养寓于易读易记的儿歌中，寓于有趣的活动中。比如，在教幼儿学习洗手时，为了让每个幼儿都能看清洗手的正确方法和步骤，教师组织幼儿围坐在水盆边，边念儿歌边配合相应的动作，“排好队，向前走。做什么？去洗手。小肥皂抹一抹，自来水冲一冲，小毛巾擦一擦。小手洗得真干净，我们大家拍拍手”。儿歌内容浅显易懂，幼儿容易理解和掌握。

（四）游戏练习法

生活活动游戏化，利用丰富多彩的游戏，使幼儿在游戏中掌握各项生活技能。

对幼儿来说，游戏不仅是一种玩耍，也是一种学习、工作和生活，游戏是幼儿基于内在动机的选择，没有固定模式的主动参与活动的快乐过程。将游戏融入幼儿的生活活动之中，不仅可以获得发展，而且可使幼儿度过最快乐的时光，使幼儿获得愉悦的情感体验。

例如，幼儿在玩手绢的游戏中，学会了叠被子的方法。然后再鼓励幼儿试着叠被子，这样，幼儿就不会束手无策，而是兴趣大增，很快就能学会叠被子。在“超市”的游戏中，通过包装盒，幼儿学打蝴蝶结，练习了系鞋带。在“餐厅”的游戏中，幼儿自己动手倒水、端茶，巩固正确使用餐具的能力。通过“给小猫洗脸”的游戏、“给布娃娃扣纽扣”的游戏，帮助幼儿学习吃饭、穿衣、整理玩具等基本技能。还可以通过竞赛游戏来巩固生活技能，培养自立和竞赛精神。如穿衣、穿鞋、叠被铺床、用筷等比赛。

采用游戏的方法，能把幼儿难以理解或生硬的指令变成有趣的模仿活动，或具体的游戏情节，能提高幼儿学习的兴趣，使幼儿在轻松愉快的条件下学会自我服务的能力。

（五）情境诱导法

优化环境，引发和支持幼儿的生活活动。在幼儿的成长过程中，环境具有无言的沉默力量。环境既是教育的背景，也是教育的手段，同时又是教育自身。经过优化、美化的生活环境，能够使幼儿心灵得到潜移默化的影响，从而达到促进幼儿发展的目的。因此，我们要注重生活化环境的创设，更好地把教育渗透在环境中，使幼儿在“无声”的环境中受到熏陶感染、启迪、润泽，萌发他们内在的生命张力。

1. 运用图示标记

在盥洗室里为幼儿准备洗手流程图，让幼儿在潜移默化中学会正确的洗手方法；张贴节约用水的卡通图让幼儿养成洗完手后拧紧水龙头的好习惯……逐步养成良好的生活卫生习惯。

幼儿放衣物的衣柜上由幼儿自己设计独特的标记，增加他们在生活中自理的机会，增强自主性和自信心。

在幼儿园的各个角落，由幼儿设计各种小标志，时时提醒幼儿遵守常规，养成良好的行为习惯。例如，鞋带开了要系好、手脏了要及时洗、把东西放回原处、不浪费水、不浪费食物等。

2. 创设生活活动区

生活区角的创设与生活内容相结合，幼儿通过在活动区操作材料，逐步掌握生活活动技能，激发自我服务的兴趣。如小班的“结果果”：用绒布做成的果树上钉满了纽扣，而同样用绒布做的果子则开着扣眼，这些吸引着幼儿动手将果子扣在果树的纽扣上。在幼儿让果树“结”出果子的同时，他们不仅体会到了成功的快乐，也学会了简单的扣纽扣本领。中班后期，幼儿会逐渐使用筷子进餐。在幼儿使用之前教师可先在活动区增设“喂喂小动物”的活动材料，投放筷子和废旧材料制作的青菜、骨头等，引导幼儿在用筷子夹物的活动中不知不觉中学会使用筷子。

（六）活动拓展法

教师的支持是儿童发展的重要条件之一，教师要坚持“以幼儿为本”，帮助幼儿成为发展的主人、学习的主人，而不能以成人的经验和认识去塑造和改变幼儿。提供开放的实践活动空间，使其成为活动的主人，成为生活活动的主体，是愉快而不是被迫地接受教育，这样的教育才是完善和富有创造性的教育，而只有这样教育幼儿，幼儿才会有幸福感。

1. 拓展生活活动内容

挖掘幼儿原生活教育内容中所隐含的更广泛的教育发展意义，拓展固有的内涵，将幼儿园生活活动纳入有助于幼儿持续进步的教育范畴，融入幼儿的一日活动之中，使之真正发挥作用，促使幼儿不断发展、不断生长。

例如，自助午点。改变幼儿午点固有的内容、时间、方式，从自选自助入手。午点的内容由单调的一种水果改为二至四种水果，便于幼儿根据自己的口味和食量选择；在进餐的时间上将午点和区域自选活动相结合，改变以往全班一起吃午点的做法，使午点活动可以延续一段比较宽裕的时间，幼儿可以自由选择何时吃水果，在时间上给予幼儿充分的自由。采取小组的形式，在固定的地方设立午点区，提供小夹子和人手一个小盘子，幼儿在舒缓的音乐伴随下品尝可口的水果，轻松地与同伴轻声交谈。自助午点的形式，充分发挥了幼儿的主动性，切实改善了幼儿的生活活动质量，让幼儿根据自己的需要来选取，使幼儿在主动活动中得到发展和提高。

2. 尝试生活上的自我管理

在生活活动中，幼儿是活动的主体。他们获得身体、心理的发展是在一定的外部条件下，自身活动的结果。因此教师在对幼儿进行生活活动指导的过程中要研究幼儿的所想所为。幼儿能够自己想的，就让他们自己想；幼儿能够自己做的，就让他们自己做。在发挥主体作用的过程中，培养他们的主体意识，发展他们的主体能力。

生活活动来源于幼儿生活的本身，对幼儿而言，愿意、乐意做力所能及的自我服务是很重要的，能让幼儿在每天的生活中逐渐养成良好的生活习惯。例如大、中班选出了“小小监督员”，在幼儿园里负责检查老师及小朋友做得怎样。如洗手时是否注意节约用水，饭前是否洗手，等等。幼儿在督促别人的同时，也提醒了自己。

幼儿园的许多生活规则，是由幼儿自己参与讨论制订的。虽然在开始时，幼儿提出的规则还不全面，但随着活动的开展、幼儿生活经验的丰富，他们会把不合理、不全面的规则进行调整。

让幼儿成为自己生活的主人，成为教育活动的主体，积极主动地发展自己，看到自己的力量，意识到自身的价值，而且体验到了在自主活动中带来的乐趣。

另外，还有情感诱导法。利用故事、图片、木偶等文艺作品对幼儿进行日常行为规范教育，唤起幼儿良好的情感，帮助幼儿记住规范的要求。教师可设计情境表演，充分调动幼儿看、听、说、做等感官，使幼儿在榜样的影响下，在实践中逐步理解和遵守规则。

生活是有趣的，是丰富多彩的。生活是一个动态的过程，它不是教材中的某一个固定的知识点，让教师去照搬它。它是变动的经验，具有挑战性和应变性。幼儿就像一块未经雕琢的玉石，需要在日常生活练习中不断打磨，而教师就好像工匠一样，要不断地为玉石提供打磨的机会。

《幼儿园教育指导纲要（试行）》指出：幼儿不是被动的“被保护者”，教师要尊重幼儿不断发展的独立需要，在保育幼儿的同时，还要帮助和指导他们学习生活自理能力，锻炼保护能力。幼儿自入幼儿园以后，在幼儿园的日常活动量占据幼儿的大量时间，这就为教师的指导提供了充足的时间保证，更能加强教育效果。为使每个幼儿都能得到最好的发展，幼教工作者必须采取各种有效的方法，帮助和指导他们，使他们能够在各自的基础上有所发展，通过教师的指导帮助，使幼儿获得必要的能力与生活自理能力的提高。

第三节　运动、劳动和节日活动

一、运动活动

运动活动是指在幼儿园一日活动中，采用早操、器械运动、自然因素锻炼等形式，培养幼儿对运动活动的兴趣，增强幼儿运动能力、适应环境的能力，提高幼儿身体素质的日常运动活动，具体包括早操、户外活动、体育锻炼活动等环节。

（一）运动活动的基本要求

1. 以幼儿的身心发展特点和需要为根据

以幼儿运动的兴趣和态度、动作能力、运动的卫生常识为目标，有目的、有计划地设计和组织适合幼儿的运动活动。

2. 遵循幼儿的身体机能的变化规律

重视在活动过程中采用幼儿自主、探究、合作式的学习方式等，通过身体动作来学习、体验，获得运动的知识、发展动作能力，培养幼儿对体育活动的兴趣和坚持锻炼的习惯。

3. 保证幼儿在运动活动中的安全

科学组织幼儿运动活动，掌握幼儿的运动量、时间、强度和密度，循序渐进，确保幼儿运动活动中的安全。

4. 充分利用各种物质资源

城乡各类型幼儿园根据本园的师资条件和场地、器械条件，尽力收集民间的体育活动和体育游戏；充分利用日光、空气、水等自然因素，以及本地自然地理环境；自制运动活动材料，利用现有自然物和无毒废旧物，积极开展适合幼儿的、丰富多彩的体育活动。

（二）运动活动的内容和方式

1. 早操活动

（1）操前准备。早操编排的结构要合理，要根据不同年龄段幼儿的特点编排各自不同的活动内容。一般来说，早操活动应包括准备活动、队列练习、两套操节（小班为徒手操和模仿操，中、大班为徒手操和轻器械操）及分散活动等。教师要提醒并检查幼儿是否做好早操前准备（冬季需要拿掉帽子、取下围巾和手套等），衣服、鞋子是否穿好，保证幼儿愉快地参加早操活动，并且精神饱满。

（2）早操活动的组织和指导。教师要有序地组织早操活动，口令规范，精神饱满，示范正确。面向全体幼儿，也可指导中、大班幼儿轮流带操。运动量适当；时间适宜，中、大班活动 15～20 分钟，小班 12～15 分钟。鼓励幼儿遵守早操规则，排队有序，会听信号、口令并做动作；做操有节奏，动作到位，协调有力，能充分活动身体的各部位。指导幼儿选择和按规定收拾器械，并能和同伴合作活动。告诉幼儿身体发热时脱衣服或不适时主动报告老师。

2. 户外活动及体育锻炼活动

（1）活动准备。教师要准备好各种户外体育活动器具，根据幼儿活动需要保证足够的体育活动材料，小型器械每人一套，较大型器械每个小组一套。合理利用户外体育活动场地，保证幼儿足够的、安全的活动空间。建立适宜的运动活动常规，督促幼儿遵守。引导幼儿愉快地参与体育活动，主动活动身体。

（2）活动的组织和指导。教师要保证体育课、体育游戏、器械活动、散步等多种类型体育活动的开展。保证开展走、跑、跳、钻、爬、投掷、平衡等各种发展幼儿基本动作的活动。保证每天的户外活动时间不少于 2 小时，其中体育活动不少于 1 小时，且活动分段进行。有目的地观察幼儿参加体育活动的兴趣、动作发展、习惯、安全意识、意志品质等实际情况，做出积极的应对和调整。控制好活动中幼儿运动量，注意动静交替，逐渐增加活动量和活动强度，防止突然运动或剧烈运动造成的拉伤、扭伤或身体不适等。鼓励幼儿正确使用活动器械，尝试新玩法，并和同伴一起活动。要有安全意识，保证幼儿不做危险动作，不用器械与同伴打闹等。

二、劳动活动

（一）幼儿劳动的特点

劳动是幼儿教育的内容和手段之一。幼儿活泼好动，因而也是喜爱劳动的。他们不是在游戏中模仿成人的劳动，就是真正地干活，总也闲不住。成人可抓住这个特点，培养孩子的劳动习惯。在培养过程中，要注意掌握幼儿劳动的以下几个特点。

（1）幼儿的劳动与游戏分不开。如果叫孩子收拾玩具，他往往是边玩边收拾，玩得高兴时也许忘了收拾，让他扫地，他会拿扫帚当马骑。因此成长提出劳动任务后，还要注意提醒、鼓励，帮助他完成劳动任务。

（2）幼儿劳动一般说不创造价值，只是一种教育手段。幼儿身体发育还很稚嫩，缺乏劳动知识和技能。让他从事的劳动主要是料理自己的生活。从严格意义上讲还称不上劳动，因为它不创造价值。即使从事某些轻微的、具有生产性的劳动也是辅助性的，如种植、饲养、拾麦穗等劳动，也谈不上创造什么价值，主要是认识动植物习性和生长过程，养成劳动习惯。

把幼儿当劳动力使用是不对的，但要给孩子讲明，自我服务或为集体服务的劳动是有社会意义的，可以减轻父母的家务，间接支援父母的工作，也就是为四化建设做了贡献。

（3）幼儿感兴趣的是劳动过程的动作，而不是劳动成果。孩子愿意洗手绢是为了玩水；喜欢擦窗子是因为可以爬上爬下，满足了活动的需要，但有时自己又将擦过的桌子踩脏，这说明他不关心劳动成果，年龄越小这个特点越明显。因此成人要检查和表扬孩子的劳动成果，教育他爱护自己的劳动成果，体验劳动的愉快。

（二）幼儿劳动的教育作用

劳动是幼儿全面发展的一种教育手段，对幼儿的体、智、德、美各方面发展，均有很大的教育作用。

幼儿参加劳动，亲眼看到劳动后事物的变化，看到劳动的成果，能体验到劳动的愉快，对劳动产生兴趣；能体会到劳动成果来之不易，从而懂得要尊敬劳动人民，爱护劳动成果。幼儿在劳动中需要克制自己，努力克服困难，完成任务，这样，就培养了责任感和坚持精神。集体劳动，有利于培养幼儿的互助互爱、分工协作的精神和初步的集体劳动的习惯。

劳动中，幼儿可以接触许多新事物和劳动工具，认识它们的性质和用途，并从实际操作中学到劳动的知识和简单的操作方法；必须集中注意，认真地按照教师的指示行动，想象可能获得的劳动成果，仔细观察劳动后事物的变化；彼此之间需要交谈，有时还会提出问题，互相讨论。在这些过程中，幼儿的注意力、观察力、记忆力、想象力、思维力和语言能力均获得发展。

组织幼儿参加力所能及的劳动，能促进幼儿的血液循环和新陈代谢，使幼儿的骨骼、肌肉、神经系统和各个部分器官都得到发展，动作也得到发展。劳动创造了清洁、整齐的环境，制作了手工作品。这些成果能发展幼儿的美感，提高幼儿的审美能力。

（三）幼儿劳动的组织形式与指导方法

1. 自我服务劳动的指导

自我服务劳动虽然是一些简单的劳动，但对于幼儿尤其是对小班的幼儿来说，是有一定困难的，需要学习掌握一定的技能才行。教师既不能包办代替，也不能撒手不管。应不怕麻烦、耐心地教幼儿学会劳动技能，并同时注意培养幼儿不依赖别人、自己的事情自己做的习惯。指导小班幼儿自我服务的劳动，首先要从培养他们对劳动的兴趣入手，调动起幼儿的积极性。最初，教师可组织幼儿观察中、大班小朋友是怎样做的，激发幼儿学习这项技能的愿望。接着，教师要向幼儿示范讲解这项劳动的要求和具体方法步骤。如教幼儿洗手的技能时，要边示范边讲解，向幼儿交代清楚洗手的程序：①用水把手冲湿；②擦肥皂；③两手相互搓洗；④用水冲掉肥皂沫；⑤甩掉手上的水，然后用毛巾擦干。示范讲解后让幼儿模仿、练习。然后通过日常生活指导幼儿反复实践。对难度比较大的自我服务劳动项目，还可以通过上课进行练习以便幼儿更好地掌握操作程序和要求。比如刷牙的技能，就可以在常识课中，通过“我教娃娃刷牙”的游戏形式，让幼儿进行练习。此外，教师一定要随时检查、提醒、给予鼓励或具体的指导。

对中、大班幼儿的自我服务劳动，可更多地利用语言指导，还可以采用比赛的方法，比如，穿衣服比赛、整理床铺的比赛等，对优胜者还可以奖给“‘勤巧’小红花”或者小红旗，以巩固其劳动技能和以劳动为荣的思想。

鉴于当前有些家庭对独生子女存在着过分娇惯、事事包办代替的现象，教师在指导幼儿自我服务的劳动时，必须争取家长的支持和配合。

2. 委托任务

委托任务，是指教师有目的地请幼儿完成某项劳动任务。教师可以委托个别幼儿，也可以委托幼儿集体完成任务。

委托的特点是：师生处于亲切、信任的状态中，彼此充满感情，接受委托的幼儿的积极性高、责任感强，他们往往把被老师委托任务当作一种荣誉，所以一般都能主动地去完成任务，教师可以对幼儿进行个别指导。

教师委托幼儿完成任务，要做具体、明确的交代，包括干什么、为什么干、如何干；之后，要进行检查，对幼儿的劳动技能给予必要的指导；幼儿完成劳动任务后，要进行评定，完成任务好的可以表扬；对幼儿的缺点要及时地帮助改正。

3. 值日生劳动

值日生劳动，是指幼儿以个别的或轮流的形式，负责完成值日生工作任务，要求幼儿有比较强的为集体服务的责任心。

幼儿园的值日生劳动与中、小学的不同。幼儿园的值日生大都是集体的、小组的，每天由五六人共同值日，大家分工负责。例如，每一小组值日一天（或者三天、一周），每个组员分工负责一两项任务。这是因为幼儿园值日生的劳动内容比较多、范围比较广（比如，值日生要管玩具，管吃饭，管使用肥皂，管开关水龙头，管自然角、图书角、科技角等），而幼儿的劳动能力和管理能力有限，不可能像中、小学生那样每天一人值日。

组织与领导幼儿进行值日劳动，教师要做好以下几个方面的工作。

(1) 通过谈话、讲解，使幼儿了解值日生工作的意义，并对值日生工作产生兴趣，树立为集体服务的光荣感，并教育他们尊重值日生的劳动成果。

(2) 根据教育要求和幼儿的劳动态度、能力、习惯，细致地编排幼儿值日生轮流表，确定每一组值日幼儿的分工。同时，要为幼儿准备值日生劳动臂章。臂章不仅会使幼儿产生责任感、光荣感，还可以标明幼儿劳动的内容，使幼儿更加明确自己的劳动职责范围。

(3) 对值日生劳动进行具体指导。开始组织值日生劳动时，教师可以亲自参加，和幼儿一起担任值日生；也可以指派能力比较强的幼儿担任值日生，通过演示，教会他们值日生的工作方法和技能。平时，对值日生进行帮助、督促和检查，例如，可以利用晨间谈话、离园谈话等，对值日生工作进行评定，及时表扬他们的优点，并对那些怕劳动、不会劳动、没有劳动习惯的幼儿进行具体的帮助。

(4) 值日生劳动的内容可陆续增加，要求也可逐步提高。一般是从中班开始。幼儿在小班通过个别委托的训练，初步获得一些从事值日生的劳动和独立完成任务的能力，这就为开始值日生劳动打下了基础。同时，值日项目可轮换进行，以防止幼儿因单调而厌烦。

(5) 当值日生轮换时，对结束工作的值日生，应就其劳动态度、服务质量进行评议，可以由教师肯定成绩、指出缺点，也可由幼儿们进行评议，引导幼儿对劳动态度好的值日生表示感谢和尊敬。到一定阶段后，还可以组织幼儿进行如何才能做好值日生工作的讨论，以增强幼儿的责任感和积极性。

4. 集体劳动

集体劳动，是指小组或者全班幼儿分工合作、共同进行的劳动，包括集体进行的种植和饲养。通过集体劳动，幼儿可以看到集体合作的力量，培养集体观念和劳动责任心。

组织和领导幼儿进行集体劳动，教师要注意做好以下几点。

(1) 确定劳动的内容、要求，根据幼儿不同的个性特点进行分工；考虑好劳动过程中应注意的问题，比如，怎样帮助能力差的幼儿，怎样既照顾全班又照顾个别小组，怎样合理地划分场地和提供足够的劳动工具，等等。如果到幼儿园外劳动，教师应事先做好与有关单位的联系工作，使接待的同志明确教育目的，请他们亲自观察劳动场地，防止意外事故的发生。

(2) 劳动开始，要向幼儿说明劳动的目的、要求和分工（有时可以由幼儿自己协商），提出劳动时应遵守的规则。接着进行示范，示范动作要准确、干净、利索，同时讲解劳动的方法、技能和步骤，讲解要生动、简明。示范讲解时，要注意使全体幼儿都能看清楚、听明白，然后分发劳动工具。

（3）劳动进行时，教师要了解各组劳动的情况及个别幼儿的表现，进行具体指导。例如，对个别没有信心、怕困难的幼儿，要给予鼓励和帮助；要肯定幼儿做得好的地方，指出幼儿做得不好的地方、需要改进的地方；帮助幼儿建立彼此之间的友好关系，并教育幼儿正确使用工具和爱护工具。

（4）劳动结束前几分钟，教师应提醒或者帮助幼儿，使各组都能按时结束工作，整理好工具和场地。劳动结束后，教师应检查劳动成果，做简单的评价和总结，让幼儿再次明确劳动的意义，欣赏共同的劳动成果，鼓励有进步的幼儿，表扬在劳动中的好人好事，提出存在的问题和今后的努力方向等。

三、节日活动

节日是幼儿园教育活动的重要资源。以节日为主题的活动，能够调动幼儿参与的积极性，丰富幼儿的生活活动。

（一）节日活动的内容和形式

1. 春节和元宵节

春节和元宵节这两个传统节日凝聚着中华民族的生命追求和情感寄托，传承着中国人的家庭伦理和社会伦理观念。与此相关的节日活动要突出辞旧迎新、团圆平安、兴旺和祝福的主题，突出“红红火火过大年”的节日气氛，营造家庭和睦、安定团结、欢乐祥和的喜庆氛围。

活动形式：

（1）开展讲故事活动。鼓励幼儿听家长讲与节日相关的故事、传说（除夕的来历等），并将这些故事、传说讲给小朋友们听。小朋友间可以举行讲故事比赛，看谁的故事最好听。

（2）开展社区服务活动。一是组织幼儿参与“美在家庭、美在社区”行动，进行社区（街道）清洁卫生、环境保护和公益宣传，营造喜庆祥和的节日氛围；二是幼儿园要根据自身实际情况，开展尊老敬老、帮孤助残等形式多样的“送温暖”主题活动，培养幼儿的关爱意识。

（3）开展节日文化活动。一是开展家庭亲子诵读活动，组织幼儿和家长参与背诵节日经典诗篇，使学校教育与家庭教育有机结合；二是围绕节日文化内涵，组织、开展民族节庆文艺、娱乐等活动，增强幼儿对民族传统节日的喜爱，加深对中华文化的理解。

2. 清明节

清明节是一个纪念先祖及离世亲人的节日，主要的纪念仪式是扫墓，并伴有踏青、植树等活动。节日体现饮水思源、凝聚族群、迎春健身及关爱自然的意义。相关活动要突出纪念先人、缅怀先烈的主题，引导幼儿正确认识和理解中华民族优良传统和革命传统，慎终追远，珍惜幸福生活。

活动形式：

(1) 开展祭奠革命先烈活动。幼儿园可充分利用烈士陵园等爱国主义教育基地，通过组织幼儿为革命先烈扫墓、参观烈士陵园、举行主题班会等形式，引导幼儿牢记革命宗旨，立志报效祖国。

(2) 开展“文明祭奠我先行”活动，发一份“文明祭奠”倡仪书，倡导以“献一束鲜花、植一棵树、读一篇祭文、忆一段家史”的形式祭奠先人，让幼儿在家长中广泛宣扬科学理念，引导家长改变旧的祭扫形式，感受传统文化魅力，领悟文明祭奠文化内涵。

3. 端午节

端午节以纪念屈原之说影响最广。诗人屈原胸怀祖国、心忧天下、至死不渝的爱国情怀，激励着一代又一代华夏儿女。同时，端午节自古以来就是民间一年一度的“卫生防疫节”，有着赛龙舟、打扫庭院、悬白艾、挂菖蒲、喝雄黄酒等习俗。要充分挖掘端午节的深厚文化内涵，围绕“人与自然和谐共处”这个主题，积极组织文化娱乐、体育健身和科普宣传活动，增强幼儿的爱国情感，提高人们的科学意识。

活动形式：

(1) 开展“和谐端午日，弘扬民族魂”主题教育活动。通过召开主题班会，组织幼儿听有关屈原的故事和诗歌，引导幼儿缅怀先贤，学习其忧国忧民的博大情怀、忠诚祖国的高尚品质，弘扬传统美德，提高幼儿对民族文化的认同感和自豪感。

(2) 开展主题活动。结合端午传统习俗，组织开展包粽子、制香囊等富有传统节日文化内涵的端午节主题游戏活动，让幼儿感受传统，了解民俗，体验成功的乐趣。

(3) 开展卫生运动、健身运动。以除旧布新为重点，从科学角度介绍悬白艾、挂菖蒲、佩香囊、戴荷包等端午传统，增强幼儿日常生活保健知识；组织开展远足活动等。

4. 中秋节

中秋节又称“团圆节”，是我国仅次于春节的第二大传统节日，以其丰富的文化内涵和民族性、群众性的特点，深深融入人们的日常生活和精神世界。中秋节活动要突出团结、团圆、庆丰收的主题，努力营造民族团结、国家统一、社会和谐、家庭幸福的节日氛围。

活动形式：

(1) 组织“探月”活动。通过专题专栏、国旗下讲话、主题班会等形式，让幼儿了解和讲述有关中秋节的典故。

(2) 开展“观月·赏月·谈月”活动。要求幼儿在中秋之夜，邀请家人一同观月、赏月、品尝月饼，倾听长辈讲有关中秋的故事，并把自己了解的有关月球的知识讲给家人听。

(3) 开展社区志愿服务活动。组织幼儿与社区孤寡老人、残疾人等一起过中秋、吃月饼，培养幼儿的关爱意识。

（二）节日活动的功能

幼儿园开展的各类节日活动因其内容丰富、形式多样，其功能也表现为多样性。就其基本功能而言，有娱乐功能、教育功能、文化功能等多种功能。对于幼儿来说，生活即教育、生活即学习、生活即游戏。

1. 娱乐功能

任何节日活动，都应该有一定的娱乐性。因为对于幼儿来说，游戏才是生活的主要部分。

2. 教育功能

根据性质的不同我们大致可以把节日分为社会纪念性节日、民族传统节日等。幼儿园可以结合节日内涵开展相应的活动，使幼儿了解各个节日的意义，增长知识。如国庆节、党的生日、建军节、劳动节、儿童节、妇女节和教师节等这一类节日大多体现了我国社会的性质、特点。结合这些节日组织有关的活动，引导幼儿参加，对培养幼儿的爱国主义、崇高理想都有很好的启发教育作用。在五一劳动节，组织开展一些活动以奖励幼儿各种劳动成果，如对劳动习惯好、劳动技能好的幼儿给予表扬、奖励；组织幼儿慰问幼儿园的勤杂工、炊事员，请劳动模范讲故事；鼓励幼儿独立完成自己的生活基本活动。通过这些活动，让幼儿理解劳动的意义，使他们更加热爱劳动、尊重劳动者、爱惜劳动成果。

教师可以结合妇女节、重阳节等对幼儿进行爱的情感教育，使幼儿在活动中感受爱、付出爱。结合三八妇女节，让幼儿讲述自己和妈妈的故事，回忆在日常生活中自己和妈妈在一起的快乐，妈妈对自己的关爱和照顾等，激发幼儿对妈妈的理解和爱。结合重阳节唤起幼儿对老人真正的尊重和爱，懂得爷爷、奶奶、外公、外婆大半辈子的辛苦。也可以利用家庭成员的生日、亲属的婚礼等教育幼儿善于用自己力所能及的方式表达自己的情感，并发扬尊老爱幼、关心别人的传统美德。

3. 文化功能

节日是一种文化。在民族传统的节日里，如春节、清明节、端午节、七夕乞巧节、中秋节、重阳节等都蕴含着一些古老的传说。可以结合节日选择一些美妙的传说故事讲给幼儿听，丰富他们的知识，激发他们的想象力，陶冶他们美的情感。

思考训练
SIKAOXUNLIAN

1. 幼儿园日常生活活动的含义和作用是什么？
2. 幼儿园日常生活活动的指导方法有哪些？
3. 幼儿园运动活动的基本要求是什么？
4. 幼儿园劳动的特点及组织形式是什么？
5. 幼儿园节日活动的内容包含哪些？

活动实践

HUODONGSHIJIAN

1. 设计一份五一劳动节的节日活动方案。
2. 设计一份六一儿童节的节日活动方案。

第八章 幼儿园教育的衔接

学习目标

XUEXIMUBIAO

1. 熟悉家园合作的原则、内容及方法。
2. 熟悉幼儿园与社区教育衔接的内容与方法。
3. 熟悉幼、小衔接的内容与方法。

案例引入

ANLIYINRU

今年9月，璇璇就要上学了。爸爸妈妈将家里五花八门的玩具收藏起来，将各类图书摆放出来，家里充满着强烈的学习氛围。璇璇从幼儿园回家后，便开始在书房学习简单的识字的计算。“孩子要上小学了，不能再让她玩了，以免小学知识跟不上。”妈妈这样说。

你认为上述案例反映了什么问题？幼小衔接工作应从哪些方面入手？

第一节 幼儿园与家庭的教育衔接

家园合作教育是指幼儿园和家庭都把自己当作促进幼儿发展的主体，双方积极主动地相互了解、相互配合、相互支持，通过幼儿园与家庭的双向互动共同促进儿童的身心发展。

一、幼儿园与家庭教育衔接的必要性

1. 家庭教育是整个教育工程的基础和起点

家庭是人的第一个学校。幼儿教育始于家庭。家，是幼儿亲之所在、爱之所在，是其最早接触的对其发展影响最大、最直接的社会文化环境，家庭教育质量的高低直接影响幼儿的成长。

2. 家长是幼儿园重要的教育力量

（1）家长的参与极有利于幼儿的发展。

（2）家长是教师最好的合作者，没有谁比父母更了解自己的孩子，因此家长是教师了解幼儿的最好信息源。

（3）家长与教师的配合使教育计划的可行性、幼儿园课程的适宜性、教育的连续性和有效性等都能更好地得到保证。

（4）家长本身是幼儿园宝贵的教育资源。

3. 幼儿园教育和家庭教育各自具有对方所不能替代的优势，需要双方进行合作

就幼儿园教育来说，它是专门的教育机构，幼儿教师是专职的教育工作者，懂得儿童身心发展的特点和规律，掌握科学的幼儿教育方法，他们对幼儿的教育是有目的、有计划和有组织的。而家庭与儿童之间的特殊关系决定了它在儿童发展中所起的重要作用。作为教育者的家长与作为受教育者的幼儿间的特有的血缘关系、亲情关系、经济关系使得这种教育具有强烈的感染性、长期性和针对性，教育内容复杂、丰富，教育方法机智、灵活。只要幼儿园和家庭发挥各自的优势，就能充分利用已有的这些教育资源，最大限度地发挥其作用，形成教育合力，促进幼儿发展。

二、家园合作的原则

1. 幼儿园教师和家长地位平等

教师和家长都是幼儿教育的主体。二者是合作伙伴的关系，共同的目标是促进儿童的发展。在教育过程中，以幼儿成长为核心，互相理解；以课题研究为手段，互相支持；以课程建构为载体，引导家长积极参与，多维互动，构建家园合作教育共同体。

幼儿教育不等于幼儿园教育，而是幼儿园和家庭的合作教育，家长也不仅仅是配合者而是合作者和参与者。因此在开展家长学校工作的过程中，力求以全新的教育理念为指导，以理解、支持、参与为核心，实施幼儿园与家庭、教师与家长、教师与幼儿、家长与幼儿等的多维互动，使幼儿园教育与家庭教育优势互补，构建新型的家园合作教育共同体。

2. 教师是家园合作活动的发起者、组织者和参与者

教师要有强烈的责任感和角色意识，即要明确自己在家园合作中承担的任务，那就是教师只有具备接纳家长的积极态度，他们与家长的沟通和交流的渠道才可能畅通，幼儿园才可能得到更多的来自家长方面的支持而不是反对。而一旦家长与幼儿园的合作伙伴关系得以建立，那么彼此间就再也不会感受到来自对方的威胁，双方就会为幼儿的健康成长而齐心协力。

要树立为家长服务意识，解决家长的后顾之忧。为此，一方面，教师应该做一个有心人，要做调查研究，了解每个幼儿的家庭状况及需求，并尽力帮助家长解决这些后顾之忧。另一方面，教师要努力提升自己，掌握家庭教育知识，培养和发展自身进行家庭教育指导的能力。这是开展家园合作的前提。

教师要尊重家长的权利与义务，取得家长的信任，充分发挥家长的积极主动参与精神。教师首先要通过自己的实际行为向家长表明自己对幼儿的关爱，对工作的尽心尽责，并适时适宜地通过幼儿，表达对家长的尊重之情。例如，三八妇女节为妈妈做一件家务事，在日常教育中增加“爱家”内容等。教师还要肯定与接受家长的教育成效，激发家长参与幼儿园教育的兴趣。当家长感受到教师对幼儿的关爱和对工作的责任感时，自然就会信任教师，并愿意与之沟通合作。

三、家园合作的内容和方法

（一）以幼儿园为核心的家园合作活动

以幼儿园为核心的家园合作活动的主要目的：一是让家长了解幼儿在幼儿园内的各方面的表现，了解教师是如何教育幼儿的，同时通过观察教师的教育行为和幼儿的表现，反思自己的家庭教育的内容和方法；二是充分发挥家长的教育资源作用，支持幼儿园的教育活动。

1. 教育活动开放日

教育活动开放日可以是家长在幼儿入园前对幼儿园整体环境设施设备与师资力量等情况的参观、访问，也可以是幼儿入园后的一日或半日活动的参观与听课。入园前的开放日，可以邀请家长和幼儿一起来园，熟悉新教师和新环境，消除陌生感。

2. 幼儿学习成果展览与汇报会

家长把自己的幼儿送到幼儿园接受教育，最大的愿望莫过于幼儿的进步。举办幼儿学习成果展览与汇报会的目的就在于向家长汇报幼儿在园的学习和生活情况，让家长对幼儿园放心，并给他们以教育的信心和方法。

3. 接送交流与家访

这是一种以访问、谈话为主要方式的个别交流形式，主要目的是让家长了解幼儿在幼儿园的表现，让教师了解幼儿在家庭里的行为表现以及所处的家庭环境，加强沟通，交流经验，共同促进幼儿发展。

4. 家园联系册

这是一种书面形式的个别交流方式。

5. 便条或电话联系

简短的便条也是一种有效的交流手段，它往往只有教师的寥寥数语，就可以把幼儿的点滴进步传达给家长。

（二）以家长为核心的亲子教育活动

幼儿园的亲子教育是指为了提高家长素质和家教质量，对家长的家庭教育提供帮助和进行指导的过程，是一种以家长为主要对象的，以促进幼儿身心健康发展为最终目的的成人教育。在亲子教育中，家长既是受教育者又是教育者。一方面，他们需要向亲子教育的指导者学习科学的家庭教育方法；另一方面，他们又要把学到的东西运用到自己的家庭教育实践中。亲子教育通常在幼儿园开设的家长学校里进行，大致有以下一些形式。

1. 家长会

家长会大多由家长集体参加，其内容相对集中于大家共同关心的话题。

2. 家长园地

“家长园地”或“家庭教育专刊”等是以文字的形式定期对家长进行指导的一种形式。

3. 家教现场指导活动

这是一种互相观摩、直接指导的活动方式，常常是由教师通过对幼儿出现的问题或家长目前普遍关心的问题进行专门的教育活动设计，家长通过现场观摩来学习。

案例研讨
ANLIYANTAO

某幼儿园小班的家长参观日，家长饶有兴趣地观看幼儿跳积木的活动，幼儿双脚并拢，跳过横在地上的一个接一个的长条积木。家长只是看着有趣，或为孩子拍手鼓励或哈哈大笑，活动结束就完了。

幼儿园这样组织家长参观活动存在什么问题，应如何解决？

4. 家长沙龙

家长沙龙主要是为家长提供宽松的畅所欲言的环境与机会，可以由幼儿园提供场所，也可以由家长自愿在自己家里组织。

5. 家庭互助组

家庭互助组是幼儿家庭之间的一种在家庭教育方面相互关心、相互支持的形式。

6. 社区教育基地

社区教育基地是幼儿园亲子教育的一种延伸和补充。教育是人民的教育，发展教育和办好教育是全社会的责任。幼儿教育只有融入社会大系统，才能形式社会关心、支持并参与幼儿教育的社会风气。

在教育越来越强调生态化的今天，幼儿教育中的家园合作是一种必然的趋势，而在其中起着领导作用的幼儿园应将家园合作视为自己的重要工作之一，成立专门的领导机构，并使其制度化。也只有这样，才能使幼儿得到更全面的教育，而无论是幼儿园还是家庭与社区的教育资源才能发挥其最大功能。

（三）家园沟通

教师要鼓励和引导家长直接或间接地参与幼儿园教育，同心协力培养幼儿。教师定期汇报幼儿在幼儿园的生活、学习情况，要求家长在家庭教育工作中与幼儿园配合一致。

了解幼儿的个性特点及其在家庭中的行为表现、生活习惯、家庭环境，家庭成员对幼儿的期望、教养态度、奖惩方法及幼儿已有生活经验，入园前健康、智力、性格、意志等原有水平，以便从实际出发，有针对性地按照各个幼儿的特点来进行教育。

第二节　幼儿园与社区的教育衔接

一、幼儿园与社区教育衔接的必要性

幼儿园与社区的教育衔接是指幼儿园与其所处的社区、与幼儿家庭所处的社区密切结合，共同为幼儿的健康成长服务。

幼儿园与社区的教育衔接，不仅意味着幼儿园教育资源的扩大，也蕴含着幼儿园办学理念和制度的重大变革。它在本质上突出了“以幼儿发展为本”的教育理念，充分利用社区的丰富教育资源（环境资源和人力资源），重组幼儿园的教育资源，丰富教育的策略，以形成幼儿园与社区教育共同促进幼儿健康成长与全面发展的合力。幼儿园和社区教育衔接的必要性在于以下几点。

1. 社区环境的教育性

充分利用社会环境中富有教育意义的自然和人文景观、革命历史文物、遗迹等，不仅能扩大教育的空间，更是其教育内容的丰富和深化。

2. 社区资源对幼儿园教育的意义

社区作为一个生产功能、生活功能、文化功能兼备的社会小区，能为幼儿园提供教育所需要的人力、物力、财力、教育场所等多方面的支持。

3. 社区文化对幼儿园教育的意义

一般来说，文化和文明程度高的社区，幼儿园的园风、教育质量也不错。

二、幼儿园与社区教育衔接的内容

1. 参观游览

带领幼儿到博物馆、图书馆、美术馆、展览馆、科学馆，甚至工地和农村去参观，增加幼儿对国家政治、历史、文化、艺术、社会生活等方面的感性知识。

2. 操作劳动

让儿童自己动手操作，尝试、探索自己感兴趣的事物，加深儿童对周围世界的认识。比如，定期带领幼儿去农场活动，鼓励幼儿摸一摸猪崽，抱一抱小山羊，骑一骑

枣红马，喂一喂小公鸡，挤一挤乳牛的奶。或者带领幼儿去果园里自助采摘。

3. 资源互补

采用“请进来”的形式，利用社区人力资源的独特才能，提高幼儿教育的质量。例如，邀请社区工作者来园演示自己的特殊工作，如消防队员向幼儿展示扑灭大火的技艺等。

教师还可以充分发挥自己的优势，“走出去”，积极为社区服务，促进社区的发展。如利用节假日，为周围居民举办幼儿教育班、英语班、法语班、美容班、舞蹈班等。

三、幼儿园与社区教育衔接的方法

1. 与社区资源共享，发展以幼儿园为核心的社区幼儿教育

幼儿园在社区中发挥自身作为专门教育机构的优势，向社区辐射教育功能。如节假日向社区开放幼儿园，供社区的儿童利用园内的设施；举办幼儿教育讲座，提高社区成员的教育水平；辅导社区内的幼儿教育活动；协助社区开展各种教育活动；等等。

2. 为社区精神文明的发展服务，共创幼儿发展的良好社会环境

幼儿园作为社区的组成部分，一方面应以提高自身的文明程度为优化社区的文明质量做贡献，如美化幼儿园环境，提高幼儿园教师、工作人员的素质，培养幼儿良好文明习惯等。另一方面，社区文化通过多种途径在影响幼儿园，因此，幼儿园应当积极地吸取优秀的社区文化，利用社区精神文明的成果，将之转变为幼儿园自身的无形资产，让社区成为幼儿园精神文明建设的促进者。

幼儿园通过社区活动和园内教育活动的结合，可以同时促进幼儿素质和社区精神文明的发展。如有的幼儿园开展环境教育，使幼儿投入废物利用、节约用水电、爱护公共卫生等活动，结果不仅给社区环境保护活动以积极的推动，幼儿也在活动中受到教育。

3. 在幼儿园与社区的衔接中存在的问题

(1) 较多流于形式，实质性的教育效果不大。

(2) 打乱了幼儿园的生活常规，加重了教师和幼儿的负担。

(3) 将与社区结合的活动和幼儿园教育活动分离开来，不能有效地利用社区环境来深化幼儿园教育等。

(4) 对与社区的结合还存在不正确的认识，如认为自己幼儿园周围的社区环境不好，所以不能合作；或认为与社区结合太麻烦，搞一次活动费好大劲；或认为幼儿什么也不会做，社区的活动搞多了影响幼儿园正常日程等。

在幼儿园与社区衔接中，要避免这些消极的思想和影响。把社区活动与幼儿园教育活动有机地结合起来，将之变为幼儿园教育活动自然的组成部分，从而使二者的结合成为深入幼儿园教育微观层面的结合，既不破坏幼儿园自身的生活常规、教育规律，又有很好的教育效果和社会效益。

第三节　幼儿园与小学的教育衔接

《幼儿园教育指导纲要（试行）》明确指出：“幼儿园应与家庭、社区密切合作，与小学相互衔接，综合利用各种教育资源，共同为幼儿的发展创造良好的条件。”衔接，是指两个相邻的教育阶段之间在教育上的互相连接。幼小衔接期是指由幼儿园大班进入小学一年级，此时期恰好是结束幼儿园生活，开始接受正规小学教育的初期，也是幼儿心理发展的一个转折期。针对这个时期的教育就是幼小衔接教育。幼小衔接的目的就在于避免幼儿园与小学脱节，克服和解决幼儿入学后的不适应现象。

一、幼儿园与小学教育衔接的困难

幼儿园与小学教育衔接的困难主要是由于幼儿园与小学的不同教育特点和幼儿的身心发展特点，主要体现在以下几点。

1. 教学的内容和方式不同

幼儿园的主导活动是丰富多彩的游戏，幼儿在操作摆弄等活动中获得知识，教师的指导方式是灵活多样的，没有作业和考试制度；小学的主导活动是各种学科文化知识的学习，上课是主要的教学形式，教学方法相对单一、固定，有作业和考试制度，学习成为幼儿必须完成的任务。

2. 环境设备和生活管理不同

幼儿园的环境布置生动活泼，区域活动有丰富的玩具和材料供幼儿摆弄，游戏中有各种有趣的背景和道具，幼儿可以在这样的环境中自由地选择游戏及与同伴交往；小学的教学环境布置相对严肃，教室的桌椅摆放固定，教学场所没有玩具，学生自由选择活动的余地较少。

另外，幼儿园的生活节奏较慢，游戏时间较多，生活管理没有强制性，没有出勤的要求，教师对幼儿在生活上照顾得比较多；小学阶段的生活节奏快而紧张，作息制度严格，游戏较少，教师对幼儿的照顾较少。

3. 师生关系不同

幼儿园教师与幼儿个别接触机会多，时间长，涉及面广，关系密切、具体；小学的师生接触主要在课堂上，个别接触少，涉及面窄。

4. 社会及成人对儿童的要求和期望不同

社会及成人对幼儿要求相对宽松，全社会一致认可给幼儿快乐的生活。幼儿园的幼儿学习压力小，也没有来自完成学习任务的苦恼；小学的幼儿压力较大，自由少，学生为了完成家长的期望不得不努力学习。

5. 儿童身心发展的阶段性特征

幼儿身心发展有一定的阶段性，各个阶段有不同的特点。比如思维的发展，幼儿园时期以具体形象的思维为主，小学时期就是以逻辑思维的发展为主。但是各个阶段的发展是连续的，前、后两个阶段之间存在一个兼具两个阶段特点的交叉时期。在这一时期，儿童既保留了上一阶段的某些特征，又拥有下一阶段刚刚出现的某些特点，这一时期在教育学上被称为过渡期。幼儿园和小学都比较重视阶段性，而忽视阶段之间的过渡性，这是造成幼儿园教育与小学教育衔接困难的一大原因。

二、幼小衔接的原则

1. 幼小衔接工作应贯穿于整个幼儿期

为幼儿入小学打好基础应作为幼儿园的一项基本任务。幼儿入小学所需要的生理、心理条件，都是需要经过长期系统的培养，而且要抓早、抓好。如学习兴趣、求知欲望、智力活动的能力、独立生活能力、良好的学习习惯，都必须从幼儿园开始培养。而且，良好行为习惯、自信心、独立性，更容易在幼儿园里形成，只要教师注意督促指导就能收到事半功倍的效果。而促进幼儿身体的生长发育，增强体质，更是幼儿园的主要任务。因此，幼儿园教师要根据幼儿在园学习、生活的情况有计划地进行入学准备教育。

2. 全面培养幼儿的素质

幼儿园教育是人终身教育的重要组成部分，是人终身发展的奠基阶段。让儿童顺利地上小学只是其终身发展的一个环节。因此，应该把幼小衔接工作放到终身教育的大背景下去考虑。

在我国，不管哪一级的学校教育，都以向儿童进行全面的素质教育为主要任务。事实上，身心全面和谐发展的幼儿，也能较快地适应小学学习和生活，因此，培养幼儿入学适应性要以培养幼儿全面素质发展为主要任务，要避免那种重智育，轻体育、德育、美育等工作的倾向，更要避免把入学准备工作等同于教幼儿识字、学拼音、教计算的做法。学习兴趣、主动性和良好学习习惯是一个人获得成功的必要条件，没有这些非智力因素的促进和保证作用，即使开始时取得很好的成绩，也难以持久。所以在促进幼儿智力发展的同时对智育的其他因素，如学习的主动性、学习兴趣和习惯等非智力因素的培养也应加以重视。

3. 纠正幼儿园教育中的小学化倾向

帮助幼儿做好入学前的准备，主要是提高幼儿的入学适应性，而不是提前教给幼儿小学的知识。有的幼儿园提前把小学一年级要学习的内容在幼儿园就教给幼儿，以为这样做幼儿上学后就不会有什么困难了。事实证明，小学的教育内容有很多不是幼儿所熟悉的具体的人和事，有许多抽象的书面知识。由于教学内容与幼儿在幼儿园所学内容差距较大，幼儿难以理解，因此在学习中只能较多地采用机械记忆和死记硬背的方法。幼儿体会不到学习的乐趣，反而会认为学习是枯燥无味的“苦差事”，对学习丧失兴趣，影响到他们今后的发展。

4. 协调幼儿园、小学、家庭和社会的关系，共同做好幼小衔接工作

《幼儿园教育指导纲要（试行）》明确指出：“幼儿园应与家庭、社区密切合作，与小学相互衔接，综合利用各种教育资源，共同为幼儿的发展创造良好的条件。”因此，在做幼小衔接工作的时候，幼儿园应充分发掘家庭和社区教育资源的作用，视家庭为“幼儿园重要的合作伙伴”，“应本着尊重、平等、合作的原则，争取家长的理解、支持和主动参与，并积极支持、帮助家长提高教育能力”，同时建立幼儿园与小学之间的联系，共同搞好衔接工作。

加强与小学的联系，应着重解决以下三个问题：一是了解小学教改情况，熟悉小学教学计划的基本精神与各科大纲和教材的基本内容。二是开展与小学搞好衔接的研究工作，帮助小学教师了解幼儿身心发展水平和幼儿园的教育工作特点。三是了解以往幼儿入学后的表现，共同探索改进幼儿园工作的重点和措施。

在活动安排上，可以在大班幼儿临近毕业时，教师带领幼儿参观小学，引导幼儿认识小学的环境——教室、操场、图书室、少先队员活动室等；参观一年级小学生的一些活动，如上课、少先队活动等；与小学生联欢，与幼儿园上届大班毕业生见面和谈话，以激发起幼儿对小学生学习、生活的向往，使他们从思想上、情感上做好入学准备。同时，改变幼儿的作息制度以适应小学作息制度的变化；幼儿园活动室的布置逐步具有小学的某些特征，如设立黑板、桌椅成排摆放、减少游戏角等；召开幼儿升学庆祝会或幼儿毕业典礼；指导家长为幼儿购买书包、铅笔等幼儿入学时必需的文具用品。这样，使家、园、小学、社区形成合力，共同帮助幼儿尽快地适应新生活。

三、幼小衔接的主要内容与方法

幼小衔接是根据幼儿过渡期身心的特点，从体、智、德、美诸方面，为幼儿入学也为其长远的发展打下良好基础。在幼儿园教育阶段，这一工作应当从以下几方面入手。

（一）培养幼儿对小学生活的热爱和向往

幼儿对小学生活的态度、看法、情绪状态等，与其入学后的适应能力关系很大。因此，幼儿园阶段应注意培养幼儿愿意上学，对小学的生活怀着兴趣和向往，为做一个小学生感到自豪的积极态度，并让幼儿有机会获得对小学生活的积极情感体验。

（二）培养幼儿优秀的品质和良好的人际交往能力

幼儿入学后，是否适应小学的新环境，适应新的人际关系，对其身心健康影响很大。有一种认识是，幼儿只要提前认一些字，学一点拼音、算术等就没有问题了，这是十分片面的。培养幼儿的社会适应性，特别是主动性、独立性、人际交往能力等，不仅关系着幼儿入学后的生活质量，也关系着他们在小学的学习质量，是幼小衔接的

重要内容。

1. 培养主动性

培养主动性就是要在幼儿园教育中培养幼儿的自信心、对周围的人和事物的积极态度，激发幼儿对活动的参与欲望和兴趣，给他们提供自己选择、自己计划、自己决定的机会和条件，鼓励他们去探索、去尝试，并使他们尽量获得成功的体验。研究证明，富于主动性的幼儿思维活跃，做事有信心，能主动与人交往，他们入学后比较快地适应小学新环境，学习成绩也较好。

2. 培养独立性

小学生课间和课余时间由自己支配，生活需要自理，这就要求他们有较强的独立生活能力。在幼儿园，要注意培养幼儿的时间观念，增强幼儿的独立意识，让幼儿知道什么时候做什么事情，并自觉去做，培养幼儿自理、自觉的能力，逐渐减少成人的直接照顾。

3. 发展人际交往能力

幼儿人际交往能力的重要性表现在入学后对新的人际环境的适应上。人际交往能力差的幼儿胆小，不能主动地与同伴交往，或与同伴不能友好相处，遇到问题也不敢去找老师反映或寻求帮助等，结果没有新朋友，他们感到孤独，心情沮丧，学习的兴趣大大降低，学校的吸引力也随之消失，同时，这一能力与主动性的发展也是密切相关的。因此，在幼儿园里必须发展幼儿的人际交往能力。

4. 培养幼儿的规则意识和任务意识

小学环境中有大量的新规则出现（如上课前书要摆在书桌右上角、上课不能喝水、手要放好不能搞小动作等），幼儿难以记住和遵守，这成为不少新生在学校受批评的主要原因。同时，入学后学习成为必须完成的任务，幼儿却一时难以确立这样的任务意识。有的小学新生在老师询问作业时，还很轻松地说“我不喜欢做”“昨天，爸爸带我去姥姥家了，所以我没写”。针对这些问题，除小学的改革之外，幼儿园应当注意培养幼儿的规则和任务意识，特别在大班阶段。

（三）帮助幼儿做好入学前的学习准备

学习准备是着眼幼儿终身学习的需要，发展他们基本的学习素质，并在此过程中，帮助他们打下今后学习的基础。幼儿园大致需要做好以下三方面的工作。

1. 培养良好的学习习惯

从小养成好的学习习惯，将使幼儿终身受益。如爱看图书的习惯，做事认真的习惯，注意力集中地听老师讲话的习惯，保持文具、书本整洁的习惯等。习惯不好，以后很难纠正，对学习的危害是很大的。教师和家长应当从日常生活的每件事情上严格、一致、一贯地要求，使之养成习惯。

2. 培养良好的非智力品质

所谓非智力品质，主要指影响智力活动的各种个性品质，如学习兴趣、学习积极性、意志、自信心等。学习不仅仅是有聪明的脑袋就行，离开良好的非智力品质，幼儿智力的发展就会受到影响。因此，应当重视培养幼儿的好奇心、对外部世界的兴趣和探索积极性，培养他们做事坚持到底、不怕困难的意志品质。让幼儿从被动的“要我学”变成主动的“我要学”，培养幼儿渴望学习的品质。只有这样，幼儿才能形成自信、主动的学习态度，才能感觉到学习是一件愉快的事情。

3. 丰富感知经验，发展基本能力

一般说来，在大班下学期，除了通常的幼儿园的活动和游戏，教师可以给幼儿安排一些类似小学的学习内容和学习方式，如集体授课学习某些预备性知识，认识拼音字母，认识数字和学写数字，学写自己的名字，认读一些生活中常见的汉字等。时间可以较短。但这样的做法更多是形式上的预备。

要真正为幼儿做好入学准备，提高幼儿的适应能力，就要从小班开始，循序渐进地丰富幼儿的感知经验，培养幼儿的动手能力、思考能力和解决问题的能力。因为在小学学习的许多知识都是比较抽象的书本知识，幼儿如果缺乏相应的感知经验，理解就会有困难。幼儿的思维是和他们的具体生活经验联系在一起的，幼儿的感知经验越丰富，理解抽象知识的能力就越强。教师应改变教育内容和教学方法，提供适当的环境和材料，激发幼儿的主动学习，使幼儿可以利用具体的实物和情境来进行学习，从而丰富他们的感知经验，发展动手能力、思维能力和分析、解决问题的能力。这样才能从根本上为幼儿在小学的学习做好准备，并能在今后保持发展的后劲。

思考训练
SIKAOXUNLIAN

1. 为什么要进行幼儿园与家庭教育衔接？
2. 家园合作的原则是什么？
3. 幼儿园与社区教育衔接的方法是什么？
4. 幼儿园与小学教育衔接会面临哪些问题？
5. 在幼小衔接中，幼儿园、小学、家长应如何相互合作？

活动实践
HUODONGSHIJIAN

1. 有人说，家长认为教好孩子是幼儿园的责任。你同意这种观点吗？为什么？

2. 请为幼儿园大班设计一份家园合作的活动方案，要求写明活动目标、活动准备、活动过程等。

附　录

附录 1　幼儿园工作规程

中华人民共和国教育部令第 39 号

《幼儿园工作规程》已经 2015 年 12 月 14 日第 48 次部长办公会议审议通过，现予公布，自 2016 年 3 月 1 日起施行。

教育部部长

2016 年 1 月 5 日

第一章　总　则

第一条　为了加强幼儿园的科学管理，规范办园行为，提高保育和教育质量，促进幼儿身心健康，依据《中华人民共和国教育法》等法律法规，制定本规程。

第二条　幼儿园是对 3 周岁以上学龄前幼儿实施保育和教育的机构。幼儿园教育是基础教育的重要组成部分，是学校教育制度的基础阶段。

第三条　幼儿园的任务是：贯彻国家的教育方针，按照保育与教育相结合的原则，遵循幼儿身心发展特点和规律，实施德、智、体、美等方面全面发展的教育，促进幼儿身心和谐发展。

幼儿园同时面向幼儿家长提供科学育儿指导。

第四条　幼儿园适龄幼儿一般为 3 周岁至 6 周岁。

幼儿园一般为三年制。

第五条　幼儿园保育和教育的主要目标是：

（一）促进幼儿身体正常发育和机能的协调发展，增强体质，促进心理健康，培养良好的生活习惯、卫生习惯和参加体育活动的兴趣。

（二）发展幼儿智力，培养正确运用感官和运用语言交往的基本能力，增进对环境的认识，培养有益的兴趣和求知欲望，培养初步的动手探究能力。

（三）萌发幼儿爱祖国、爱家乡、爱集体、爱劳动、爱科学的情感，培养诚实、自信、友爱、勇敢、勤学、好问、爱护公物、克服困难、讲礼貌、守纪律等良好的品德行为和习惯，以及活泼开朗的性格。

（四）培养幼儿初步感受美和表现美的情趣和能力。

第六条　幼儿园教职工应当尊重、爱护幼儿，严禁虐待、歧视、体罚和变相体罚、侮辱幼儿人格等损害幼儿身心健康的行为。

第七条 幼儿园可分为全日制、半日制、定时制、季节制和寄宿制等。上述形式可分别设置，也可混合设置。

第二章 幼儿入园和编班

第八条 幼儿园每年秋季招生。平时如有缺额，可随时补招。

幼儿园对烈士子女、家中无人照顾的残疾人子女、孤儿、家庭经济困难幼儿、具有接受普通教育能力的残疾儿童等入园，按照国家和地方的有关规定予以照顾。

第九条 企业、事业单位和机关、团体、部队设置的幼儿园，除招收本单位工作人员的子女外，应当积极创造条件向社会开放，招收附近居民子女入园。

第十条 幼儿入园前，应当按照卫生部门制定的卫生保健制度进行健康检查，合格者方可入园。

幼儿入园除进行健康检查外，禁止任何形式的考试或测查。

第十一条 幼儿园规模应当有利于幼儿身心健康，便于管理，一般不超过 360 人。

幼儿园每班幼儿人数一般为：小班（3 周岁至 4 周岁）25 人，中班（4 周岁至 5 周岁）30 人，大班（5 周岁至 6 周岁）35 人，混合班 30 人。寄宿制幼儿园每班幼儿人数酌减。

幼儿园可以按年龄分别编班，也可以混合编班。

第三章 幼儿园的安全

第十二条 幼儿园应当严格执行国家和地方幼儿园安全管理的相关规定，建立健全门卫、房屋、设备、消防、交通、食品、药物、幼儿接送交接、活动组织和幼儿就寝值守等安全防护和检查制度，建立安全责任制和应急预案。

第十三条 幼儿园的园舍应当符合国家和地方的建设标准，以及相关安全、卫生等方面的规范，定期检查维护，保障安全。幼儿园不得设置在污染区和危险区，不得使用危房。

幼儿园的设备设施、装修装饰材料、用品用具和玩教具材料等，应当符合国家相关的安全质量标准和环保要求。

入园幼儿应当由监护人或者其委托的成年人接送。

第十四条 幼儿园应当严格执行国家有关食品药品安全的法律法规，保障饮食饮水卫生安全。

第十五条 幼儿园教职工必须具有安全意识，掌握基本急救常识和防范、避险、逃生、自救的基本方法，在紧急情况下应当优先保护幼儿的人身安全。

幼儿园应当把安全教育融入一日生活，并定期组织开展多种形式的安全教育和事故预防演练。

幼儿园应当结合幼儿年龄特点和接受能力开展反家庭暴力教育，发现幼儿遭受或者疑似遭受家庭暴力的，应当依法及时向公安机关报案。

第十六条 幼儿园应当投保校方责任险。

第四章 幼儿园的卫生保健

第十七条 幼儿园必须切实做好幼儿生理和心理卫生保健工作。

幼儿园应当严格执行《托儿所幼儿园卫生保健管理办法》以及其他有关卫生保健的法规、规章和制度。

第十八条 幼儿园应当制定合理的幼儿一日生活作息制度。正餐间隔时间为3.5～4小时。在正常情况下，幼儿户外活动时间（包括户外体育活动时间）每天不得少于2小时，寄宿制幼儿园不得少于3小时；高寒、高温地区可酌情增减。

第十九条 幼儿园应当建立幼儿健康检查制度和幼儿健康卡或档案。每年体检一次，每半年测身高、视力一次，每季度量体重一次；注意幼儿口腔卫生，保护幼儿视力。

幼儿园对幼儿健康发展状况定期进行分析、评价，及时向家长反馈结果。

幼儿园应当关注幼儿心理健康，注重满足幼儿的发展需要，保持幼儿积极的情绪状态，让幼儿感受到尊重和接纳。

第二十条 幼儿园应当建立卫生消毒、晨检、午检制度和病儿隔离制度，配合卫生部门做好计划免疫工作。

幼儿园应当建立传染病预防和管理制度，制定突发传染病应急预案，认真做好疾病防控工作。

幼儿园应当建立患病幼儿用药的委托交接制度，未经监护人委托或者同意，幼儿园不得给幼儿用药。幼儿园应当妥善管理药品，保证幼儿用药安全。

幼儿园内禁止吸烟、饮酒。

第二十一条 供给膳食的幼儿园应当为幼儿提供安全卫生的食品，编制营养平衡的幼儿食谱，定期计算和分析幼儿的进食量和营养素摄取量，保证幼儿合理膳食。

幼儿园应当每周向家长公示幼儿食谱，并按照相关规定进行食品留样。

第二十二条 幼儿园应当配备必要的设备设施，及时为幼儿提供安全卫生的饮用水。

幼儿园应当培养幼儿良好的大小便习惯，不得限制幼儿便溺的次数、时间等。

第二十三条 幼儿园应当积极开展适合幼儿的体育活动，充分利用日光、空气、水等自然因素以及本地自然环境，有计划地锻炼幼儿肌体，增强身体的适应和抵抗能力。正常情况下，每日户外体育活动不得少于1小时。

幼儿园在开展体育活动时，应当对体弱或有残疾的幼儿予以特殊照顾。

第二十四条 幼儿园夏季要做好防暑降温工作，冬季要做好防寒保暖工作，防止中暑和冻伤。

第五章 幼儿园的教育

第二十五条 幼儿园教育应当贯彻以下原则和要求：

（一）德、智、体、美等方面的教育应当互相渗透，有机结合。

（二）遵循幼儿身心发展规律，符合幼儿年龄特点，注重个体差异，因人施教，引导幼儿个性健康发展。

（三）面向全体幼儿，热爱幼儿，坚持积极鼓励、启发引导的正面教育。

（四）综合组织健康、语言、社会、科学、艺术各领域的教育内容，渗透于幼儿一日生活的各项活动中，充分发挥各种教育手段的交互作用。

（五）以游戏为基本活动，寓教育于各项活动之中。

（六）创设与教育相适应的良好环境，为幼儿提供活动和表现能力的机会与条件。

第二十六条 幼儿一日活动的组织应当动静交替，注重幼儿的直接感知、实际操作和亲身体验，保证幼儿愉快的、有益的自由活动。

第二十七条 幼儿园日常生活组织，应当从实际出发，建立必要、合理的常规，坚持一贯性和灵活性相结合，培养幼儿的良好习惯和初步的生活自理能力。

第二十八条 幼儿园应当为幼儿提供丰富多样的教育活动。

教育活动内容应当根据教育目标、幼儿的实际水平和兴趣确定，以循序渐进为原则，有计划地选择和组织。

教育活动的组织应当灵活地运用集体、小组和个别活动等形式，为每个幼儿提供充分参与的机会，满足幼儿多方面发展的需要，促进每个幼儿在不同水平上得到发展。

教育活动的过程应注重支持幼儿的主动探索、操作实践、合作交流和表达表现，不应片面追求活动结果。

第二十九条 幼儿园应当将游戏作为对幼儿进行全面发展教育的重要形式。

幼儿园应当因地制宜创设游戏条件，提供丰富、适宜的游戏材料，保证充足的游戏时间，开展多种游戏。

幼儿园应当根据幼儿的年龄特点指导游戏，鼓励和支持幼儿根据自身兴趣、需要和经验水平，自主选择游戏内容、游戏材料和伙伴，使幼儿在游戏过程中获得积极的情绪情感，促进幼儿能力和个性的全面发展。

第三十条 幼儿园应当将环境作为重要的教育资源，合理利用室内外环境，创设开放的、多样的区域活动空间，提供适合幼儿年龄特点的丰富的玩具、操作材料和幼儿读物，支持幼儿自主选择和主动学习，激发幼儿学习的兴趣与探究的愿望。

幼儿园应当营造尊重、接纳和关爱的氛围，建立良好的同伴和师生关系。

幼儿园应当充分利用家庭和社区的有利条件，丰富和拓展幼儿园的教育资源。

第三十一条 幼儿园的品德教育应当以情感教育和培养良好行为习惯为主，注重潜移默化的影响，并贯穿于幼儿生活以及各项活动之中。

第三十二条 幼儿园应当充分尊重幼儿的个体差异，根据幼儿不同的心理发展水平，研究有效的活动形式和方法，注重培养幼儿良好的个性心理品质。

幼儿园应当为在园残疾儿童提供更多的帮助和指导。

第三十三条 幼儿园和小学应当密切联系，互相配合，注意两个阶段教育的相互衔接。

幼儿园不得提前教授小学教育内容，不得开展任何违背幼儿身心发展规律的活动。

第六章 幼儿园的园舍、设备

第三十四条 幼儿园应当按照国家的相关规定设活动室、寝室、卫生间、保健室、综合活动室、厨房和办公用房等，并达到相应的建设标准。有条件的幼儿园应当优先扩大幼儿游戏和活动空间。

寄宿制幼儿园应当增设隔离室、浴室和教职工值班室等。

第三十五条 幼儿园应当有与其规模相适应的户外活动场地，配备必要的游戏和体育活动设施，创造条件开辟沙地、水池、种植园地等，并根据幼儿活动的需要绿化、美化园地。

第三十六条 幼儿园应当配备适合幼儿特点的桌椅、玩具架、盥洗卫生用具，以及必要的玩教具、图书和乐器等。

玩教具应当具有教育意义并符合安全、卫生要求。幼儿园应当因地制宜，就地取材，自制玩教具。

第三十七条 幼儿园的建筑规划面积、建筑设计和功能要求，以及设施设备、玩教具配备，按照国家和地方的相关规定执行。

第七章 幼儿园的教职工

第三十八条 幼儿园按照国家相关规定设园长、副园长、教师、保育员、卫生保健人员、炊事员和其他工作人员等岗位，配足配齐教职工。

第三十九条 幼儿园教职工应当贯彻国家教育方针，具有良好品德，热爱教育事业，尊重和爱护幼儿，具有专业知识和技能以及相应的文化和专业素养，为人师表，忠于职责，身心健康。

幼儿园教职工患传染病期间暂停在幼儿园的工作。有犯罪、吸毒记录和精神病史者不得在幼儿园工作。

第四十条 幼儿园园长应当符合本规程第三十九条规定，并应当具有《教师资格条例》规定的教师资格、具备大专以上学历、有三年以上幼儿园工作经历和一定的组织管理能力，并取得幼儿园园长岗位培训合格证书。

幼儿园园长由举办者任命或者聘任，并报当地主管的教育行政部门备案。

幼儿园园长负责幼儿园的全面工作，主要职责如下：

（一）贯彻执行国家的有关法律、法规、方针、政策和地方的相关规定，负责建立并组织执行幼儿园的各项规章制度；

（二）负责保育教育、卫生保健、安全保卫工作；

（三）负责按照有关规定聘任、调配教职工，指导、检查和评估教师以及其他工作人员的工作，并给予奖惩；

（四）负责教职工的思想工作，组织业务学习，并为他们的学习、进修、教育研究创造必要的条件；

（五）关心教职工的身心健康，维护他们的合法权益，改善他们的工作条件；

（六）组织管理园舍、设备和经费；

（七）组织和指导家长工作；

（八）负责与社区的联系和合作。

第四十一条 幼儿园教师必须具有《教师资格条例》规定的幼儿园教师资格，并符合本规程第三十九条规定。

幼儿园教师实行聘任制。

幼儿园教师对本班工作全面负责，其主要职责如下：

（一）观察了解幼儿，依据国家有关规定，结合本班幼儿的发展水平和兴趣需要，制订和执行教育工作计划，合理安排幼儿一日生活；

（二）创设良好的教育环境，合理组织教育内容，提供丰富的玩具和游戏材料，开展适宜的教育活动；

（三）严格执行幼儿园安全、卫生保健制度，指导并配合保育员管理本班幼儿生活，做好卫生保健工作；

（四）与家长保持经常联系，了解幼儿家庭的教育环境，商讨符合幼儿特点的教育措施，相互配合共同完成教育任务；

（五）参加业务学习和保育教育研究活动；

（六）定期总结评估保教工作实效，接受园长的指导和检查。

第四十二条 幼儿园保育员应当符合本规程第三十九条规定，并应当具备高中毕业以上学历，受过幼儿保育职业培训。

幼儿园保育员的主要职责如下：

（一）负责本班房舍、设备、环境的清洁卫生和消毒工作；

（二）在教师指导下，科学照料和管理幼儿生活，并配合本班教师组织教育活动；

（三）在卫生保健人员和本班教师指导下，严格执行幼儿园安全、卫生保健制度；

（四）妥善保管幼儿衣物和本班的设备、用具。

第四十三条 幼儿园卫生保健人员除符合本规程第三十九条规定外，医师应当取得卫生行政部门颁发的《医师执业证书》；护士应当取得《护士执业证书》；保健员应当具有高中毕业以上学历，并经过当地妇幼保健机构组织的卫生保健专业知识培训。

幼儿园卫生保健人员对全园幼儿身体健康负责，其主要职责如下：

（一）协助园长组织实施有关卫生保健方面的法规、规章和制度，并监督执行；

（二）负责指导调配幼儿膳食，检查食品、饮水和环境卫生；

（三）负责晨检、午检和健康观察，做好幼儿营养、生长发育的监测和评价；定期组织幼儿健康体检，做好幼儿健康档案管理；

（四）密切与当地卫生保健机构的联系，协助做好疾病防控和计划免疫工作；

（五）向幼儿园教职工和家长进行卫生保健宣传和指导。

（六）妥善管理医疗器械、消毒用具和药品。

第四十四条 幼儿园其他工作人员的资格和职责，按照国家和地方的有关规定执行。

第四十五条 对认真履行职责、成绩优良的幼儿园教职工，应当按照有关规定给予奖励。

对不履行职责的幼儿园教职工，应当视情节轻重，依法依规给予相应处分。

第八章 幼儿园的经费

第四十六条 幼儿园的经费由举办者依法筹措，保障有必备的办园资金和稳定的经费来源。

按照国家和地方相关规定接受财政扶持的提供普惠性服务的国有企事业单位办园、集体办园和民办园等幼儿园，应当接受财务、审计等有关部门的监督检查。

第四十七条 幼儿园收费按照国家和地方的有关规定执行。

幼儿园实行收费公示制度，收费项目和标准向家长公示，接受社会监督，不得以任何名义收取与新生入园相挂钩的赞助费。

幼儿园不得以培养幼儿某种专项技能、组织或参与竞赛等为由，另外收取费用；不得以营利为目的组织幼儿表演、竞赛等活动。

第四十八条 幼儿园的经费应当按照规定的使用范围合理开支，坚持专款专用，不得挪作他用。

第四十九条 幼儿园举办者筹措的经费，应当保证保育和教育的需要，有一定比例用于改善办园条件和开展教职工培训。

第五十条 幼儿膳食费应当实行民主管理制度，保证全部用于幼儿膳食，每月向家长公布账目。

第五十一条 幼儿园应当建立经费预算和决算审核制度，经费预算和决算应当提交园务委员会审议，并接受财务和审计部门的监督检查。

幼儿园应当依法建立资产配置、使用、处置、产权登记、信息管理等管理制度，严格执行有关财务制度。

第九章 幼儿园、家庭和社区

第五十二条 幼儿园应当主动与幼儿家庭沟通合作，为家长提供科学育儿宣传指导，帮助家长创设良好的家庭教育环境，共同担负教育幼儿的任务。

第五十三条 幼儿园应当建立幼儿园与家长联系的制度。幼儿园可采取多种形式，指导家长正确了解幼儿园保育和教育的内容、方法，定期召开家长会议，并接待家长的来访和咨询。

幼儿园应当认真分析、吸收家长对幼儿园教育与管理工作的意见与建议。

幼儿园应当建立家长开放日制度。

第五十四条 幼儿园应当成立家长委员会。

家长委员会的主要任务是：对幼儿园重要决策和事关幼儿切身利益的事项提出意见和建议；发挥家长的专业和资源优势，支持幼儿园保育教育工作；帮助家长了解幼儿园工作计划和要求，协助幼儿园开展家庭教育指导和交流。

家长委员会在幼儿园园长指导下工作。

第五十五条 幼儿园应当加强与社区的联系与合作，面向社区宣传科学育儿知识，开展灵活多样的公益性早期教育服务，争取社区对幼儿园的多方面支持。

第十章 幼儿园的管理

第五十六条 幼儿园实行园长负责制。

幼儿园应当建立园务委员会。园务委员会由园长、副园长、党组织负责人和保教、卫生保健、财会等方面工作人员的代表以及幼儿家长代表组成。园长任园务委员会主任。

园长定期召开园务委员会会议，遇重大问题可临时召集，对规章制度的建立、修改、废除，全园工作计划，工作总结，人员奖惩，财务预算和决算方案，以及其他涉及全园工作的重要问题进行审议。

第五十七条 幼儿园应当加强党组织建设，充分发挥党组织政治核心作用、战斗堡垒作用。幼儿园应当为工会、共青团等其他组织开展工作创造有利条件，充分发挥其在幼儿园工作中的作用。

第五十八条 幼儿园应当建立教职工大会制度或者教职工代表大会制度，依法加强民主管理和监督。

第五十九条 幼儿园应当建立教研制度，研究解决保教工作中的实际问题。

第六十条 幼儿园应当制订年度工作计划，定期部署、总结和报告工作。每学年年末应当向教育等行政主管部门报告工作，必要时随时报告。

第六十一条 幼儿园应当接受上级教育、卫生、公安、消防等部门的检查、监督和指导，如实报告工作和反映情况。

幼儿园应当依法接受教育督导部门的督导。

第六十二条 幼儿园应当建立业务档案、财务管理、园务会议、人员奖惩、安全管理以及与家庭、小学联系等制度。

幼儿园应当建立信息管理制度，按照规定采集、更新、报送幼儿园管理信息系统的相关信息，每年向主管教育行政部门报送统计信息。

第六十三条 幼儿园教师依法享受寒暑假期的带薪休假。幼儿园应当创造条件，在寒暑假期间，安排工作人员轮流休假。具体办法由举办者制定。

第十一章　附　则

第六十四条 本规程适用于城乡各类幼儿园。

第六十五条 省、自治区、直辖市教育行政部门可根据本规程，制订具体实施办法。

第六十六条 本规程自 2016 年 3 月 1 日起施行。1996 年 3 月 9 日由原国家教育委员会令第 25 号发布的《幼儿园工作规程》同时废止。

附录 2　幼儿园教师专业标准（试行）

为促进幼儿园教师专业发展，建设高素质幼儿园教师队伍，根据《中华人民共和国教师法》，特制定《幼儿园教师专业标准（试行）》（以下简称《专业标准》）。

幼儿园教师是履行幼儿园教育工作职责的专业人员，需要经过严格的培养与培训，具有良好的职业道德，掌握系统的专业知识和专业技能。《专业标准》是国家对合格幼儿园教师专业素质的基本要求，是幼儿园教师开展保教活动的基本规范，是引领幼儿园教师专业发展的基本准则，是幼儿园教师培养、准入、培训、考核等工作的重要依据。

一、基本理念

（一）幼儿为本

尊重幼儿权益，以幼儿为主体，充分调动和发挥幼儿的主动性；遵循幼儿身心发展特点和保教活动规律，提供适合的教育，保障幼儿快乐健康成长。

（二）师德为先

热爱学前教育事业，具有职业理想，践行社会主义核心价值体系，履行教师职业道德规范。关爱幼儿，尊重幼儿人格，富有爱心、责任心、耐心和细心；为人师表，教书育人，自尊自律，做幼儿健康成长的启蒙者和引路人。

（三）能力为重

把学前教育理论与保教实践相结合，突出保教实践能力；研究幼儿，遵循幼儿成长规律，提升保教工作专业化水平；坚持实践、反思，再实践、再反思，不断提高专业能力。

（四）终身学习

学习先进学前教育理论，了解国内外学前教育改革与发展的经验和做法；优化知识结构，提高文化素养；具有终身学习与持续发展的意识和能力，做终身学习的典范。

二、基本内容

维度	领域	基本要求
专业理念与师德	（一）职业理解与认识	1. 贯彻党和国家教育方针政策，遵守教育法律法规。 2. 理解幼儿保教工作的意义，热爱学前教育事业，具有职业理想和敬业精神。 3. 认同幼儿园教师的专业性和独特性，注重自身专业发展。 4. 具有良好职业道德修养，为人师表。 5. 具有团队合作精神，积极开展协作与交流。
	（二）对幼儿的态度与行为	6. 关爱幼儿，重视幼儿身心健康，将保护幼儿生命安全放在首位。 7. 尊重幼儿人格，维护幼儿合法权益，平等对待每一个幼儿。不讽刺、挖苦、歧视幼儿，不体罚或变相体罚幼儿。 8. 信任幼儿，尊重个体差异，主动了解和满足有益于幼儿身心发展的不同需求。 9. 重视生活对幼儿健康成长的重要价值，积极创造条件，让幼儿拥有快乐的幼儿园生活。
	（三）幼儿保育和教育的态度与行为	10. 注重保教结合，培育幼儿良好的意志品质，帮助幼儿形成良好的行为习惯。 11. 注重保护幼儿的好奇心，培养幼儿的想象力，发掘幼儿的兴趣爱好。 12. 重视环境和游戏对幼儿发展的独特作用，创设富有教育意义的环境氛围，将游戏作为幼儿的主要活动。 13. 重视丰富幼儿多方面的直接经验，将探索、交往等实践活动作为幼儿最重要的学习方式。 14. 重视自身日常态度言行对幼儿发展的重要影响与作用。 15. 重视幼儿园、家庭和社区的合作，综合利用各种资源。

续表

维度	领域	基本要求
专业理念与师德	（四）个人修养与行为	16. 富有爱心、责任心、耐心和细心。 17. 乐观向上、热情开朗，有亲和力。 18. 善于自我调节情绪，保持平和心态。 19. 勤于学习，不断进取。 20. 衣着整洁得体，语言规范健康，举止文明礼貌。
专业知识	（五）幼儿发展知识	21. 了解关于幼儿生存、发展和保护的有关法律法规及政策规定。 22. 掌握不同年龄幼儿身心发展特点、规律和促进幼儿全面发展的策略与方法。 23. 了解幼儿在发展水平、速度与优势领域等方面的个体差异，掌握对应的策略与方法。 24. 了解幼儿发展中容易出现的问题与适宜的对策。 25. 了解有特殊需要幼儿的身心发展特点及教育策略与方法。
	（六）幼儿保育和教育知识	26. 熟悉幼儿园教育的目标、任务、内容、要求和基本原则。 27. 掌握幼儿园环境创设、一日生活安排、游戏与教育活动、保育和班级管理的知识与方法。 28. 熟知幼儿园的安全应急预案，掌握意外事故和危险情况下幼儿安全防护与救助的基本方法。 29. 掌握观察、谈话、记录等了解幼儿的基本方法。 30. 了解 0～3 岁婴幼儿保教和幼小衔接的有关知识与基本方法。
	（七）通识性知识	31. 具有一定的自然科学和人文社会科学知识。 32. 了解中国教育基本情况。 33. 掌握幼儿园各领域教育的特点与基本知识。 34. 具有相应的艺术欣赏与表现知识。 35. 具有一定的现代信息技术知识。
	（八）环境的创设与利用	36. 建立良好的师幼关系，帮助幼儿建立良好的同伴关系，让幼儿感到温暖和愉悦。 37. 建立班级秩序与规则，营造良好的班级氛围，让幼儿感受到安全、舒适。 38. 创设有助于促进幼儿成长、学习、游戏的教育环境。 39. 合理利用资源，为幼儿提供和制作适合的玩教具和学习材料，引发和支持幼儿的主动活动。
	（九）一日生活的组织与保育	40. 合理安排和组织一日生活的各个环节，将教育灵活地渗透到一日生活中。 41. 科学照料幼儿日常生活，指导和协助保育员做好班级常规保育和卫生工作。 42. 充分利用各种教育契机，对幼儿进行随机教育。 43. 有效保护幼儿，及时处理幼儿的常见事故，危险情况优先救护幼儿。

续表

维度	领域	基本要求
专业能力	（十）游戏活动的支持与引导	44. 提供符合幼儿兴趣需要、年龄特点和发展目标的游戏条件。 45. 充分利用与合理设计游戏活动空间，提供丰富、适宜的游戏材料，支持、引发和促进幼儿的游戏。 46. 鼓励幼儿自主选择游戏内容、伙伴和材料，支持幼儿主动地、创造性地开展游戏，充分体验游戏的快乐和满足。 47. 引导幼儿在游戏活动中获得身体、认知、语言和社会性等多方面的发展。
	（十一）教育活动的计划与实施	48. 制定阶段性的教育活动计划和具体活动方案。 49. 在教育活动中观察幼儿，根据幼儿的表现和需要，调整活动，给予适宜的指导。 50. 在教育活动的设计和实施中体现趣味性、综合性和生活化，灵活运用各种组织形式和适宜的教育方式。 51. 提供更多的操作探索、交流合作、表达表现的机会，支持和促进幼儿主动学习。
	（十二）激励与评价	52. 关注幼儿日常表现，及时发现和赏识每个幼儿的点滴进步，注重激发和保护幼儿的积极性、自信心。 53. 有效运用观察、谈话、家园联系、作品分析等多种方法，客观地、全面地了解和评价幼儿。 54. 有效运用评价结果，指导下一步教育活动的开展。
	（十三）沟通与合作	55. 使用符合幼儿年龄特点的语言进行保教工作。 56. 善于倾听，和蔼可亲，与幼儿进行有效沟通。 57. 与同事合作交流，分享经验和资源，共同发展。 58. 与家长进行有效沟通合作，共同促进幼儿发展。 59. 协助幼儿园与社区建立合作互助的良好关系。
	（十四）反思与发展	60. 主动收集分析相关信息，不断进行反思，改进保教工作。 61. 针对保教工作中的现实需要与问题，进行探索和研究。 62. 制定专业发展规划，不断提高自身专业素质。

三、实施建议

（一）各级教育行政部门要将《专业标准》作为幼儿园教师队伍建设的基本依据。根据学前教育改革发展的需要，充分发挥《专业标准》引领和导向作用，深化教师教育改革，建立教师教育质量保障体系，不断提高幼儿园教师培养培训质量。制定幼儿园教师准入标准，严把幼儿园教师入口关；制定幼儿园教师聘任（聘用）、考核、退出等管理制度，保障教师合法权益，形成科学有效的幼儿园教师队伍管理和督导机制。

（二）开展幼儿园教师教育的院校要将《专业标准》作为幼儿园教师培养培训的主要依据。重视幼儿园教师职业特点，加强学前教育学科和专业建设。完善幼儿园教师培养培训方案，科学设置教师教育课程，改革教育教学方式；重视幼儿园教师职业道德教育，重视社会实践和教育实习；加强从事幼儿园教师教育的师资队伍建设，建立科学的质量评价制度。

（三）幼儿园要将《专业标准》作为教师管理的重要依据。制定幼儿园教师专业发展规划，注重教师职业理想与职业道德教育，增强教师育人的责任感与使命感；开展园本研修，促进教师专业发展；完善教师岗位职责和考核评价制度，健全幼儿园绩效管理机制。

（四）幼儿园教师要将《专业标准》作为自身专业发展的基本依据。制定自我专业发展规划，爱岗敬业，增强专业发展自觉性；大胆开展保教实践，不断创新；积极进行自我评价，主动参加教师培训和自主研修，逐步提升专业发展水平。

参考文献

[1] 屈玉霞．幼儿园经营与管理［M］．北京：科学出版社，2011.

[2] 教师考试命题研究中心．幼儿教育学［M］．北京：中国铁道出版社，2013.

[3] 缪建东．家庭教育社会学［M］．南京：南京大学出版社，1999.

[4] 赵忠心．家庭教育学［M］．北京：人民教育出版社，2000.

[5] 张燕．幼儿园管理［M］．北京：人民教育出版社，2008.

[6] 高岚．学前教育学［M］．广州：广东高等教育出版社，2008.

[7] 刘立民．幼儿园课程论［M］．大连：大连理工大学出版社，2006.

[8] 刘云艳．幼儿园教学艺术［M］．重庆：西南师范大学出版社，2001.

[9] 曹能秀．学前比较教育［M］．上海：华东师范大学出版社，2010.